Über dieses Buch Steckt in meinem Körper eine Person, die mehrmals lebte, starb und wiedergeboren wurde? An eine Wiedergeburt glaubt neuesten Umfragen zufolge bereits jeder vierte Nordamerikaner und Westeuropäer, darunter mindestens zwölf Millionen Bundesbürger. Was jahrtausendelang religiöse Glaubenssache war, haben Parapsychologen wie Ian Stevenson mittlerweile in eine handfeste empirisch-wissenschaftliche Theorie verwandelt. Immer mehr »Reinkarnationstherapeuten« führen in »frühere Leben« zurück – und heilen damit. Die Idee der Reinkarnation scheint auf dem Wege, in die westliche Welt einzubrechen – die Lücke füllend, die der Niedergang der christlichen Kirchen, der Verfall der öffentlichen Moral, die Sinnleere hochtechnisierter Industriegesellschaften hinterlassen haben. In diesem Buch diskutieren namhafte Psychologen aus Forschung und Praxis, Historiker, Philosophen und Theologen einige herausragende Aspekte dieses kulturellen Umbruchs, unter ihnen Thorwald Dethlefsen, Adolf Holl, Geddes MacGregor, Andreas Resch, Milan Ryzl, Werner Schiebeler und Ernst Topitsch.

Der Herausgeber Harald Wiesendanger, Jg. 1956, studierte Philosophie, Psychologie und Soziologie an der Universität Heidelberg, wo er 1981 promovierte. Anschließend Redakteur bei Fachzeitschriften, seit 1986 freier Wissenschaftsjournalist und Lektor mit den Schwerpunkten Psychologie und Grenzwissenschaften. Herausgeber des ›Psychologischen Informationsdienstes‹ und eines wöchentlichen ›PSI-Pressedienstes‹. Autor mehrerer Sachbücher, darunter ›Mit Leib und Seele‹ (1987), ›Die Jagd nach Psi‹ (1989), ›Zurück in frühere Leben?‹ (1991). – Weiterer Titel von Harald Wiesendanger im Fischer Taschenbuch Programm: ›Zwischen Wissenschaft und Aberglaube‹ (Nr. 42323).

Harald Wiesendanger (Hg.)

Wiedergeburt

Herausforderung für das westliche Denken

Fischer Taschenbuch Verlag

Originalausgabe
Veröffentlicht im Fischer Taschenbuch Verlag
Frankfurt am Main, März 1991

Umschlaggestaltung: Buchholz/Hinsch/Hensinger
Printed in Germany
ISBN 3-596-10031-3

Für *Berta*

Was wir nur glauben können –
Du weißt es

Inhalt

Vorwort

Geister gegen den Geist der Aufklärung?

»Würde mich ein Asiate nach einer Definition von Europa fragen, so wäre ich gezwungen, ihm zu antworten: Es ist der Teil der Welt, welcher von dem unbeschreiblichen Wahn heimgesucht wird, daß der Mensch aus dem Nichts geschaffen wurde und daß seine gegenwärtige Geburt den Beginn seiner Existenz darstellt.«

Arthur Schopenhauer,
»Parerga und Paralipomena« (1851)

Steckt in meinem Körper eine Person, die mehrfach lebte, starb und wiederkam? Drückt sich in ihm eine »Seele« aus, die sich spätestens im Tod von ihm lösen und fortbestehen kann – bis sie sich erneut inkarniert?

Nach neuesten Umfragen glaubt bereits jeder vierte Westeuropäer und Nordamerikaner daran – nur eines von vielen Anzeichen dafür, daß die Idee der Reinkarnation dabei ist, in die westliche Welt einzubrechen, die Lücke füllend, welche der Niedergang der christlichen Kirchen, die Sinnleere hochtechnisierter Industriegesellschaften aufgerissen haben. Allein in der Bundesrepublik verdienen mittlerweile rund tausend »Reinkarnationstherapeuten« hauptberuflich an der Reisebegleitung »wandernder« Seelen, die in hypnotischer Trance, tiefer Entspannung und gelenkter Imagination zu ihren »früheren Leben« zurückfinden. Selbst hartnäckigsten psychischen und psychosomatischen Leiden, die dort angeblich ihre Wurzeln haben, soll durch solche »Rückführungen« beizukommen sein.[1]

Blieben sie anfangs vornehmlich auf therapeutische Anwendungen beschränkt, als »letzter Ausweg«, angezeigt bei anders unbehandelbaren akuten Symptomen und chronischen Leiden, verkommt sie inzwischen mehr und mehr zur billigen Massenware auf dem

Psychomarkt: Braucht nicht jeder stets und überall ein bißchen Selbstfindung und »Ganzwerdung«? Gelangweilte Großstadtneurotiker, die Encounter und Selbsterfahrung, TM und Tantra mittlerweile gähnen lassen, verschaffen sich so ein paar prickelnd neue *feelings* – und reichlich Stoff für autobiographischen Striptease auf der nächsten Party. (»Ich war Priester auf Atlantis und Prinzessin im alten Ägypten – wieviel Leben hattest du schon?«) Und was rückwärts klappt, kann vorwärts nicht schiefgehen: Nach diesem Motto sind neuerdings auch »Progressionen« im Angebot, »Vorausführungen« in die eigene Zukunft, den bevorstehenden Tod und das »Leben danach«.

Unter soviel Spreu den Weizen zu finden fällt schwer: kritischen Psychotherapeuten, argwöhnischen Wissenschaftlern und sensationsgeilen Journalisten ebenso wie hilfesuchenden Klienten. Mit ihren Erfolgschroniken füllen die esoterischen Wiedergeburtshelfer mittlerweile immerhin ganze Regalwände; ihre Heilungsquote siedeln sie durchweg oberhalb der 90-Prozent-Marke an.

Liegt darin auch nur ein Funken Wahrheit, so folgt daraus Atemberaubendes für gängige Theorien über das menschliche Gedächtnis, über Ich und Selbstbewußtsein, über grundlegende Emotionen, Motivationen und ihre Ursprünge; für die Intelligenz- und Begabungsforschung; für die Anlage-Umwelt-Kontroverse, wie überhaupt für alle Bereiche der Entwicklungs- und Persönlichkeitspsychologie; für Psychiatrie und Psychosomatik, insbesondere in der Ätiologie, Diagnostik und Behandlung einiger widerspenstiger klinischer Fallsyndrome.

Tatsächlich wirkt die Idee der Reinkarnation inzwischen weit über die Psychologie und Psychotherapie hinaus. Mittlerweile fasziniert sie Intellektuelle und breite Bevölkerungsschichten gleichermaßen, weil mit ihr anscheinend alles auf einmal zu haben ist:

- Sie gibt ein »letztes«-Erkenntnis- und Handlungsziel vor, an dem sich auf der Suche nach Sinn und Orientierung mühelos das ganze Leben ausrichten läßt.
- Sie gewährt eine tröstliche, »jenseitige« Zuflucht, seitdem das krisengeschüttelte, apokalyptische Diesseits so viel an Lebensqualität verloren hat.
- Dem westlichen Kopfmenschen verspricht sie Erlösung von seiner lebensfeindlich verengten Rationalität. »Des wissenschaftlichen Spezialistentums und des Intellektualismus überdrüssig«,

sah schon der große Schweizer Psychoanalytiker Carl Gustav Jung, »will man von Wahrheit hören, die nicht enger macht, sondern weiter, die nicht verdunkelt, sondern erleuchtet, die nicht an einem abläuft wie Wasser, sondern ergreifend bis ins Mark der Knochen dringt«.

- Gegen den vielbeklagten Verfall der öffentlichen Moral verspricht sie eine umfassende ethische Erneuerung: mit dem unausweichlichen Gesetz des »Karmas«, das Schuld sühnt, Verdienste belohnt und jegliche Ungerechtigkeit ausgleicht – über den Tod hinaus.
- Dem Glaubenshungrigen bietet sie Ersatz für ein in Ritualen und Dogmen erstarrtes Christentum – sofern sie ihn nicht gar zu einem jahrtausendelang wegtheologisierten Glaubenskern zurückführt, auf jeden Fall zu einem einleuchtenderen. Sind Seelenwanderungen wirklich schwerer nachzuvollziehen als »Auferstehungen des Fleisches«? Tut die Bibel wirklich definitiv als Humbug ab, woran auf diesem Planeten zwei Milliarden Menschen glauben?
- Die Idee der Wiedergeburt trifft sich mit uralter fernöstlicher Weisheit. Nicht von ungefähr fanden einige der erfolgreichsten bundesdeutschen »Rückführer« ihre wahre Berufung auf ausgedehnten Selbstfindungstrips nach Indien, Japan oder den Zwergstaaten des Himalaja.
- Sie paßt, wie die »Wendezeit« und »Das Tao der Physik« des Heisenberg-Schülers und New-Age-Propheten Fritjof Capra nahelegen, womöglich sogar zur »Neuen Physik«, die das Universum holistischer und vergeistigter auffaßt, als Descartes und Newton sich träumen ließen.

Kurzum: Die Wiedergeburtslehre verspricht der Glaubenskern einer »postmaterialistischen Gesellschaft« zu werden, eine kulturübergreifende Einheitsreligion, die irgendwie alles mit allem in Einklang bringt: Religion und Wissenschaft, Mystik und Aufklärung, Ost und West, gerade noch rechtzeitig zum Aufbruch ins »Neue Zeitalter«. Einen »Wendepunkt in der Geschichte der Menschheit« nannte schon Friedrich Nietzsche »die Lehre von der Wiedergeburt«.
Markiert diese Wende einen Rückfall in den Irrationalismus, an der abendländischen Aufklärung vorbei und hinter sie zurück – oder

den Beginn eines erweiterten »neuen Bewußtseins«, das die Grenzen eines materialistischen Menschenbilds erkennt und aus triftigen Gründen sprengt? Gegen die überschwappende »Okkultismuswelle« des ausgehenden 20. Jahrhunderts tut Ideologiekritik not, gewiß. Doch von den seelischen, gesellschaftlichen und kulturellen *Funktionen* einer Idee auf ihren *Wahrheits*gehalt haben Psychologen und Sozialwissenschaftler immer schon zu kurz geschlossen. Daß Wiedergeburtslehren einem orientierungslosen Zeitgeist vielfach als billiger Religionsersatz dienen, wertet sie selbst noch lange nicht zur bloßen *Religion* ab: zu einem System von Überzeugungen, die wir allenfalls inbrünstig und vertrauensvoll *glauben*, aber nicht zum Erkenntnisziel einer auf Erfahrung ausgerichteten, kritisch-rationalen Forschung machen können. Eine wachsende Zahl von Parapsychologen, allen voran der amerikanische Psychiater Ian Stevenson, sieht in der Reinkarnationslehre vielmehr eine wissenschaftliche Theorie *in statu nascendi*, im Werden, wie einst die kopernikanische Astronomie, Darwins Evolutionslehre oder Freuds Theorie des Unbewußten: eine empirisch diskussionsfähige Hypothese zur Erklärung einer Vielzahl von sauber dokumentierten Phänomenen, die der akademische Forschungsbetrieb wohl als ärgerliche Anomalien abtun, übergehen und totschweigen, aber nicht mehr aus der Welt schaffen kann. Vermeintliche »Erinnerungen an frühere Leben« *können* zwar vielfach auf freie Phantasien, Identifikationen, Suggestionen, ein genetisches Gedächtnis oder Kryptomnesien (ein unbewußtes Verarbeiten von Informationen aus vergessenen Quellen, wie etwa Geschichtsbüchern, historischen Filmen oder Bildern) zurückgeführt werden; *manchmal* jedoch scheint keine Erklärung einfacher, einleuchtender und alle Aspekte des Falls umfassender als Reinkarnation.[2] Auch wenn sie damit nicht schlüssig *bewiesen* ist – aber wo ist das schon außerhalb von Logik und Mathematik der Fall? –, wird sie doch immerhin *naheliegend*. Zudem stützt sich diese Hypothese längst nicht mehr nur auf umstrittene »Rückführungen«: Eine kleine, aber ernstzunehmende Zahl von Fällen spontaner Wiedergeburtserinnerungen von Kindern, rätselhafter Träume und Déjà-vu-Erlebnisse, unerklärlicher Neigungen und Höchstbegabungen in frühester Kindheit, seltsamer Phobien und sexueller Abweichungen »passen« zu ihr, während sie sich gängigen Deutungsmustern entziehen.[3] Zudem mangelt es gerade den meistzitierten grundsätzlichen Einwänden – wie dem der psychophysischen Abhängigkeit (»Kein Geist ohne Gehirn«) oder dem der genetisch-sozialen Determination (»Was wir sind, haben Anlage und Umwelt aus uns gemacht«) – bei näherem Hinsehen an Durchschlagskraft.[4] Was die westliche Kultur herausfordert, ist in erster Linie kein neues religiöses Dogma, aller fatalen Bemühungen von New-Age-Propheten zum Trotz – sondern eine handfeste erfahrungswissenschaftliche Hypothese. Und nur als solche kann sie in einer szientistischen Kultur überhaupt einen Wandel einleiten: als Herausforderung für das vorherrschende physikalisch-naturwissenschaftliche Weltbild.

Auf einige herausragende Aspekte dieses kulturellen Umbruchs gehen im vorliegenden Buch namhafte Wissenschaftler verschiedener Fachrichtungen ein: Psychologen aus Forschung und Praxis, Naturwissenschaftler, Historiker, Philosophen und Theologen. Kontroverse Standpunkte prallen dabei aufeinander:

I. Wie ist die jahrtausendealte Idee der Wiedergeburt geschichtlich einzuordnen? Für den Historiker Uwe Topper, der ihre Ursprünge und Entwicklungen speziell in Europa von der Steinzeit bis heute nachzeichnet, stellt sie eine verkannte, unterdrückte Wahrheit dar. Als ideologiekritisch zu entlarvender »Mythos« brandmarkt sie dagegen der österreichische Philosoph und Soziologe Ernst Topitsch, der seinen Ansatz bisher nur kurz und eher nebenbei auf den Glauben an eine Wiedergeburt angewandt hatte: in einem 1959 erschienenen Essay über »Seelenglaube und Seeleninterpretation«.[5]

II. Inwieweit können »Erinnerungen an frühere Leben« heilen helfen, wie die Reinkarnationstherapie in Aussicht stellt? Welche Möglichkeiten und Grenzen, welche Chancen und Risiken liegen in diesem umstrittenen psychotherapeutischen Ansatz? Dem Münchner Psychotherapeuten Thorwald Dethlefsen, der mit Bestsellern wie *Das Leben nach dem Leben* (1974) und *Das Erlebnis der Wiedergeburt* (1976) die »Reinkarnationswelle« in der Bundesrepublik auslöste, und der Hamburger »esoterischen Psychologin« Petra Angelika Peick stellt der Psychologe Hansjörg Hemminger von der »Evangelischen Zentralstelle für Weltanschauungsfragen« (EZW) in Stuttgart eine eingehende Kritik von »Rückführungen« entgegen. Speziell die fragwürdige Praxis der »Vorausführungen« nehme ich in einem gesonderten Kapitel unter die Lupe.

III. Wie steht es um empirische Basis, Erklärungswert und Voraussagekraft einer Wiedergeburtslehre *als* wissenschaftlicher Theorie?

Die Uneinigkeit unter Parapsychologen spiegelt sich in Beiträgen von Milan Ryzl und Werner Schiebeler wider. Ryzl, einer der weltweit profiliertesten Vertreter seines Fachs überhaupt, tut Reinkarnation als überflüssige, dürftig begründete Hypothese ab. Werner Schiebeler hingegen, habilitierter Physiker und von 1965 bis 1983 Lehrstuhlinhaber an der Fachhochschule Ravensburg, besteht auf ihrem Erklärungswert.

IV. Ist Reinkarnation mit christlichem Glauben vereinbar? Zu theologischen Aspekten äußert sich Professor Geddes MacGregor, der weltweit wohl bekannteste Verfechter der Ansicht, daß der Reinkarnationsglaube im Kern urchristlich und mit zahlreichen (übersehenen, weggelassenen, fehlinterpretierten oder schlicht verfälschten) Bibelstellen zu vereinbaren sei. Als (aufgeschlossener) »Gegenspieler« tritt Professor Andreas Resch auf, Lehrstuhlinhaber an der Lateran-Universität des Vatikan und Leiter des Innsbrukker »Instituts für Grenzgebiete der Wissenschaften« – innerhalb der römisch-katholischen Kirche einer der prominentesten Befürworter eines offenen Dialogs mit »Grenzwissenschaften«. Am Fall des Kirchenvaters Augustinus weist der Wiener Theologe Dr. Adolf Holl nach, welch sonderbare Beweggründe mitspielten, als die christliche Dogmatik sich allmählich zu einer entschiedenen Ablehnung des Reinkarnationsgedankens verstieg.

Offene Kontroversen der Art, wie sie die Autoren dieses Buches miteinander austragen, kommen im christlichen Abendland womöglich anderthalb Jahrtausende zu spät.

Harald Wiesendanger

I
Wiedergeburt: Verdrängtes Urwissen oder Mythos?

Uwe Topper

Reinkarnationsvorstellungen in Europa von der Steinzeit bis heute

Uwe Topper, geboren 1940 in Breslau, legte 1960 in Köln sein Abitur ab. An der Pundjab-University in Lahore, Pakistan, studierte er von 1961 bis 1963 den Islam. Auf ausgedehnten Reisen in Asien, Afrika und Südeuropa erforschte und veröffentlichte Topper, der mehr als ein Dutzend Sprachen spricht, unter anderem Felsbilder aus Nubien, Andalusien, den Kanarischen Inseln und Marokko. Ethnographisch arbeitete er über einen Kafirenstamm im Hindukusch, die Kalasch. An spanischen Universitäten hält er regelmäßig Vorträge über eigene Entdeckungen von vorgeschichtlicher Felsmalerei. Topper besitzt einen Lehrauftrag an einer Universität in Portugal. Zahlreiche ethnographische Zeichnungen, Fotografien und Dokumentationen von ihm befinden sich in Instituten und Museen in Berlin, Frankfurt am Main und München. Er schrieb mehrere populärwissenschaftliche Bücher über frühgeschichtliche Themen sowie über Traditionen und Mystik der Berber, darunter *Das Erbe der Giganten. Untergang und Rückkehr der Atlanter* (Walter: Olten, Freiburg i. Br. 1977, Taschenbuch-Ausgabe Lübbe: Bergisch-Gladbach 1978), *Märchen der Berber* (Diederichs: Düsseldorf/Köln 1986), *Erdbefragung. Anleitung zur Geomantik* (Droemer-Knaur: München 1988), *Die Sufis im Maghreb* (Diederichs: Köln 1989). 1988 erschien im Rowohlt Taschenbuch Verlag, Reinbek, seine Monographie *Wiedergeburt. Das Wissen der Völker.* Zur Zeit arbeitet er an einem Buch über altertümliche Riten und Bauten am Atlantik.

»Wohin können wir sterben,
wenn nicht in immer höheres,
größeres Leben hinein!«
Christian Morgenstern,
»Vom offenbaren Geheimnis«

Die alteuropäischen Felsmalereien und die Funde altsteinzeitlicher Bestattungen drängen zu der Annahme, daß zur Vorstellungswelt der früheren Bevölkerung ganz allgemein der Gedanke an die Wiedergeburt gehörte.[6] Es bestand – und besteht noch heute bei Jägervölkern – das Bewußtsein, daß der ursprüngliche Schöpfungsakt ein einmaliger Vorgang war und daß die Natur seitdem in einem gewissen Gleichgewicht verharrt, das allerdings äußerst labil ist. Man kann diesen Gedanken dem in der Physik generell geforderten Gesetz von der Erhaltung von Masse und Energie an die Seite stellen und so formulieren: Alles Lebendige bleibt prinzipiell erhalten und kehrt nach kürzerer oder längerer Zeit in ähnlicher Gestalt wieder, nachdem es durch den Tod »verwandelt« wurde.
Den meisten Felsmalereien liegt die ständig wiederholte Bitte an ein göttliches Wesen zugrunde, an einen »Herrn der Tiere« oder eine »Mutter alles Lebendigen«: Schick die Seelen der von uns getöteten Jagdtiere zurück in neue Leiber, damit wir und unsere Kinder allezeit Nahrung haben! Darum wurde vor jeder Jagd ein Ritual ausgeführt, das in seinem Kern darin bestand, die Seelen der zu tötenden Tiere im voraus um Verzeihung zu bitten und zur Wiederkehr zu bewegen. Bei vielen Kulturgruppen bildeten sich komplizierte Vorschriften aus, die diese Wiederkehr der Seelen garantieren sollten. Einige Jägergruppen sammelten die Schädel der erlegten Tiere und bestatteten sie an bestimmten Plätzen; bei anderen Völkern durften auch die Knochen der verzehrten Jagdbeute nicht wahllos zerstreut werden, sondern mußten eingesammelt und – manchmal sogar mit dem Fell – im Jagdgebiet an bestimmten Stellen oder auch heimlich vergraben werden. Diesen Brauch der Knochenbestattung erlegter Hirsche habe ich bei einem Volksstamm der Kafiren im Hindukusch[7] noch selbst erlebt. Auch die europäischen Überlieferungen berichten davon; manche Volksmärchen spielen noch darauf an, beispielsweise das von Philipp Otto Runge mitgeteilte Märchen »Van den Machandelboom«[8], das in vielen Zügen recht altertümlich ist.
Jene Menschen, für die das Gesetz der Wiedergeburt der Lebewe-

sen eine Grundtatsache war, schlossen sich selbst sicher nicht davon aus, sondern lebten im Bewußtsein ihrer Wiederkehr. Die schon aus der frühen Altsteinzeit bezeugte sorgfältige Menschenbestattung und das Schmücken der Leichen mit lebensverkündender roter Okkererde weisen darauf hin, daß man an ein Weiterleben glaubte. Wäre man wirklich der Meinung gewesen, daß der Tote nur leblose Materie sei, dann hätte sich jede Art von ritueller Bestattung, Grabschmuck und gar wiederholter Kult an den Gräbern erübrigt.

Mehr noch: Wir wissen schon aus steinzeitlichen Gräbern und mit größerer Genauigkeit aus Siedlungen des sechsten und fünften Jahrtausends vor unserer Zeitrechnung[9], daß man den Toten *Begleiter* mitgab, meistens Tiere, die ihnen heilig waren, später auch Menschen; das macht ja nur einen Sinn, wenn man glaubte, daß der Gestorbene nicht »völlig tot« sei, sondern in einer anderen Gestalt weiterlebe, etwa auf einer Reise sei oder eine Wandlung durchmache.

Natürlich muß dieser Weg im Jenseits nicht zwangsläufig ins Diesseits zurückführen; in den meisten Fällen nahm man das aber doch an. Man war davon überzeugt, daß die Seelen ins Leben zurückkehren, ja, sogar in ihre frühere Heimat, und gewöhnlich in der eigenen Familie wiedergeboren werden. Dies war allgemeines »Wissen« aller Jägervölker, fast aller Ackerbauern der Jungsteinzeit, und es ist noch heute die Überzeugung des größeren Teils aller Menschen.

Ursprünglich muß diese Vorstellung wohl ganz selbstverständlich gewesen, ja, durch unmittelbare Anschauung der Natur entstanden sein, wie wir es bei den Eskimos noch nachempfinden können, bei denen Wiedergeburt zum Erlebnisbereich gehört. In den zivilisierten Jägergemeinschaften des späten Paläolithikums dagegen war schon Aufklärung und Einweihung nötig, um diese Gedankengänge den Heranwachsenden klarzumachen. Das läßt sich aus den mit Felsbildern geschmückten Höhlen in Südfrankreich und Spanien ablesen, wo alles darauf hindeutet, daß in den Einweihungszeremonien eine Idee mitgeteilt wurde, die das Wiedergeburtengesetz zur Grundlage hatte. In vielen Höhlen befinden sich kleine Kammern, die gerade groß genug sind, daß ein Mensch darin liegen kann oder eine kleine Gruppe von Menschen um eine Lehmfigur tanzen konnte; an einigen Orten fand man sogar Malereien, die einen liegenden Mann darstellen, und zum Ausgang hin ein Vulva-Zeichen, denn durch diese Pforte tritt der Mensch ins Leben hinaus.[10]

Die Jugendlichen krochen in die Höhle hinein, wo sie ihren Tod »vorwegnahmen«, um dann nach erfolgter Aufklärung wieder ans Licht hinauszukriechen – wie Neugeborene. Ein später Abglanz dieser Initiationsriten waren die Mysterien der Griechen, deren Teilnehmer sich nach Ausführung der Zeremonie »Zweimalgeborene« nennen durften.
Dabei mögen Rauschgifte auch schon in der Steinzeit eine wichtige Rolle gespielt haben. Archäologen fanden sogar mehrmals Fälle von mißglückter Einweihung, wo die ganze Gruppe im Opiumrausch starb, wie man aus den herumliegenden Mohnköpfchen schließen kann.[11] Der rauschartige Durchgang als simuliertes Todeserlebnis gehörte zu vielen Kulturen der Frühzeit. In der verschlüsselten Sprache der Edda ist von der Salbe die Rede, die das Tor zur Unterwelt schmieren muß, wenn man glücklich hindurchgelangen will. Dabei wurde wohl an Präparate wie die späteren Hexensalben aus Bilsenkraut und Stechapfel gedacht.
Überreste solcher Einweihungsriten sind in manchen christlichen und islamischen Heiligtümern, besonders entlang der Atlantikküste, noch erhalten.[12] Dort werden heute nicht nur Jugendliche eingeweiht, sondern vor allem Pilger, die von weither angereist kommen, in der Hauptsache Frauen, die um Kindersegen bitten.
Denn das ist der andere Aspekt der Aufklärung über das Todesgeschehen: die Erklärung der Fruchtbarkeit der Natur. Sie ist nur vorstellbar – immer aus der Sicht des steinzeitlichen Menschen – durch den Tod der Lebewesen; nur wer stirbt, kann wiedergeboren werden. Das Gleichgewicht der Natur wurde von einigen Völkern – den Mayas in Mittelamerika zum Beispiel – durchaus wörtlich aufgefaßt, und die jüdische Überlieferung im Talmud drückt sich in diesem Punkt ganz gesetzesstreng aus: Es gibt eine festgelegte Anzahl Seelen auf der Welt, nie können es mehr oder weniger sein, und sie werden bis zum Ende der Tage wiedergeboren.
In diesem Sinne verstand man die Totenfeiern und vor allem das alljährliche Mittwinterfest bei Nordeuropäern und Deutschen, das ehemalige Weihnachten. Durch die Ehrung der Verstorbenen in den zwölf Nächten und durch die verschenkten milden Gaben wurden die Seelen dazu bewogen, sich neue Körper zur Wiedergeburt zu suchen, denn nur auf diese Weise war die Fruchtbarkeit der Familie sowie der Haus- und Jagdtiere im kommenden Jahr gewährleistet.

Dem steinzeitlichen Menschen war das eine Selbstverständlichkeit: Tod und Leben bedingen sich gegenseitig, eins ist ohne das andere nicht denkbar. Der jungsteinzeitliche Bauer machte aus seiner Anschauung des Säens und Erntens eine Philosophie: Das Korn, das er in die Erde senkt, muß erst sterben, damit es neu keimen kann und dann Frucht trägt. Aus jener Zeit stammen auch die zahlreichen »Grübchen« oder »Schälchen« in Felsen und großen Steinen, die man überall in Europa fand. Sie hängen eng mit dem Ahnenkult zusammen, beziehen sich aber offenbar auf Fruchtbarkeitsvorstellungen, denn die Frauen schütteten Öl oder Butter in die kleinen Näpfchen, wenn sie um Kindersegen baten. Einige Schalen sind durch Kanäle verbunden, weil man sie wie durch Bluts- oder Familienbande vereinigt ansah, stellvertretend für die Seelen, denen sie gewidmet waren.

In diesen Zusammenhang gehören auch die Spiralen und Labyrinthe, die ebenfalls in Felsen gehämmert wurden. Es sind Sinnbilder der Wiedergeburt, Abbilder jener Troyaburgen[13], durch welche die Jugend in Einweihungsspielen hindurchtanzte, vor- und rückwärts, um durch die Drehung (»Troya«) – schematisiert natürlich – die eigenen früheren und zukünftigen Wiedergeburten zu erleben. Der Brauch ist von Griechen, Römern und Germanen überliefert und hat sich bis ins europäische Barock erhalten; in England wurde er als Osterbrauch noch bis vor einigen Generationen gepflegt.

Was geschah aber, wenn eine Seele sich zur Wiedergeburt anschickte und schließlich ins Leben trat? Wurde die Person von den Anwesenden erkannt? Das ist nicht immer deutlich, doch bei einigen Völkern gibt es Hinweise darauf, daß man sich dessen früher durchaus bewußt war. Vielfach wird erzählt, daß man Muttermale oder Gebrechen an dem Neugeborenen als mitgebrachte Eigenschaften eines Vorfahren erkannte, später beim Aufwachsen des Kindes natürlich auch die besonderen Begabungen und Fähigkeiten. Abgesehen von diesen mehr auf die Eingebung des einzelnen abzielenden »Zufällen«, gab es aber auch hierbei eine Ritualisierung, die sich bei der Namensgebung kundtat. Bei Eskimos und Kalasch (im Hindukusch) ist die Namensgebung von allergrößter Wichtigkeit, da die wiedergeborene Person an ihrem Namen *erkannt* wird.

Um schon bei der Geburt herauszufinden, wer sich in diesem neuen Menschen einkörpern will, gehen die Kalasch folgendermaßen vor: Im Geburtshaus, in dem nur Frauen anwesend sein dürfen, sagt eine

alte Frau die Namen der zuletzt verstorbenen Familienangehörigen auf und wartet auf den Augenblick, da das Kind schreit. Die Reihe der Namen ist zunächst festgelegt und wird recht schnell aufgesagt; wenn es aber länger dauert, bis das Kind sich »meldet«, werden fernere Verwandte und schließlich auch berühmte Tote des Volkes genannt. In jedem Fall gilt der Mensch, bei dessen Namen das Kind den ersten Schrei ausstößt, als sein geistiger Vorfahr.[14] Bei anderen Kafirenstämmen entschied der Beginn des Saugens an der Mutterbrust über den Namen und damit den Vorgänger.[15]
Erst durch den richtigen Namen und durch seine häufige Nennung gelingt es dem Geist, sich in dem neuen Körper einzuleben und vollkommen anwesend zu werden. Dies glaubten sehr viele Völker; auch in der Edda klingt es an[16], und Rudolf Steiner hat es in unserem Jahrhundert wieder bewußtgemacht.
In diesen Vorstellungen kommt zur direkten Abstammung in biologischer Hinsicht eine geistige Abstammung durch Wiedergeburt hinzu. Sie erklärt Erscheinungen, die durch die Mendelschen Vererbungsgesetze nicht erklärbar sind, wie etwa die sprunghaften Veränderungen (Mutationen), die ja zielgerichtet verlaufen, ohne daß die Zielkraft chemisch-physikalisch erkennbar wäre.
Eine direkte Folge der Wiedergeburtenlehre ist die Ahnenverehrung, die im Gräberkult und dem Aufstellen von Denkmälern ihren sichtbaren Ausdruck fand. Zuallererst verehrte man aufgestellte Steine, die man als Ahnensitze ansah. Man glaubte, daß die Seelen der Verstorbenen auf diesen Steinen Platz nähmen und durch die Bitten und Gaben der Lebenden bewegt werden könnten, aufs neue in lebende Körper einzugehen und damit wiedergeboren zu werden.
Später formte man Steinbrocken in Gestalt des jeweiligen Verstorbenen, wie zum Beispiel die berühmten Geröllskulpturen von Lepenski Vir in Jugoslawien vor rund 7000 Jahren.[17]
Allmählich entstand auf diesem Wege das persönliche Denkmal, der individuell geformte Grabstein und die porträtgetreue Holzfigur (wie bei den Kalasch im Hindukusch) oder das dem ägyptischen Mumiensarg aufgeklebte gemalte Porträt des Toten. Je größer die Ähnlichkeit, so glaubte man, desto größer auch die Kraft des Denkmals, den Geist des Verstorbenen an diesen Ort zu bannen und damit eines Tages zur Wiederverkörperung zu veranlassen.
Diese Mischung aus Ahnenkult und Fruchtbarkeitsriten zielte bei

vielen Völkern darauf ab, Geister zur Wiedergeburt zu bewegen. Wie das Totenbuch der Maya bezeugt, hatte dieses hochzivilisierte Volk Mittelamerikas einen besonderen Priesterstand unterhalten, der nur damit beschäftigt war, die Geister der Verstorbenen auf ihrer gefährlichen Reise im Jenseits zu beschützen und zur Rückkehr ins Leben zu veranlassen, damit der Fortbestand von Menschen, Tieren und Pflanzen gesichert sei. Die meisten »primitiven« Völker können sich nämlich eine Zeugung ohne Mitwirken eines Geistes, der wiedergeboren zu werden wünscht, nicht vorstellen und haben nur ein mitleidiges Lächeln für uns aufgeklärte Alleswisser, wenn wir behaupten, daß allein das Zusammenkommen einer weiblichen und männlichen Keimzelle ein neues Lebewesen entstehen lasse.

Zur besseren Darstellung der Vorstellungen steinzeitlicher Menschen in Europa, die allein aus Grabfunden und Kunstwerken erschlossen wurden, hatte ich ethnographische Beobachtungen bei Eskimos, Indianern und Kalasch hinzugezogen, ein Hilfsmittel, das zwar nicht ganz unwidersprochen bleibt, aber doch in der Vorgeschichtsforschung weitgehend üblich ist.
Bei der Betrachtung des frühgeschichtlichen Bereichs werde ich zunächst in einfachen Linien die im Nahen Orient vorhandene Situation skizzieren, bevor ich die eigentlich europäische näher darstelle. Während nämlich Alt-Europa mit seinen großartigen Megalithdenkmälern, die nur indirekt etwas über die Vorstellung vom Weiterleben des Geistes und seiner Wiederkehr aussagen, noch weithin im Dunkel der Vorgeschichte liegt, ragen im Nahen Orient zwei geschichtliche Hochkulturen heraus, die im Sinne unserer Fragestellung wie zwei Gegenpole wirken: Sumer und Ägypten.
In den Bruchstücken der sumerischen Literatur, die wie Klippen aus einem unbekannten Meer herausragen, ist von Wiedergeburt nicht die Rede, im Gegenteil: Seine einzelnen Heldengestalten wie Gilgamesch, Enkidu und Ischtar werden als einmalige Personen dargestellt, ohne Hoffnung auf Rückkehr ins Leben. Gilgamesch beweint bitterlich den schmerzlichen Tod seines Freundes Enkidu und findet auf seiner kühnen Suche nach der Überwindung des Todes, die ihn bis an die Enden der bekannten Welt führte, weder Trost noch Erlösung. Zwar erringt er kurz das Kraut des Lebens und der Verjüngung, aber er verliert es sogleich wieder an eine Schlange, die sich

fortan verjüngt, indem sie ihre Haut abstreift.[18] Die unerbittliche Totengöttin hält ihre Opfer für immer gefangen.
Die Episode vom Finden und Verlieren des Lebenskrauts läßt aber erkennen, daß auch Gilgamesch sich noch mit dieser – ihm wohl als Atavismus erscheinenden – Vorstellung auseinandersetzen mußte, daß also seine Mitwelt durchaus noch dergleichen Glaubensformen hegte; er mag sich als Aufklärer vorgekommen sein.
In dem von Sumer stark beeinflußten Alten Testament gibt es nur wenige Stellen, die im Sinne der Wiedergeburtenlehre aufgefaßt wurden. Dies gilt vor allem für den »Patriarchensegen« (1. *Mose* 49, besonders Verse 10 und 17), eine Prophezeiung, die sich auf die kommenden Geschlechter bezog; darin dachte man sich die Gestalt des jeweiligen Stammesältesten als in den Nachkommen wiederkehrend. So erkannte man später Jesus als den wiedergekehrten Juda und seinen Verräter, Judas Ischariot, als den wiedergeborenen Dan.
Ganz anders in Ägypten: Das seit 1842 übersetzte ägyptische Totenbuch, dessen älteste Teile bis ins dritte Jahrtausend zurückreichen, spricht fast ausschließlich von der Reise des Geistes im Jenseits und den großen Anstrengungen, die dort unternommen werden, damit eine Rückkehr in den Lebenskreislauf vermieden wird.
Ähnliche Vorstellungen lehrte Zarathustra in Persien. Noch ausdrücklicher finden wir die Lehre in den indischen Weisheitsbüchern, den Veden, die etwa um 1500 vor Christus einsetzen, im letzten Jahrtausend vor der Zeitwende voll ausgebildet sind und mit ihrem unerschütterlichen Glauben an die strenge Wiederkehr aller Lebewesen bis heute die Grundlage der indischen Religionen bilden.
Von den klassischen Griechen wissen wir, daß ihre größten Philosophen wie Pythagoras, Empedokles, Sokrates und Platon sowie zahlreiche andere die Wiedergeburtenlehre verbreiteten, die sie aus Thrakien und Ägypten gerade wieder in neuer Gestalt erhalten hatten. In den hellenischen Mysterienstätten – sei es in der ganzen antiken Welt berühmten von Eleusis oder in derb-bäuerlichen wie Lebadaia[19] – wurde die Lehre mittels wirkungsvoller Erlebnisse vermittelt. Hierbei lebten die einst in den Höhlen der Altsteinzeit vorgenommenen Einweihungsfeiern wieder auf. In einem unterirdischen Labyrinth tranken die Teilnehmer ein betäubendes Getränk, das vermutlich mit Mohnextrakt zubereitet war, verharrten dann lange Zeit in völligem Dunkel und wurden plötzlich aus der Höhe

durch einen blendenden Lichtstrahl erschreckt. Damit sollte der Blitzstrahl vorweggenommen werden, der den Geist kurz nach Eintritt des körperlichen Todes trifft, was bei Aristoteles wie auch Augustin oder im tibetischen Totenbuch als »blitzartiges Erkennen der Einsheit« beschrieben wird.

Eine der interessantesten Gestalten in diesem Zusammenhang ist der thrakische »Prophet« Zamolxis, mit dessen Lehre die orphischen Wanderprediger ganz Griechenland befruchteten. Herodot und Platon – unter vielen anderen – berichteten über einiges, aus dem hervorgeht, daß der Kern dieser religiösen Erweckungsbewegung die Lehre der Wiedergeburt war. Sie hat mindestens ein Jahrtausend lang nachgewirkt; noch Kaiser Julianus Apostata sagte im vierten Jahrhundert nach Christus: »Die Thraker gingen fröhlicher zum Tode als auf irgendeine andere Reise.«[20]

An Zamolxis zeigt sich auch etwas anderes, das bisher kaum zur Sprache kam: Das Ziel des Lebenslaufes ist es keineswegs, immer wieder aufs neue geboren zu werden, sondern soviel gute Kraft oder soviel Selbsterziehung des Geistes mitzunehmen, daß eine weitere Rückkehr überflüssig wird und ein neues Ziel angesteuert werden kann. Zamolxis jedenfalls, das geht aus den Texten der Griechen hervor, kehrte nicht ins irdische Leben zurück, sondern blieb im Jenseits, wenn auch noch erreichbar, wie man glaubte. Man schickte alle fünf Jahre einen Jüngling zu ihm, indem man ihn tötete, und beauftragte ihn, dem großen Lehrer die Wünsche und Bitten des thrakischen Volkes zu vermitteln, damit er von seinem jenseitigen Wohnsitz aus helfend eingreife.

Erweckungsbewegungen mit dem Ziel der Loslösung vom Wiedergeborenwerden gab es im fünften vorchristlichen Jahrhundert in Indien. Die bekanntesten und dauerhaftesten gingen von Gautama Buddha und von Dschaina aus. Von ihren vielen Millionen Anhängern im heutigen Asien haben aber nur wenige den eigentlichen Sinn dieser Lehren begriffen, und klein ist die Zahl derer, die sich als Mönche auf den Pfad der Loslösung begeben, wie es jene großen Meister vorgemacht haben.

Im allgemeinen hat man den Eindruck, daß »die Römer« als einziges Volk am Mittelmeer nicht an die Wiedergeburtenlehre glaubten. Das trifft jedoch nur für die intellektuelle Oberschicht in der Zeit der Republik und bis zum Ende des ersten Jahrhunderts unserer Zeitrechnung zu. Das einfache Volk führte Riten durch, die auch zum offiziellen Festkalender gehörten und die nur auf der Grundlage der indo-europäischen Lehren verständlich sind. Ich denke da besonders an die Feralientage vom 18. bis 21. Februar, an denen man den Seelen der Verstorbenen Opfer brachte. Die Tempel waren dann geschlossen, und auf den Altären wurde nicht geweihräuchert, sogar der häusliche Herd blieb ohne Feuer, denn man wollte den umgehenden Geistern keine Gelegenheit geben, Schaden anzurichten. Die Feste auf den Gräbern arteten häufig in rauschhafte Gelage aus.[21]

Eine andere Sitte ist noch um einiges seltsamer: In der Stadt Rom gab es einen offiziellen Eingang zur Unterwelt, der normalerweise durch einen »Geisterstein« verschlossen war. Nur an drei Tagen im Jahr – am 24. August, 15. Oktober und 8. November – wurde dieser »Mundus« geöffnet, damit die Seelen hinausgelangen konnten in die Welt der Lebenden – offensichtlich mit dem Ziel, sich neu »einzukörpern«.

Die gebildeten Römer hatten nur ein Lächeln für den »Aberglauben« ihrer plebejischen Mitbürger übrig, in dem noch immer von Wiedergeburt und Geistern die Rede war. Im Kampf gegen Gallier und Iberer allerdings mußte Caesar eingestehen, daß jene tatsächlich ernstzunehmende Gegner waren, nicht aus militärischen Gründen, sondern aufgrund ihrer Überzeugung. Durch ihren Glauben, daß der Tod nur ein Durchgang ist und daß sie ohnehin wiedergeboren würden, waren sie todesmutiger im Kampf als alle römischen Soldaten.

Auch nach ihrer Niederlage ließen sie sich nicht versklaven, sondern sprangen mit Frauen und Kindern in die Flammen ihrer brennenden Häuser, singend und mit glückstrahlenden Gesichtern im Bewußtsein ihrer Wiederkehr, wie es römische Schriftsteller[22] mit echtem Erstaunen von den Kämpfen um die Städte Sagunt und Calahorra in Spanien berichteten.

Aus demselben unerschütterlichen Glauben wurde auch der Mut der Makkabäer gespeist, wie es jene Mutter ausdrückt, die sich mit ihren sieben Söhnen weigert, ihrem Glauben abzuschwören; sie sagt zu ihrem jüngsten Sohn:

»Darum fürchte dich nicht vor diesem Henker, sondern stirb gern wie deine Brüder, daß dich der gnädige Gott samt deinen Brüdern wieder lebendig mache und mir wiedergebe!«[23]

Nicht nur Jason von Kyrene, der das Zweite Makkabäerbuch ver-

faßte, und sein Zeitgenosse Aristobulos von Alexandrien glaubten an die Wiedergeburt und äußerten es in Schriften und Reden, sondern auch viele andere berühmte Juden, darunter der Geschichtsschreiber Josephus Flavius oder die Verfasser des Talmud.
Weniger klar formuliert war der Wiedergeburtenglaube bei den Germanen. Wie alle Indoeuropäer verbrannten sie ihre Toten, um die Lösung des Geistes vom Körper zu erleichtern. Nur Übeltäter waren von dieser Ehre ausgeschlossen; man erdrosselte sie und versenkte sie gefesselt im Moor, wobei die Fesselung vermutlich ritualmagischen Charakter hatte: zur Verhinderung der Wiederkehr.
Das unendliche Lebensprinzip drückten sie auf Zierborten an der Kleidung oder auf Gedenksteinen durch verschlungene Tierleiber aus. Die sich in einer endlosen Kette jagenden Tierleiber versinnbildlichten den Germanen die ewige Wiederkehr aller Lebewesen. Noch deutlicher drückt es die Sage von der nordischen Walküre Hilde aus, um die ihr Vater und ihr Entführer bis zum Weltende kämpfen müssen, denn Hilde (das heißt der Krieg) hat die Macht, die am Tage gefallenen Helden in der Nacht zu neuem Leben aufzuwecken.[24]
Und in einem recht jungen Prosastück in der Edda, im zweiten Helgilied, heißt es am Schluß:
»Von Helgi und Sigrun erzählt man, daß sie wiedergeboren seien: er hieß da Helgi, der Haddingenheld, und sie Kara, Halfdans Tochter, wie davon in den Karaliedern gesungen ist; und auch da war sie Walküre.«[25]
Liebe und Ehe war den Germanen ein besonderes Anliegen. Wenn sich zwei Liebende in diesem Leben nicht gefunden hatten oder nicht zusammenleben durften, war ihr Leben nicht erfüllt, und sie konnten wiedergeboren werden, um ihre Bestimmung zu vollenden. Wenn dabei auch oft große Zeiträume übersprungen wurden, so war doch sicher, daß sich die Liebenden wiedererkennen würden.[26]
Jedenfalls galt auch den Germanen das Wiedergeborenwerden als Zeichen der Unvollkommenheit und wurde darum in Märchen und Sagen als Drachen dargestellt, den es zu töten galt. Man findet diesen Drachen noch in der bildenden Kunst des Mittelalters als Scheusal an Kirchenbauten und in Buchillustrationen, wo er wie ein archaischer Überrest die Schande der Wiederkehr bloßlegt.
Auch im Grimnirlied der Edda, das stichwortartig einige Grund-

züge der germanischen Mystik darstellt, wird die Überwindung des Kreislaufs als Ziel erklärt:

»Walgrind heißt das Gitter, das auf dem Grunde steht
heilig vor heiligen Türen.
Alt ist das Gitter, doch ahnen wenige,
wie sein Schloß sich schließt.«[27]

Das Gitter nämlich, das an der wirklichen Grenze zum Jenseits steht, ist auch die Schwelle für eine Wiederkehr ins Diesseits. Wer nun weiß, wie dieses Gitter zu schließen ist, hat den Zwang zur Wiedergeburt überwunden, und das ist das Ziel der Einweihung, die mit Unterweltsfahrt und Totenbefragung im Grimnirslied beschrieben wird.

Viele Male war die Wiedergeburtenlehre verlorengegangen und wieder aufgetaucht; als Beispiele hatte ich Sumer und dann die klassischen Griechen angeführt, die ja nur in geheimen Einweihungskulten die Auserlesenen mit jener Weisheit vertraut machten.

Die Edda berichtet in der ihr eigenen verschlüsselten Sprache von einem solchen Vorgang des Vergessens und Wiederauflebens. Ich meine die in den Erzählungen Bragis mitgeteilte Mythe vom Raub der Idun. Sie ist die Frau Bragis, des Dichters der Asen, und verwahrt die heiligen Äpfel, die den Göttern, wenn sie altern, aufs neue Jugend bringen. Der Apfel bedeutet in vielen Kulturen »Leben« und besonders auch »ewiges Leben«. Ein Leben ohne Altern gibt es ja nicht, wie die Edda in »Gylfis Verblendung« ausdrücklich sagt. Verjüngung kann also nur Ausdruck der Wiedergeburt sein, genau wie in Ägypten und in dem atavistischen Rest bei Gilgamesch. Das wird vor allem aus dem Namen der Göttin Idun deutlich: Er bedeutet »wiederum«.

Ich will die Mythe ganz kurz wiederholen, denn sie verrät einige erstaunliche Geschehnisse: Die lebenspendenden Äpfel der Idun wurden einst durch den Riesen Thiassi geraubt, jenen gewaltigen Sturmriesen, der das große atlantische Meer und das Nordmeer beherrscht und mit seiner ungestümen Kraft die Küsten verheert. Als Adler hatte er die Götter gereizt, und in Adlergestalt zwang er Loki, ihm die Idun mit ihren Äpfeln auszuliefern. Dafür drohten die Asen Loki den Tod an, weshalb er in ein Falkengewand gehüllt die Äpfel und Idun wiederbrachte, während der Riese Thiassi gerade weit draußen auf dem Meer weilte.

Zur Deutung dieses schwierigen Textes hat man den Jahreskreismythos herangezogen, wobei das Riesenheim die Winterherrschaft und Idun den Frühling versinnbildlicht. Neben dieser »erbaulichen« Deutung ist aber auch eine Beziehung auf ein frühgeschichtliches Ereignis als Anlaß zu erkennen, nämlich der katastrophale Einbruch eines Teils der Nordsee, durch den ein stark bewohnter und hochzivilisierter Teil der nordeuropäischen Landschaft und Kultur in den Fluten versank. Aus geologischen Angaben wie auch parallelen Aufzeichnungen aus dem Nahen Orient kann man das Ereignis auf 1650 vor unserer Zeitrechnung ansetzen.[28] Wie auch Platon sagte,[29] wurde durch derartige einschneidende Katastrophen das Wissen immer wieder ausgelöscht, und es vergingen Jahrhunderte, bis es neu erwachen konnte.
Dieses Wiedererwachen kam für die Germanen – genau wie später für die Griechen – aus Ägypten. Als »Seevölker« hatten sie das Mittelmeer durchschwärmt und in Ägypten teils Fuß gefaßt, teils Niederlagen erlitten. Diejenigen, die mit ihren hochbordigen Kielbooten um Iberien herum – »während der Riese Thiassi weit draußen auf See weilte« – die alte Heimat wieder erreichten, brachten als kostbares Gut jenen wiedergefundenen Glauben an die Unsterblichkeit der Seele und die Wiedergeburt aller Lebewesen mit. Wir wissen dies aus den skandinavischen Felsbildern, in denen die Sonne und der Horusfalke die wichtigsten Sinnbilder einer erneuerten Religion sind. So hat Loki im Falkengewand die lebenspendenden Äpfel und Idun selbst, die Kenntnis der Wiedergeburt, zurückgeholt.
Die germanische Weltanschauung wurde durch das Christentum nicht schlagartig überwunden, sondern nur schrittweise verändert. Ein wunderschönes Dokument der Übergangszeit ist das Heliand-Epos, das sich an Vollkommenheit mit den großen Epen der Weltliteratur messen kann. Es ist die deutsche Verarbeitung der griechischen Überlieferung jenes orientalischen Ereignisses, aus dem das Christentum entstand, verfaßt in der Sprache des neunten Jahrhunderts. Ganz deutlich war jenen Menschen noch das Bewußtsein, daß sie nur in einer Traumwelt leben, wie die indischen Arier in den Veden festgehalten hatten. Den Tod erleiden heißt im Heliandslied: »den Traum verlassen« und »anderes Licht suchen«. Die Jenseitswanderung ist – im Gegensatz zur jüdischen und späteren christlichen Auffassung – noch wichtiger Bestandteil der religiösen Erfahrung gewesen.

Der Wandel zur rein materialistischen Auffassung wird im »Ackermann aus Böhmen« deutlich, von Johannes Tepl etwa im Jahr 1400 geschrieben. Da gewinnt der Tod das Streitgespräch, obgleich ihn der Ackermann daran erinnert, daß Platon und »andere Weisheitskünder« sagten, auf den Zerfall folge eine Geburt und alle Dinge seien auf Wiederkehr gegründet.[30] Platon wurde ja während des gesamten »finsteren« Mittelalters gelesen, und man hatte gewiß nicht vergessen, daß die Vorstellung von der Wiedergeburt zu den vornehmsten Ideen der Griechen gehörte.

In den östlichen und westlichen Randgebieten Europas blieb die idealistische Wiedergeburtenlehre erhalten – als Fortsetzung der Antike in christlichem Gewand. Gespeist aus gnostischen Strömungen in Anatolien, bildeten sich im byzantinischen Reich die »paulinischen« Gemeinden, die im zehnten Jahrhundert nach Thrakien verpflanzt wurden und sich von dort über den ganzen Balkanbereich ausbreiteten. Besonders in Bosnien festigte sich diese Bewegung und wurde 1199 zur Staatskirche. Mehrere Jahrhunderte lang übte die halb heidnische, halb christliche Kirche einen wohltuenden Einfluß von großer Toleranz und Friedfertigkeit in Makedonien, Bulgarien und bis nach Frankreich hin aus. Sie lehrte die Gewaltlosigkeit, hatte keine Tempel und keine Priester, »denn zwischen Mensch und Gott bedarf es keines Mittlers«, und ließ auch weibliche Kulte zu. Sinnbilder der Wiedergeburt zieren ihre Grabsteine.

Einer der großen Initiatoren dieser Kirche war der Bulgare Bogumil gewesen, nach dem man die Bewegung auch die Bogumilen nennt. Und bulgarische Prediger waren es, die ganz Europa durchquerten und besonders in Frankreich offene Ohren fanden. Eine wichtige Schrift der Bogumilen wurde in Carcassonne in Südfrankreich kopiert und ist bis heute in Paris erhalten. Bald nach der Mitte des elften Jahrhunderts leitete ein Bulgare, Nikita, ein Konzil in St. Felix-de-Caraman bei Toulouse, auf dem die entsprechende französische Kirche unter dem griechischen Namen »Katharer« (wörtlich »die Reinen«) gegründet wurde. Nach ihrem späteren Hauptsitz in Albi nannte man sie auch Albigenser. Diese Bewegung hatte, bis zu ihrem schrecklichen Ende zweihundert Jahre später, einen großen Einfluß auf alle Schichten der Bevölkerung, sie entfaltete ein reges geistiges Leben und beachtliche architektonische Leistungen. Auch heute löst sie wieder ein bemerkenswertes Echo in christlichen Gruppen Frankreichs aus.

Ihre wichtigsten Glaubenspunkte waren absolute Gewaltlosigkeit, freie Ausübung der Wissenschaften, Freiheit der Lehre, Hinwendung zum Jenseits, Vegetariertum und Glaube an ein Endziel der irdischen Entwicklung. Wiedergeburt gehörte bei ihnen zu den wissenschaftlichen Grundgesetzen der Welt.
Auch in Deutschland gab es zahlreiche Anhänger der Reinen, die von der katholischen Kirche streng verfolgt wurden. Im Jahre 1220 wurden in Goslar, im Harz, einige »Ketzer«, wie man sie in Verballhornung des Wortes Katharer nannte, aufgehängt, weil sie ihrem Vegetariertum nicht abschwören wollten.

Die Katharer fühlten sich nicht nur als Christen, sondern als die wahren Christen, als die eigentlichen Bewahrer der urchristlichen Lehre. Darum möchte ich einige Grundzüge der Lehre Jesu und seiner Nachfolger hier aufzeichnen.
Aus allen frühen Kirchenschriften und auch aus dem Neuen Testament geht hervor, daß Jesus wie auch seine Jünger und die meisten seiner Zuhörer die Wiedergeburt für ein Naturgesetz hielten und nicht in Frage stellten, aber bemüht waren, von dieser Zwangsvorstellung loszukommen. Man glaubte allgemein, daß man in diesem Leben für Vergehen bestraft werden könne, die man im vorigen Leben begangen hatte, wie in der Frage ausgedrückt wird, die die Jünger Jesu stellten, als sie einen Blindgeborenen trafen: »Meister, wer hat gesündigt, dieser oder seine Eltern, daß er blind geboren ist?« Die Antwort, die Jesus gab, verneinte die Wiedergeburt nicht, sondern öffnete den Blick für sein persönliches Wirken und seinen Auftrag: »Es hat weder dieser gesündigt noch seine Eltern, sondern es sollen die Werke Gottes offenbar werden an ihm.«[31]
Damit wird klargestellt, daß nicht jede Wiedergeburt das Ergebnis eines verfehlten Lebenslaufes ist, vielmehr kann auch ein Segen darin liegen – ein Segen für die anderen Menschen, die noch keine so hohe Stufe der Selbstzucht erreicht haben und denen ein Wiederkehrender voranhilft. Wie Gautama Buddha und Dschaina wurde auch Jesus wiedergeboren, um Gutes zu tun, um zu lehren und zu heilen. Und wie jene anderen großen Wanderprediger kannte auch Jesus seine Kette, die ihn hervorgebracht hat. Er sprach ganz offen über seine früheren Verkörperungen.
Die älteste Gestalt, in der Jesus sich selbst erkannte und von der er in der Ich-Person sprach, ist Melchisedek, der mächtige kanaanäi-

sche Priesterkönig von Jerusalem zur Zeit Abrahams. »Abraham, euer Vater«, sagte Jesus zu den Schriftgelehrten, »ward froh, als er meinen Tag sah.« Und als sie ihm entgegneten: »Du bist noch nicht fünfzig Jahre alt und hast Abraham gesehen?«, antwortete er ihnen: »Ehedenn Abraham ward, bin ich.«[32]
Darum ist im Hebräerbrief das gesamte siebte Kapitel mit seinen 28 Versen diesem »König der Gerechtigkeit und König des Friedens«, Melchisedek, gewidmet, und jeder Christ weiß, daß dieser Lobgesang nur Jesus gilt. Außerdem ist überliefert, daß Melchisedek der erste war, der Brot und Wein als rituelle Mahlzeit stiftete,[33] was sonst dem Judentum fremd war.
Über eine weitere Inkarnation Jesu bestand ebenfalls Einigkeit unter den frühen Christen: Er war David, der König Jerusalems um 1000 vor unserer Zeitrechnung. »Du, David, bist ein Priester ewiglich nach der Weise Melchisedeks«, schwärmte der Schreiber des Hebräerbriefes. Nicht nur Jesus erkannte sich selbst als den wiedergeborenen David; auch David wußte schon, daß seine endgültige Gestalt der Messias sein würde, wie er selbst in einigen Psalmen sang.
Nach dem Tode Jesu sprach Petrus, der Führer der zwölf Jünger, in seiner ersten Predigt in Jerusalem vor einer großen Menschenmenge gerade über diesen Zusammenhang. Dabei zitierte er den 16. Psalm, in dem David von seiner Wiedergeburt sprach, als Beweis für die These, daß sein Meister der Erlöser sei:[34] »(Gott), Du wirst meine Seele nicht in der Hölle lassen und nicht zugeben, daß dein Heiliger verwese.« Nicht nur die Seele wird aus der *Scheol*, der Unterwelt, wiederkehren, sondern auch der Leib wird wieder lebendig werden, soll damit gesagt werden. Die Tatsache, daß Petrus gerade die Wiedergeburtenkette Jesu als Grundlage für seine wichtigste Predigt anführte, wirft ein Licht auf die Vorstellungswelt der Jünger und der ersten Christen, die diese Predigt aufbewahrten.
Noch ein weiteres Glied dieser Kette ist bekannt, es liegt zeitlich zwischen David und Jesus etwa in der Mitte. Wiederum ist es ein König Jerusalems und Erbauer des Tempels: Serubabel, »der Siegelring, der Auserwählte Gottes«, wie sich Haggai ausdrückte. Und sein Zeitgenosse Sacharja schrieb: »Die Hände Serubabels haben dieses Haus gegründet; seine Hände sollen's auch vollenden, damit ihr erfahret, daß mich der Herr zu euch gesandt hat!«[35] Mehrfach hat Jesus den Jerusalemer Tempel als sein Haus bezeichnet, und als

»König der Juden« wurde er von vielen seiner Anhänger verherrlicht und von seinen Gegnern zum Tode verurteilt. Im vergeistigten Sinne gilt Jesus der Kirche noch heute als Vollender des Tempels.

Nicht nur von sich selbst, sondern auch von anderen Personen kannte Jesus die Kette der Lebensläufe. Über Johannes den Täufer hat er sich ganz zweifelsfrei geäußert: »Und so ihr's wollt annehmen: Er ist der Elia, der kommen soll. Wer Ohren hat, der höre!«[36] Dazu führte er die Weissagung des Maleachi an, die sich auf die Wiederkehr des Elias bezog.

Auch zu einem anderen Zeitpunkt bekräftigte Jesus diese Aussage: »Es ist Elia schon gekommen, und sie haben ihn nicht erkannt.« Da verstanden die Jünger, daß er von Johannes dem Täufer geredet hatte, erklären Matthäus und Markus diesen Ausspruch.[37]

Man kann aber nicht gut behaupten, daß diese deutlichen Sätze Jesu zu einer geheimen Lehre gehörten, die nur dem inneren Kreis der Jünger bekannt gewesen wäre. Die Beispiele ließen sich nämlich noch fortsetzen, und es gibt ganze Bibelbücher, wie etwa die Offenbarung des Johannes, die ohne Kenntnis der Wiedergeburtenlehre völlig unverständlich wären.

Es besteht auch kein Zweifel darüber, daß die christlichen Kirchen viele Jahrhunderte lang diesen Standpunkt vertraten und daß der Wandel erst ganz allmählich vor sich ging. Im vierten Jahrhundert schrieb Gregor, Bischof von Nyssa: »Für die Seele ist es eine Naturnotwendigkeit, daß sie sich durch mehrere Lebensläufe reinige.« Auch andere Kirchenväter, wie zum Beispiel Justinus und Augustin, äußerten sich in diesem Sinne.[38]

Auf dem vierten Konzil von Konstantinopel im Jahre 553 wurde festgelegt, »daß diejenigen Seelen der Verstorbenen, die zu *guten Geistern* und *heiligen Tugenden* geworden waren, sich nicht durch Sättigung (beim Anschauen Gottes) oder durch Abkühlung (ihrer Gottesliebe) so verändern können, daß sie zur Bestrafung wiedergeboren werden müssen.«[39] Damit wurde die Wiedergeburtenlehre nicht abgelehnt, sondern nur ausgesagt, daß die wiederholte Rückkehr ins Leben weder wünschenswert noch notwendig sei, sofern die Seele eine gewisse Vollkommenheit erreicht hat.

Dennoch setzte sich der römische Materialismus im Laufe der Jahrhunderte in der katholischen Kirche durch und überlagerte –

wider besseres Wissen und gegen die kanonischen Schriften – das idealistische Vorstellungsgut, das den meisten Religionen der Alten Welt als Naturgesetz gegolten hatte.
Bei den Germanen in Mittel- und Nordeuropa wie auch bei den Goten in Spanien hat der Vorgang der Verdrängung länger gedauert, etwa bis ins zwölfte Jahrhundert; in Südosteuropa war er durch die Bogumilenkirche, in Frankreich durch die Albigenser noch ein weiteres Jahrhundert aufgehalten worden, bis schließlich nur noch einige vage Äußerungen einzelner Mystiker von der Wiedergeburt zeugen.

Mit der Renaissance nimmt die Rückgewinnung der Antike auch in Zentraleuropa ihren Gang, doch unter dem Druck der mächtigen Kirche wird eine völlige Öffnung zum Heidentum verhindert. Die Wiedergeburtenlehre bleibt Geheimwissen der Eingeweihten. Damit entzieht sie sich dem direkten Blick des Historikers, wird nur an gewissen Höhepunkten sichtbar wie Marksteine und Stangen, die aus einem verschneiten Gefilde herausragen. An ihnen kann man den Weg ablesen, der bis zu uns führt. Ich will ihn hier nur ganz kurz skizzieren, denn viele dieser Höhepunkte sind uns ja gut bekannt, sie gehören zu unserem geistigen Allgemeingut.
Giordano Bruno, der für seinen unbeugsamen Glauben an die Einheit und Einzigkeit des Universums im Jahre 1600 in Rom verbrannt wurde, und der französische Adlige Cyrano de Bergerac sind große Exponenten dieser freieren Lehre, die sich nicht allein auf die Vorstellung vom Wiedergeborenwerden beschränkte, sondern fest mit weiteren Idealen verbunden war, wie zum Beispiel dem Bewußtsein, daß die gesamte Natur beseelt ist.
Außer mutigen Einzelgängern gab es auch Geheimbünde und Sekten, die diese Lehre weiterpflegten; über den Templer-Orden und später die »Rosenkreuzer« erhielten die Freimaurerlogen die freiheitliche Einstellung und verbreiteten sie in ganz Europa.
Einer der größten deutschen Dichter, Lessing, Wegbereiter der modernen deutschen Literatur, schrieb 1780, ein Jahr vor seinem Tode, ein Manifest, in dem er noch einmal alle wichtigen Gedanken seines Lebens zusammenfaßt. Dieses Vermächtnis an die Menschheit in hundert Thesen, *»Die Erziehung des Menschengeschlechts«*, bringt am Anfang und Ende, sozusagen als Rahmen für seine Welterfassung, die grundlegenden Erkenntnisse der Wiedergeburtenlehre:

»Warum sollte ich nicht so oft wiederkommen, als ich neue Kenntnisse, neue Fertigkeiten zu erlangen geschickt bin? Bringe ich auf einmal so viel weg, daß es der Mühe wiederzukommen etwa nicht lohnt?«

Von Lessing führt eine gerade Linie über Herder, Goethe, Kleist, Novalis, Hoffmann und Lenau – die Blüte der deutschen Klassik und Romantik überspannend – bis zum eigentlichen Wiederaufleben der verschiedenen »Reinkarnationslehren«, die durch den Einfluß der neuentdeckten Überlieferungen des alten Indien und Ägypten die Intellektuellen Europas beflügelten. Seitdem ist dieser Gedanke aus dem europäischen Geistesleben nicht mehr wegzudenken, zeitweise hat er die größten Dichter und Philosophen zu seinen Anhängern gezählt. Daß er sich trotzdem nicht im »einfachen Volke« durchsetzte, mag als Trägheit – aber auch als Erfolg der allmächtigen Kirchen – gewertet werden.
Während noch Ende des vorigen Jahrhunderts viele Universitätsprofessoren die Reinkarnationstheorie verfochten und durch zeitgenössische Erfahrungen zu beweisen versuchten, hat sich das heutige Wissenschaftsgebäude geschlossen davon abgewandt. Der Grund dafür mag weniger Trägheit sein als vielmehr eine überwältigende Angst vor der Grenzenlosigkeit unseres Denkens. Die Krise der Wissenschaft ist erst in diesem Jahrhundert offenbar geworden, aufs äußerste erst im letzten Jahrzehnt, und kein Hinweis auf eine Lösung zeigt sich am Horizont. Angesichts der nur noch statistisch verifizierbaren Feststellungen über jegliche Vorgänge in der Natur und im Kosmos ist die Aussicht auf »objektive« Maßstäbe Null geworden.
Man versucht, sich auf drei Kriterien zu einigen, die allgemeingültig festlegen sollen, was als wissenschaftlich anzusehen sei:

1. Die These oder Beobachtung muß ins allgemeine Weltbild der heutigen Wissenschaft passen.
2. Der Informant oder Wissenschaftler muß moralisch und aufgrund früherer Arbeiten eine über Zweifel erhabene Person sein.
3. Die Beobachtung oder der Versuch muß wiederholbar sein.

Es ist leicht erkennbar, daß das letzte Argument nicht in allen Fällen angewendet werden kann, sonst wäre beispielsweise die Beobachtung von »einmaligen« Vorgängen, etwa die Beschreibung einer Supernova oder die Kenntnisnahme eines Vogelzugs, als unwissenschaftlich einzustufen.

Auch das zweite Argument ist nur schwer haltbar, denn die moralischen Standards sind von Land zu Land verschieden; wenn Polygamie oder Alkoholgenuß als Grenzen für einwandfreie wissenschaftliche Arbeit gelten würden, wäre so manche These zu Fall zu bringen. Auch zeitweilige Irrtümer eines Wissenschaftlers schließen nicht aus, daß er zu einem anderen Zeitpunkt gültige Ergebnisse vorlegen könnte.

Und die erste Forderung ist ganz besonders hinderlich für jede Art neuer Erkenntnisse. Konformität mit dem vorhandenen Weltbild führt zu Stagnation und zum Irrtum.

Bei der Wiedergeburtenidee haben wir es mit einer auf Erfahrung und Beobachtung beruhenden These aus dem Grenzgebiet der Biologie zu tun, dem medizinischen und psychologischen Bereich zuzuordnen. Die anzuwendenden Maßstäbe sind also die Aussagen von Beobachtern, und je höher der Wissensstand des jeweiligen Informanten eingeschätzt wird, desto wertvoller dürfte seine Aussage sein. Außerdem müssen wir die Häufigkeit der Beobachtung als Kriterium in Betracht ziehen. Oder in einfachen Worten gesagt: Je öfter durchziehende Störche von Leuten gemeldet werden, denen man zutrauen darf, daß sie Störche von anderen Vögeln unterscheiden können, desto sicherer wird man diesen Ort als Durchzugsort der Störche bezeichnen.

Betrachten wir die Idee der Wiedergeburt unter diesem Blickwinkel, so können wir äußerst günstige Umstände anführen: Es handelt sich um die älteste Philosophie der Menschheit, wie schon Lessing sagte,[40] und sie wurde von fast allen Großen der Geistesgeschichte propagiert.

Erschwerend tritt allerdings hinzu, daß sich die christlichen Kirchen und der Islam seit Jahrhunderten mit all ihrer Kraft und unmenschlicher Gewalt gegen die Wiedergeburtenlehre wandten, so daß zahlreiche Zeugnisse und Erkenntnisse aus diesem Bereich einfach vernichtet wurden. Sonst – so muß man angesichts der historischen Berichte schlußfolgern – würde heute niemand an der Richtigkeit dieser These zweifeln, man hielte sie wie früher für eine biologische Gegebenheit.

Die hier angeführten Argumente sagen nichts über den tatsächlichen Wahrheitsgehalt der Wiedergeburtenlehre aus, sondern nur – davon ging ich aus – über die Wissenschaftlichkeit. In dieser Hinsicht dürfte es keine Zweifel geben, zumal die Lehre auch Punkt 1 der Forderungen erfüllt: Sie paßt in die universitäre Dogmatik und hilft, mehrere sonst unverstandene Besonderheiten biologischen Verhaltens, zum Beispiel den Entelechie-Begriff, zu erklären. Damit fügt sie sich ebenfalls in den Rahmen der Wissenschaft: Sie ist notwendig im Gedankengebäude.

Wie ich schon kurz andeutete, handelt es sich bei der Wiedergeburtenlehre um einen sehr weiten Komplex von Thesen und Ideen, die alle mehr oder weniger miteinander verknüpft sind, ohne jedoch ein festgefügtes Lehrgebäude zu bilden. Obgleich je nach Epoche und Lehrer verschiedene Gedanken betont wurden, ist doch eine gewisse Einheitlichkeit durch alle Jahrtausende hindurch spürbar geworden. Im folgenden will ich zwanglos die Grundgedanken vorstellen.

Die Griechen unterschieden zwischen *Metempsychosis*, Seelenwechsel, und *Metensomatosis*, Körperwechsel. Es ist aber nicht von Belang, ob wir den Schwerpunkt in der Seele oder dem Körper sehen – dieser Widerstreit ist eine Schwäche der Antike und des neueren Europa –, sondern wie wir Seele und Körper definieren und miteinander in Beziehung setzen. Die Pythagoräer glaubten nur an einen Wechsel der Seele zwischen Tieren und Menschen, während Empedokles auch die Pflanzen einbezog und Platon lapidar feststellte, daß alle Gegenstände des Kosmos beseelt sind.

Wiedergeburt im weiteren Sinne kann also in jedem Lebewesen erfolgen, in einem Berg oder Stein sogar, schließlich sogar in einem Stern, wie griechische Mythen beschreiben. Wichtig bei der Wanderung ist der *Psychopomp*, wie die Griechen sagten, der Seelengeleiter. Dieser konnte ein großer Lehrer sein, Dionysos oder Bakchos, oder ein Tier – entsprechend den Totemtieren der Steinzeit – oder eine Idee, die sich jeder einzelne selbst geformt hatte. In definierten Religionen wie Hinduismus oder dem Mazdaismus des Zarathustra wurde die Seele von einer abstrakten Vorstellung geleitet: der Summe ihrer Taten im vergangenen Leben oder in allen vergangenen Leben. Bei manchen – etwa bei Augustin oder Meister Eckehart – galt der letzte Gedanke im Todesmoment als entscheidend bei der Festlegung des Ziels der »großen Wanderung«.

Alle diese verschiedenen Vorstellungen stehen nicht im Widerspruch zueinander, sondern ergänzen sich zu einem größeren Komplex, der im Unterschied zu den streng begrenzten Glaubenslehren der heutigen Christen und Moslems eine weltoffene Schau vermittelt, welche die Wandelbarkeit aller Erscheinungsformen, ihr Fließen und Ineinanderübergehen hervorhebt.
Grundsätzlich sind also drei Tatsachen zu beachten:
1. Eine Einheit mit Information und Gestaltungswillen besteht bereits vor der Zeugung und wird im Zeugungsmoment an die Körperlichkeit gebunden; es können auch mehrere Einheiten zugleich sein, was gar nicht so selten ist, wie man annehmen möchte.
2. Diese Einheit macht während ihrer Bindung an die Körperlichkeit verschiedene Wandlungen durch, die ihr unauslöschlich eingraviert werden und ihren weiteren Weg mitbestimmen.
3. Nach dem Versagen oder Erlöschen des Körpers begibt sich die Einheit auf eine Wanderung, die nach einiger Zeit zur Bindung an eine neue Körperlichkeit führt, wenn die Einheit diese Bindung zur Vollendung ihrer Gestalt noch braucht. Das ist meistens der Fall.
Über das Ziel des gesamten Ablaufs – also den Ort der Seele nach ihrer letzten Verkörperung, im Zustand der Vollendung – haben wir nur vage Begriffe, wie sie uns von den weisesten Menschen überliefert wurden: Licht, Leere, Freiheit.
Die Bindungen können außerordentlich vielgestaltig sein, doch ergeben sich durch Gewohnheit einige Muster, die zwar nicht gesetzmäßig sind, aber wegen ihrer Häufigkeit als Regel angesehen werden. Entgegen allen mythologischen und märchenhaften Überlieferungen ist die Wiederverkörperung einer menschlichen Seele in einem Tier oder Baum äußerst selten. Es handelt sich bei derartigen Berichten stets um bemerkenswerte Sonderfälle. Normalerweise verkörpert sich die Seele eines Menschen in seiner unmittelbaren Nähe und Verwandtschaft, also in den Nachkommen oder anderen Familienangehörigen. Auch geistige Verwandtschaften, Freundschaft und Liebe, sind starke Kräfte, die eine Bindung bewirken können.
Ganz allgemein übt die Ähnlichkeit der Gestalt – hierbei ist natürlich die geistig-seelische Gestalt besonders gemeint – die größte Anziehung auf die jeweilige Einheit aus. Dadurch werden immer wieder parallele Gestalten hervorgebracht, was einen großen Teil der Vererbung ausmacht. Oder anders gesagt: Die geistige Affinität be-

wirkt, daß der Vererbungsmechanismus in Kraft tritt. Denn was vererbt wird, ist ja nicht eine kodierte Information für künftiges Verhalten, sondern Neigung und Vorliebe. In der Familie Bach wurden nicht Partituren weitervererbt, sondern die Fähigkeit und Liebe zur Musik.

Heute redet man gern von Vererbungsroulett, wenn es um die Überlegung geht, Kinder zu zeugen. Die These von der Wiedergeburt schränkt diese Furcht vor dem »Roulett« jedoch etwas ein. Wer aus dem Jenseits ins Diesseits zurückkehren, also wiedergeboren werden will, sucht sich möglichst solche Eltern, die den eigenen Wunschvorstellungen und den Neigungen aus früheren Lebensläufen entsprechen. Das tibetische Totenbuch[41] gibt ganz konkrete Anweisungen über die Art, wie man sich die Pforte zur Wiedergeburt wählen soll: möglichst in einem Land und einer Familie, in der Kenntnis der Wiedergeburtenlehre und ihre Überwindung gepflegt werden. Man soll sich im entscheidenden Moment nicht zu sehr von flüchtigen Neigungen leiten lassen, sondern an die Weiterentwicklung des Geistes denken.

Daraus ergibt sich, daß die Seelen bei ihrer Suche nach geeigneten Körpern zur Vollendung ihrer Entwicklung dasjenige Elternpaar auswählen, das die beste Voraussetzung erfüllt. Oft sind wartende Seelen die treibende Kraft für eine Eheschließung, was unser Volksglaube mit den Worten ausdrückt: Sie waren von Anfang an füreinander bestimmt. Die bestimmende Kraft und der Wille zur Paarung und Zeugung liegt dann in jenem Wesen, das auf diese Weise ins Leben kommen will.

Für jede Wiederverkörperung sind zwei verschiedene Menschen, Frau und Mann nötig. Das neue Leben, das daraus entsteht, ist keine einfache Wiederholung früherer Lebensläufe, keine Reproduktion früheren »Karmas«, sondern stets ein schöpferischer Neubeginn, in dem sich das vergangene Leben ausdrückt. Nur durch diesen neuen Ausdruck kann es einen Schritt vorankommen und vollkommener werden.

Zusammenfassung

Felsmalereien und Grabfunde lassen den Schluß zu, daß die ältesten kulturellen Äußerungen europäischer Jägervölker den Gedanken an die Wiedergeburt der Seele zur Grundlage hatten. Einweihungsriten in den Höhlen waren auch schon mit dem Gebrauch von Rauschmitteln verbunden, durch die ein todesähnlicher Zustand ausgelöst wurde, der Einblick in die Zusammenhänge des Lebens ermöglichte. Die Vorstellung, daß sich Tod und Geburt gegenseitig bedingen, gehörte auch später zur Philosophie der Jungsteinzeit, erneuert als Fruchtbarkeitsglaube der Ackerbauern.

Die Namensgebung war eines der wichtigsten Rituale zur Feststellung der wiedergeborenen Person.

Aus Ägypten und Griechenland, besonders aus Thrakien, wanderte der Wiedergeburtenglaube ins Abendland. Vor ihrer Romanisierung waren die Kelten glühende Anhänger der Wiedergeburtenidee, und von den Germanen wissen wir dies aus den Liedern der Edda. Auch im Urchristentum war der Glaube an die Reinkarnation fest verankert und wurde bis zum sechsten oder siebten Jahrhundert von der Kirche weitergelehrt. Bei den bulgarischen Bogumilen und den französischen Katharern lebte die Idee noch bis ins 13. Jahrhundert fort.

Von der Renaissance an mehren sich wieder die Stimmen, die dieses Wissen wie eine Geheimlehre weiterreichen, über den Templer-Orden, die Rosenkreuzer und die Freimaurer floß es in die deutsche Klassik und Romantik ein. Durch die Forschungen in Ägypten und Indien wurde es dann neu belebt, so daß es seit dem vorigen Jahrhundert ein unversiegbarer Quell geistigen Lebens in Europa wurde.

Obgleich die These der Wiedergeburt in jüngerer Zeit kein Thema an Universitäten mehr ist, erfüllt sie doch alle Anforderungen der Wissenschaftlichkeit. Der Hauptgedanke der stetigen Wiederkehr läßt sich als Bindung an verwandte und geliebte Personen darstellen; die Notwendigkeit liegt in der Unvollkommenheit und dem Vorwärtsstreben des Menschen.

Ernst Topitsch

Seelenwanderung – Mythos, Ideologie, Geschäft

Der österreichische Philosoph und Soziologe Prof. Dr. Ernst Topitsch wurde am 20. März 1919 in Wien geboren. Nach dem Abitur 1937 studierte er (mit kriegsbedingten Unterbrechungen) Klassische Philologie, Philosophie, Geschichte und Soziologie an der Universität Wien, wo er 1946 promovierte. 1951 habilitierte sich Topitsch für Praktische Philosophie in Wien, erhielt 1956 dort eine außerordentliche Professur. 1962 übernahm Topitsch einen Lehrstuhl für Soziologie an der Universität Heidelberg, 1969 für Philosophie an der Universität Graz. Seit 1989 ist er emeritiert. Wichtige Veröffentlichungen: *Vom Ursprung und Ende der Metaphysik* (1958), *Sozialphilosophie zwischen Ideologie und Wissenschaft* (1961, 3. Aufl. 1971), *Logik der Sozialwissenschaften* (1966, 11. Aufl. 1984), *Die Sozialphilosophie Hegels als Heilslehre und Herrschaftsideologie* (1967, 2. Aufl. 1981), *Gottwerdung und Revolution* (1973), *Die Voraussetzungen der Transzendentalphilosophie* (1975), *Erkenntnis und Illusion* (1979, 2. Aufl. 1988), *Stalins Krieg* (1985, 3. Aufl. 1990).

Was »die Seele« ist, wissen wir nicht. In den verschiedenen Kulturkreisen begegnen wir höchst verschiedenen, oft einander teilweise oder ganz widersprechenden Seelenvorstellungen; ja sogar in unserer eigenen, noch immer wesentlich durch christliche Traditionen bestimmten Kultur sieht es gar nicht so viel besser aus: »Der Seelenbegriff der christlichen Religion ist auch nach fast zweitausendjährigen Aussagen darüber sehr unbestimmt geblieben; was das eigentlich sein mag, das der Christ unsterblich glaubt, wird nie scharf angegeben.«[42]

Nun kann man die Leitvorstellungen der vorwissenschaftlichen Interpretationen der Welt, des Menschen und des Erkennens in einige Typen einteilen, die eng mit Grundgegebenheiten unseres Daseins zusammenhängen: der sozialen Produktion und Reproduktion des Lebens und dem Druck der Realität – Tod, Leid, Bedürftigkeit, Abhängigkeit, Schuld – wobei letztere ganz unmetaphysisch als Inbegriff jener Belastungen und Konflikte zu verstehen ist, die aus der Verletzung der jeweiligen Gruppennormen resultieren. In den geschichtlich vorliegenden mythisch-religiösen und philosophischen Gedankengebilden sind diese Typen allerdings meist nicht klar voneinander unterschieden, sondern stehen bald unverbunden nebeneinander, bald werden sie miteinander in vielfacher und oft widerspruchsvoller Weise vermengt. Dies gilt sogar für große Philosophen von Platon bis Kant.[43]

Eine Gruppe dieser Leitvorstellungen geht vom Leben selbst aus, den Lebensvorgängen und Lebewesen. Im Sinne dieser *biomorphen* Modelle ist die Seele ein Lebensprinzip oder eine Lebenskraft – etwa Atem, Blut, Wärme – oder wird als ein zumal flüchtiges, huschendes Tier vorgestellt: Schmetterling, Vogel, Eidechse oder Schlange; doch kommen mitunter auch aus dem Grabe hervorwachsende Pflanzen in Frage. Von großer Bedeutung sind ferner Modellvorstellungen aus dem Bereich des menschlichen Handelns, insbesondere des handwerklich-künstlerischen Verfertigens und der sozialen Beziehungen.

Allerdings spielen *technomorphe* Auffassungen erst in der Philosophie eine größere Rolle. So ist bei den Pythagoreern die Seele eine »Harmonie« und bei Aristoteles ein Formprinzip, das die Lebewesen wie ein Künstler von innen her gestaltet.

Ungemein verbreitet und gerade für unser Thema wichtig sind die *soziomorphen*, also von gesellschaftlichen Ordnungen und Vorgängen bestimmten Vorstellungen, und zwar besonders dann, wenn sie mit dem Motiv der »Gerechten Vergeltung« oder überhaupt der »gerechten Weltordnung« verbunden und durch soziale Institutionen abgestützt sind. Hier tritt die Seele vor allem in der sozialen Rolle eines verantwortlich handelnden Wesens auf, als Subjekt von Verdienst und Schuld, als Objekt von Lohn und Strafe. Das bei uns bekannteste Beispiel ist der Kirchenglaube vom Jenseitsschicksal in Himmel, Fegefeuer und Hölle. Dieses Grundmotiv ist auch für die wichtigsten Formen der Seelenwanderungslehre maßgebend, nur daß hier die gerechte Vergeltung nicht in transzendenten Bereichen, sondern in der Reihe der Wiederverkörperungen erfolgt.

Eine letzte Gruppe schließlich entstammt schamanistischen und verwandten Formen der Magierekstatik und den Reinigungsmysterien. Nach diesen *ekstatisch-kathartischen* Traditionen ist die Seele unsterblich und vom Leibe wesensverschieden. In Ausnahmezuständen wie Traum, Trance oder Rausch kann sie sich von diesem loslösen und besitzt dann – befreit von den körperlichen Fesseln – Zaubermacht und hellseherische Fähigkeiten, die sich in Extremfällen bis zu göttlicher Allmacht und Allwissenheit steigern können. Nicht selten werden aber – besonders im Zuge der philosophischen Rationalisierung dieser Traditionen – solche Ansprüche auf aktive Weltüberlegenheit preisgegeben, und es bleibt nur der Glaube, die reine Seele oder das wahre, höhere Ich sei leidlos dem Realitätsdruck entzogen oder könne diesem auf einem Heilsweg entzogen werden. Solche Gedankengänge sind zwar vom Seelenwanderungsglauben verschieden, doch konnten sie manchmal mit ihm Verbindungen eingehen.

Das war vor allem im klassischen Land der Wiedergeburtslehre der Fall, in Indien. Nun gehört dieser Glaube nicht zum ältesten Bestand der indo-arischen Religion; die Hymnen des Rig-Veda kennen ihn noch nicht. Möglicherweise stammt er aus einer vorarischen, tropischen Mondmythologie,[44] auf welche die hellhäutigen Eroberer bei ihrem Vordringen nach dem Südosten gestoßen sind. Nach diesen Vorstellungen steigen die Seelen der Verstorbenen zum Monde auf, der sie als Hüter der Pforte zur himmlischen Seligkeit entweder passieren läßt oder sie im Regen wieder zur Neueinkörperung auf die Erde zurückgeschickt. In den verschiedenen Varianten dieser Überlieferungen erfolgt diese Entscheidung des Nachtgestirns nach verschiedenen Gesichtspunkten – magischen, rituellen oder moralischen. Wichtig ist aber, daß die Wiedereinkörperung nicht als wünschenswerte Erlösung vom Todesgeschick gilt, sondern als ein Gefangenbleiben im leidvollen Rad der Geburten. Die Rücksendung auf die Erde ist eine Art Strafe. Dazu kommt noch, daß die Wiedereinkörperung auch in Tierleibern erfolgen kann. So sind diese Gedankengänge nicht sehr tröstlich.

Doch hatte der Seelenwanderungsglauben noch andere Wurzeln. Verbreitet war die Überzeugung, die verstorbenen Mitglieder einer Familie oder Sippe kämen in den Neugeborenen wieder zur Welt. So pflegten etwa die Griechen die Enkel nach den Großvätern zu nennen, und solche Traditionen klingen vielleicht in dem noch heute bestehenden Brauch nach, neu eintretenden Klosterbrüdern die Ordensnamen der zuletzt Verblichenen zu verleihen. Indessen mögen andere Überlieferungen noch wichtiger gewesen sein. Vor allem kannte das mythische Denken weithin noch keine scharfe Trennung zwischen dem Menschen und der außermenschlichen Natur. Die Dinge und Wesen wurden soziomorph als beseelte, menschenartig fühlende, denkende und agierende Subjekte aufgefaßt, als soziale Handlungspartner, mit denen sogar Verwandtschaftsbeziehungen bestehen konnten.

Entscheidend zur Verbreitung und Verfestigung der Wiedergeburtslehre hat aber ein anderer soziomorpher Vorstellungskomplex beigetragen, nämlich der Glaube an eine »gerechte Weltordnung«. In vielen Kulturen wurde nämlich die Welt als großer, von bestimmten Verhaltensregeln der »Gerechtigkeit« bestimmter Sozialverband – Familie, Sippe, Clan oder (später) Staat – aufgefaßt, als eine Art »Rechtsgemeinschaft aller Dinge und Wesen«. Dabei wurden natürlich die jeweiligen Normen der Sitte, der Moral und des Rechts, wie sie in der betreffenden Gruppe bestanden, in den Kosmos projiziert, wodurch in den verschiedensten Kulturen die Vorstellung einer »Weltnorm« oder eines »Weltgesetzes« entstand. Beispiele sind die ägyptische *Ma-at*, das indische *Rita*, der griechische *Nomos* oder *Logos*, die antik-christliche *lex naturalis*, der *ordre naturel* der Aufklärung oder die russische *Prawda*, alles Inbegriffe einer Natur und Gesellschaft, Wahrheit und Gerechtigkeit in sich begreifenden Ordnung. Die dergestalt in den Kosmos projizierten Sozialstrukturen werden aber häufig auch auf ihr irdisches Urbild rückbezogen, die menschliche Polis wird gewissermaßen in der vermeintlichen kosmischen metaphysisch verankert. So erscheint jede Auflehnung gegen die bestehende Sozialordnung als eine solche gegen die gesamte Weltordnung. Die Affinität derartiger Gedankengänge zu konservativer Ideologie liegt auf der Hand, und deshalb werden sie auch von den Vertretern der etablierten Ordnung gefördert und geschützt.

Doch hier tritt eine Schwierigkeit auf, mit der sich Theologen und Philosophen jahrtausendelang abgerungen haben, und zwar unabhängig davon, ob die »gerechte kosmische Ordnung« als unpersönliches Gesetz oder als Schöpfung eines allmächtigen und allgütigen Gottes gilt: *das Problem der Kosmodizee oder Theodizee*. Dazu schreibt der große Religionssoziologe Max Weber: »Wie kommt es, daß eine Macht, die als zugleich allmächtig und gütig hingestellt wird, eine derartig irrationale Welt des unverdienten Leidens, des ungestraften Unrechts und der unverbesserlichen Dummheit hat erschaffen können... Dies Problem: die Erfahrung von der Irrationalität der Welt war ja die treibende Kraft aller Religionsentwicklung. Die indische Karmanlehre und der persische Dualismus, die Erbsünde, die Prädestination und der Deus absconditus sind alle aus dieser Erfahrung herausgewachsen.«[45]

Nun bestand wohl ursprünglich keine unmittelbare Beziehung zwischen dem Seelenwanderungsglauben und der Idee einer gerechten Weltordnung. Dieser Glaube war auch keineswegs von Anfang an Bestandteil einer systemstabilisierenden Ideologie und ist erst recht nicht etwa bewußt zum Zwecke der Rechtfertigung einer bestimmten Sozialstruktur erdacht worden. Vielmehr haben sich hier zwei voneinander zunächst unabhängige Traditionsstränge vereinigt.

Wenn nämlich die den Tod überdauernde Seele soziomorph als verantwortlich handelndes Wesen, als Subjekt von Verdienst und Schuld und Objekt von Belohnung und Bestrafung aufgefaßt wurde, so ergab sich die Möglichkeit, die in diesem Leben offenbar ausgebliebene »ausgleichende Gerechtigkeit« in andere Abschnitte des Seelenschicksals zu verlegen, etwa in ein »Jenseits« oder eine andere Wiedereinkörperung. So konnte man unverdientes Leid als Strafe für Vergehen, unverdientes Glück als Lohn für Verdienste in einem früheren Leben auffassen oder die gerechte Vergeltung in ein künftiges Dasein verschieben. Auf diese Weise ließ sich der Glaube an die gerechte Weltordnung dem Scheitern an den harten Tatsachen unseres einmaligen irdischen Lebens entziehen.

Nun haben die Jenseitsvorstellungen häufig ideologische Funktionen angenommen, ja, direkt als Herrschaftsinstrumente gedient. Wohlverhalten gegenüber Priesterschaften vermittelte nicht selten eine angebliche Anwartschaft auf himmlischen Lohn. Insbesondere aber waren drastische Höllenbilder hervorragend geeignet, auch die Reichen und Mächtigen dieser Erde einzuschüchtern und gefügig zu machen; ja, noch im vorigen Jahrhundert hat man nicht selten die Proletarier auf den himmlischen Ausgleich vertröstet.

Ein vergleichbarer ideologischer Charakter fehlt dem Seelenwanderungsglauben im Westen. Man hat hier meines Wissens nie versucht, dem Proletarier einzureden, wenn er nur brav schufte, würde er als Kapitalist wiedergeboren werden. Doch in Indien ist jener Glaube

durch die enge Verbindung mit der Gesellschaftsordnung zu einem institutionell garantierten Dogma geworden, das die Jahrtausende überdauert hat. Die Lehre von der Wiedereinkörperung ermöglichte es den Indern nicht nur, die allgemeine Wertirrationalität der Erfahrungswelt, sondern auch vor allem die krassen Unterschiede der individuellen Schicksale, die sich aus der Kastenordnung ergeben, als vereinbar mit der gerechten Weltordnung, ja, als deren integrierende Bestandteile aufzufassen und zu rechtfertigen. Der Mensch wird in der Kaste geboren, die er sich durch sein Verhalten in einem früheren Leben verdient hat, und wenn auch in diesem Dasein ein Ausweg aus der Kaste – nach oben wenigstens – schlechterdings nicht existiert, so dürfen die Angehörigen der Unterschichten doch hoffen, als Krieger oder Brahmanen wiedergeboren zu werden. Die Voraussetzung für einen solchen Aufstieg ist vor allem die genaue Erfüllung der Kastenpflichten und die Unterlassung des rituell schwer sündhaften Versuches, aus seiner Kaste zu treten. Diese »Theodizee der Kastenordnung«[46], wie sie Max Weber genannt hat, mußte natürlich eminent konservierend auf die Sozialstruktur zurückwirken. Doch ist die Verbindung von Seelenwanderungsglauben und Kastensystem, die praktisch auf die Domestikation der niedrigeren Volksschichten und überhaupt der Untertanen mit Hilfe einer religiösen Lehre hinausläuft, nicht zu diesem Zwecke geschaffen worden, sondern hat erst im Laufe der Zeit eine so ausgeprägte politisch-ideologische Funktion erhalten.
Freilich kam es durch die Ideologisierung auch zu neuen Schwierigkeiten. Aus älteren mythischen Überlieferungen stammte der Glaube, daß sich Menschenseelen auch in Tierleibern – bis hinunter zum Wurm und zur Motte – wiedereinkörpern würden. Doch wie ist dann der Wiederaufstieg möglich, denn im Tierreich gibt es keine Kasten und Kastenpflichten, keine rituellen Gebote und keine moralische Bewährung?
Eine noch ernstere Problematik ergab sich aus der Spannung zwischen dem Seelenwanderungsglauben und der ganz anders gearteten Heilslehre der Upanishaden vom heiligen Brahman-Atman, dem unsterblichen und leidlosen »wahren Selbst«. Hier geht es darum, daß der Mensch der Einheit seines »Seelengrundes« mit dem ewigen Weltgrund und damit des Heiles innewird, wobei ekstatische Traditionen mit einer für Indien spezifischen Auffassung verschmelzen: Die Einheit von Menschen-Ich und All-Ich geschieht im

traumlosen Tiefschlaf. Nun scheint diese Lehre extrem egalitär zu sein, denn den Tiefschlaf hat der vornehmste Brahmane mit dem elendesten Knecht gemeinsam. Dennoch wurde dieser Glaube von der Priesterschaft und dem Kriegeradel sorgfältig geheimgehalten – »Upanishad« heißt ja frei übersetzt »Geheimlehre«. So konnte es zu einer – in sich widerspruchsvollen – Kombination mit der Seelenwanderungslehre kommen: Nur wer die Stufenleiter der Kasten bis zum Brahmanen aufgestiegen war, hatte die Anwartschaft auf das endgültige Heil, und mitunter waren dazu auch mehrere Wiedergeburten als Brahmane erforderlich.

Eine andere Variante findet sich bei Buddha, der nicht nur das »wahre Selbst« der brahmanischen Lehre leugnete, sondern auch das gewöhnliche psychische Ich, das für ihn keine bleibende Wesenheit war, sondern – ähnlich wie bei David Hume – eine bloße Aufeinanderfolge von Erlebnissen. Dagegen vertrat der »Erleuchtete« die Lehre von der gerechten Weltordnung in einer sehr radikalen Form. Alles Geschehen vollzieht sich nach dem Gesetz der moralischen Vergeltung. Die guten oder bösen Taten *(Karman)* der Menschen wirken sich in unzähligen Existenzen hindurch je nach ihrer Art in guter oder schlechter Wiedergeburt aus. Wenn das aber der Fall ist, so folgert Buddha, dann muß im ganzen Weltall das Gesetz von Ursache und Wirkung walten – natürlich ist eine solche »Vergeltungskausalität«[47] von der modernen, wertfreien Kausalitätsauffassung wesentlich verschieden. Doch stehen diese Gedanken im Widerspruch zu der Leugnung des Ich als permanenter Wesenheit. Nur wenn dieses etwas Beharrendes ist, das durch die Reihe der Wiedergeburten mit sich identisch bleibt, kann es auch für seine Taten in den einzelnen Erdenleben verantwortlich und der Vergeltung für diese unterworfen sein. Das schließliche Heilsziel ist die Befreiung aus dem leidvollen Rad der Geburten, das »Verlöschen« im *Nirvana*, das aber keineswegs schlechthin als das »Nichts« zu verstehen ist, sondern doch wieder irgendwie als »Seligkeit«.

Die indische Wiedergeburtenlehre ist also gerade in ihrer buddhistischen Ausprägung alles andere als eine Frohbotschaft von der Überwindung des Todes, eine jubelnde Verheißung, daß nach dem Sterben nicht »alles zu Ende« sei. Die Grundüberzeugung ist vielmehr, daß alles Leben nur Leiden ist und die Wiedereinkörperung nur zu neuem Leid führt. Um das Heil zu erreichen, muß unsere Lebensgier nicht befriedigt, sondern abgetötet werden.

Auch stößt der Buddhismus auf das zentrale Problem aller derartigen Auffassungen, nämlich die Frage, worin denn eigentlich die Identität der »Seele« besteht, die von Einkörperung zu Einkörperung wandert. Doch darauf gibt es keine Antwort, denn eine derartige Identität ist schwer vorstellbar und erst recht nicht feststellbar. Gibt es diese aber nicht, dann löst sich das Karman vom individuellen Handeln und wird zu einer mysteriösen Macht, von der dann den einzelnen »Wiedergeborenen« unverdienter Lohn, den anderen unverdiente Strafe zufällt. Eine Parallele zu den christlichen Lehren von der irrationalen göttlichen Gnadenwahl liegt nahe, doch gibt es im Falle des Karman keinen Gott, der eine solche Wahl treffen könnte. So oder so erhebt sich jedenfalls die Frage, wie eine solche Irrationalität mit dem Prinzip der Gerechtigkeit vereinbar ist.

Im Westen – in Griechenland und in den von griechischem Denken beeinflußten Kulturen – war der Seelenwanderungsglaube ebenfalls verbreitet und häufig mit dem Motiv der gerechten Vergeltung verbunden, doch ist er nie eine so enge Verflechtung mit den Sozialstrukturen eingegangen wie in Indien und hat daher keinen vergleichbaren ideologisch-politischen Charakter angenommen.

Wie bei den Indern, so geht auch hier jener Glaube wohl auf Überlieferungen zurück, die in vorgeschichtliche Frühzeit zurückreichen. Sie dürften aus dem Norden eingesickert sein – dorthin weist jedenfalls die orphische Mysterienreligiosität, aus deren Zusammenhang die ersten schriftlichen Zeugnisse der Seelenwanderungslehre stammen. Ähnliches gilt für die damit eng zusammenhängenden Auffassungen der Pythagoreer.[48]

Auch für die Orphiker hatte der Gedanke der Wiedereinkörperung an sich nichts Tröstliches. Die Seele bleibt in dem leidvollen Rad der Geburten gefangen und soll aus diesem erlöst werden, freilich nicht durch die peinlich genaue Einhaltung von Kastenpflichten, die es bei den Griechen nicht gab, sondern durch die Reinigungsmysterien des Erlösers Orpheus und durch asketische Enthaltsamkeit von allem »Unreinen« wie dem Fleischgenuß. Doch tritt auch hier das Vergeltungsmotiv auf. In den Zeiten zwischen den Einkörperungen wird der Seele im Jenseits Lohn oder Strafe zuteil, und dem Menschen werden seine Taten im früheren Leben in ihrem nächsten Leben vergolten. Dabei findet die lange Kette von Sterben und Wiedergeborenwerden zwar ein Ende in einem wahren Erlösungsvorgang, einer völligen und dauernden Befreiung von aller Körperlichkeit, doch dieser Weg ist weit, das Licht am Ende des Tunnels ist fern.

Von diesen Traditionen war auch der sizilische Philosoph Empedokles (5. Jh. v. Chr.) beeinflußt, der die Einkörperung als göttliche Strafe auffaßte und von sich selbst sagte: »Ich war ja einst schon Knabe, Mädchen, Strauch, Vogel und aus dem Meer emportauchender stummer Fisch.« Das Bild, das der Denker von der Welt und dem irdischen Dasein entwirft, ist düster, und der Aufstieg bevorzugter Seelen zur schließlichen Erlösung ist lang und beschwerlich. Erst zuletzt »werden sie zu Sehern, Sängern und Ärzten und Führern unter den erdbewohnenden Menschen, und von da wachsen sie empor zu Göttern, an Ehren Reichsten«.[49]

Ihren bedeutendsten Vertreter hat die Wiedereinkörperungslehre aber dann in Platon gefunden, der sie wohl aus dem Volksglauben, aus orphisch-pythagoreischen und vielleicht auch orientalischen Traditionen übernommen hat. Seine diesbezüglichen mythischen Behauptungen und Darstellungen sind zwar uneinheitlich und widerspruchsvoll, jedoch weitgehend durch die Gesichtspunkte von Gerechtigkeit und Vergeltung bestimmt. Im ganzen gesehen ist die Reise der Seele durch die verschiedenen Wiedereinkörperungen ein mühsamer und von Rückschlägen bedrohter, leidvoller Reinigungsweg – auch Platon kennt den Abstieg ins Tierreich –, bis schließlich die zum wahren Philosophen emporgeläuterte Seele, ähnlich wie bei den Brahmanen, die Anwartschaft auf die endgültige Erlösung erreicht. Dabei meint Platon mit der »wahren Philosophie« natürlich seine eigene.

Freilich stellt der Denker seine Seelen- und Jenseitsvorstellungen auch in den Dienst seiner ideologisch-politischen Überzeugungen. Als Sproß einer alten Adelsfamilie war er überzeugter Aristokrat und erbitterter Gegner jener energischen Persönlichkeiten, die mit Hilfe des Volkes den Adel entmachtet und sich zu Alleinherrschern aufgeschwungen hatten, der »Tyrannen«. Dieser Ausdruck bedeutete ursprünglich nur »Herr« oder »Herrscher« und hatte nicht die abwertende Bedeutung grausamen Gewaltherrschertums, die sie nicht zuletzt durch Platon erhielt; auch den griechischen Aufklärern, den Sophisten, hat Platon das Stigma unredlicher Wahrheits- und Rechtsverdreher aufgedrückt – was allerdings nicht ausschließt,

daß manche Tyrannen wirklich grausam und manche Sophisten wirkliche Schwindler waren.
So werden die Tyrannen von jedem Läuterungsweg durch die Reihe der Wiedergeburten ausgeschlossen und zu ewigen Qualen im Tartaros verdammt. Das läßt Platon im Schlußmythos seiner großen Staatsschrift einen aus dem Jenseits Zurückgekehrten erzählen. Dort drunten waren »Männer von wildem, feurigem Aussehen«, die banden den Tyrannen »Hände und Füße und Nacken, warfen sie zu Boden, rissen ihnen die Haut ab und zogen sie längs des Weges durch Dornsträucher hindurch, die sie zerfleischten«; und schließlich wurden die Gewaltherrscher in den Tartaros hinabgeschleudert.[50] Man denke daran, daß auch noch in unserer Zeit so mancher eine Befriedigung in der Vorstellung fand, ein Hitler oder ein Stalin würde im Jenseits von scheußlichen Teufeln in Kesseln brodelnden Öls gesotten und mit glühenden Zangen bearbeitet. Im übrigen zeigen diese und ähnliche Beispiele – etwa aus Dantes »Inferno« – auch, daß es schwierig ist, sich den Vollzug von Jenseitsstrafen an einer strikt immateriellen Seele vorzustellen, welcher der körperliche Angriffspunkt für die Folterungen fehlt.
Doch findet sich hier auch eine andere Variante des Seelenwanderungsglaubens. Die Neueinkörperung erfolgt nicht gewissermaßen automatisch, entsprechend Verdienst oder Schuld im vergangenen Leben, sie wird auch nicht von einer Gottheit zugewiesen. Vielmehr kann jede Seele, nachdem sie ihren Lohn für ihr vorangegangenes Erdendasein genossen oder ihre Strafe abgebüßt hat, ihr künftiges Lebenslos selbst wählen: »Die Schuld trägt der Wählende. Der Gott ist ohne Schuld.«[51] Auch hier ist also das Motiv der Theodizee, der göttlichen Gerechtigkeit maßgebend: Wir dürfen unsere Schuld nicht auf die Gottheit abwälzen.
Schließlich bleibt nach allen diesen eher düsteren Bildern Platons ein versöhnlich-optimistischer Ausblick: »Wenn wir, wie ich es lehre, an die Unsterblichkeit der Seele und an ihre Kraft glauben, alles Böse und Gute, das sie trifft, zu überdauern, so werden wir für immer an dem Wege nach oben festhalten und werden all unser Streben der Gerechtigkeit und der Vernunft widmen.«[52]
Durch die Autorität Platons ist die Lehre von der Wiedereinkörperung zu einem Bestandteil der philosophischen Tradition geworden und hat besonders im spätantiken Neuplatonismus kräftig nachgewirkt. Doch das Christentum entwickelte eine andere Auffassung,

nach der unser einmaliges Erdendasein endgültig über Heil und Verdammnis der unsterblichen Seele entscheidet. Da der Seelenwanderungsglaube im Abendland nicht wie in Indien durch eine enge Verbindung mit dem Sozialsystem abgesichert war, konnten ihn die kirchlichen Autoritäten ohne besondere Schwierigkeit verketzern und in den Untergrund drängen, von wo er aber immer wieder aufgetaucht ist, oft im Rahmen okkultistischer Strömungen.

Natürlich haben sich dabei verschiedene Varianten herausgebildet, doch eine Reihe von Motiven ist einigermaßen konstant geblieben. Es geht nicht darum, daß wir irgendwie wiedergeboren werden; vielmehr geht es um grundsätzlichere werthaft-weltanschauliche und mitunter sogar um ideologisch-politische Fragen, vor allem um das so schwer auf religiösen Gemütern lastende Problem der Theodizee. Die Seelenwanderung wird zur Stütze des Glaubens an eine gerechte Weltordnung und manchmal sogar an die gerechte Sozialordnung, indem sie einen Ausgleich von Verdienst und Lohn, Schuld und Sühne im Laufe der Wiedergeburten verspricht und zum Abschluß oft die endgültige Erlösung in Aussicht stellt.

Nicht selten bildeten diese Gedanken auch ein literarisches Sujet, beispielsweise in dem in der Zwischenkriegszeit erschienenen Roman *Die Wiedergeburt des Melchior Dronte* von Paul Busson. Hier wird aus den auf eine frühere Einkörperung zurückgehenden Aufzeichnungen einer Romanfigur – eines jungen Österreichers zu Beginn unseres Jahrhunderts – dessen einstiger Lebensweg als Baron Dronte in der Rokokozeit »rekonstruiert«. Dieser Weg führt durch alle Niederungen des Lebens allmählich zur Läuterung und endet in der Französischen Revolution, wo der Held es verschmäht, sein Leben durch eine Notlüge zu retten, und unter der Guillotine stirbt. Der Wiedergeborene kommt schließlich als österreichischer Soldat im Ersten Weltkrieg nach Albanien, wo er bei lebendigem Leibe in einen heiligen islamischen Mönch verwandelt und so endgültig erlöst wird. Das alles ist mit Versatzstücken aus okkultistischen Traditionen geschickt aufbereitet und spannend geschrieben.

Solche und ähnliche Hervorbringungen literarischer Phantasie standen im Zusammenhang mit der okkultistischen Welle nach dem Ersten Weltkrieg, doch heute sind derartige Gedankengänge wieder aktuell geworden. Nach dem Auslaufen der christlichen Restauration der Ära Adenauer und nach dem Abklingen der neomarxistischen Welle des Jahres 1968 sowie nach dem gegenwärtigen Total-

bankrott des Sowjetmarxismus ist vielfach ein weltanschauliches Vakuum entstanden, wo eine freigesetzte religiöse Libido nach Befriedigung sucht. Überdies haben weltweite bedrohliche Entwicklungen wie die Bevölkerungsexplosion und die Umweltzerstörung ein Klima der Verunsicherung und Zukunftsangst geschaffen, das gleichfalls dem Okkultismus zugute kommen kann. Was dieser allerdings zur Bewältigung jener Probleme beitragen soll, bleibt freilich unklar.
Wo derartige Strömungen auftreten, werden sie besonders in unserem Medienzeitalter rasch kommerzialisiert. Fixe Schreiber und noch fixere Verleger verstehen sich darauf, Zeitstimmungen und emotionale Bedürfnisse in klingende Münze umzusetzen, und oft wird dabei ein Art Schneeballeffekt erzielt, eine Modewelle wird kreiert. Neuerdings gibt es sogar eine sogenannte »Reinkarnationstherapie«, welche die Wiedergeburtslehre zum Zweck der seelischen Betreuung und Heilung zu verwenden sucht. Nun wird man geneigt sein, darin bloß einen Trick zu sehen, hilfsbedürftigen Menschen mit einem unverfrorenen Schwindel das Geld aus der Tasche zu ziehen. Dieses harte Urteil mag oft genug zutreffen, doch darf man auch hier nicht voreilig verallgemeinern.
Es ist nämlich sehr wohl zu unterscheiden zwischen der Wahrheit und der psychologischen Wirksamkeit menschlicher Gedankenbildungen – um hier einen möglichst neutralen Ausdruck zu gebrauchen. Auch der konsequenteste Aufklärer und Freigeist wird nicht leugnen können, daß ein kluger Priester seinen Klienten eine nicht zu unterschätzende Lebenshilfe vermitteln kann oder daß der Empfang der Sterbesakramente dem Gläubigen seine schwerste Stunde wesentlich zu erleichtern vermag. Doch sogar außerhalb des mythisch-religiösen Bereiches stellt sich das Problem der ärztlichen Lüge.
In der Zeit der Psychosomatik und der Placebos wissen wir, wie große Wirkungen der *Glaube* an ein bestimmtes Verfahren oder Präparat bis tief in den scheinbar nur organischen Bereich hinein ausüben kann, und zwar im positiven wie im negativen Sinn. Beispielsweise vermag sogar unter bestimmten Voraussetzungen ein »Geistheiler« erstaunliche Erfolge zu erzielen, während umgekehrt die Überzeugung, Opfer eines Schadenszaubers zu sein, besonders in den von der Aufklärung noch wenig erfaßten Bereichen etwa Südeuropas schwere psychosomatische Störungen hervorrufen kann.
Solche Auswirkungen sind von der Wahrheit oder Falschheit der betreffenden Glaubensinhalte weitgehend unabhängig. Das gilt für

den kirchlichen Seelenglauben ebenso wie für die Reinkarnationslehre. Die priesterliche Seelsorge bietet mitunter wertvolle Lebenshilfe, mitunter produziert sie aber auch erhebliche psychische Störungen, die unter dem Namen der »ekklesiogenen Neurosen« bekannt sind. Ähnliches gilt für die Seelenwanderungslehre. In der Hand eines kompetenten, verantwortungsbewußten und auch mit der »Schulmedizin« vertrauten Psychiaters mag sie unter Umständen hilfreich sein; wo sie aber von geldgierigen Scharlatanen benützt wird, bildet sie eine Gefahr, vor der nicht genug gewarnt werden kann. So mögen solche Leute behaupten, die Krankheit ihrer Opfer sei eine Strafe für Verfehlungen in einem früheren Leben und könne nur mit Hilfe der »Reinkarnationstherapie« geheilt werden, während jede Behandlung durch »Schulmediziner« einen schweren Verstoß gegen die karmische Ordnung darstelle und den baldigen Tod sowie die schlimmsten Folgen in einem künftigen Erdendasein nach sich ziehen würde.

Mit solchen und ähnlichen Tricks, die ohne Übertreibung als Psychoterror zu bezeichnen sind, können Reinkarnations-Patienten in eine Abhängigkeit gebracht werden, aus der es nur schwer ein Entrinnen gibt. Selbst wenn diese Unglücklichen sich dann an kompetente Ärzte wenden, mag ihr Vertrauen in deren Behandlungsmethoden untergraben sein, und die düsteren Drohungen der Scharlatane mögen gesundungshemmend nachwirken. Äußerstes Mißtrauen ist daher oberstes Gebot.

Die grundlegende Voraussetzung aller derartigen Manipulationen ist aber die Unüberprüfbarkeit des Seelenwanderungsglaubens, die er übrigens mit den anderen okkultistischen Vorstellungen ebenso teilt wie mit den christlichen Seelen- und Jenseitslehren.

II
Wie neugeboren – heil und ganz durch »Führungen« zu anderen Leben?

Petra Angelika Peick

Reinkarnationstherapie – Initiation in ein kosmisches Bewußtsein

»Im Gründungsjahr der Bundesrepublik wurde ich in Hamburg geboren und bin auf den Trümmern der enttäuschten Hoffnungen aufgewachsen«, so stellt sich die Diplom-Psychologin Petra Angelika Peick selbst vor. »In den Anfängen des Wirtschaftswunders wurde mir bewußt, daß politisches und öffentliches Leben nicht von religiöser oder moralischer Ethik bestimmt wird. Ich vermißte edle Vorbilder und reife Menschen, die Antworten geben konnten. So befragte ich Bücher und entdeckte weitere offene Fragen, die ich in Gedichten und Liedern artikulierte.
Eine kaufmännische Ausbildung und mehrjährige Berufstätigkeit im Flugreiseverkehr verbrauchten meine Zeit und lenkten mich vom Fragen ab. Im Studium der Sozialpädagogik erlernte ich das tiefenpsychologische Fragestellen – und blieb wieder ohne Antwort. Ein indischer Meditationslehrer gab mir Antworten, für die mein Geist jedoch noch verschlossen war. Immerhin lehrte er mich, nach innen zu sehen. Fünf Jahre lang übte ich die Stille des Geistes, ehe eine Flut von Bildern mir den Einblick in frühere Leben eröffnete. Ich erkannte, daß ich einen langen Weg durch die Zeiten gegangen war, und wußte plötzlich alle Antworten. Doch es vergingen noch vier Jahre, bis ich den inneren Antworten zu vertrauen lernte.
Unterdessen arbeitete ich als Erziehungsberaterin und Kindertherapeutin und gab (seit 1974) Kurse an der Volkshochschule. Gleichzeitig studierte ich Psychologie bei den Professoren Tausch und Schulz von Thun, nahm an einem Ausbildungskurs für Reinkarnationstherapie bei Thorwald Dethlefsen teil und erlernte Astrologie, Meditation, Yoga u. a. Seit 1979 arbeite ich in freier Praxis mit Reinkarnations-Rückführungen, Intuitionsschulungen und astrologisch-psychologischer Beratung, halte Vorträge und Seminare in verschiedenen Städten.«

Von 1983 bis 1989 leitete Petra Angelika Peick die »Studiengesellschaft für geistige Synthese«. Neben diversen Artikeln und Toncassetten veröffentlichte sie: *Selbsthilfe für Helfer* (Kösel: München 1980), *Wiedergeburt – eine Reise in frühere Erdenleben* (Hermann Bauer: Freiburg 1987), *Reinkarnation? Erfahrungen, Wege und Erkenntnisse heute. Eine esoterische Psychologin und ein anthroposophischer Sozialforscher im Gespräch* (mit Siegfried Woitinas), (Morgenthaler: Stuttgart 1989).

Im Frühjahr 1988 sprach ich auf einer Tagung der Evangelischen Akademie Nordelbien über meine Arbeit mit Reinkarnations-Rückführungen. Die zweitägige Veranstaltung sollte Theologen und Laien darüber informieren, was die *New-Age*-Bewegung ist und welche Ideen und Ziele von ihr vertreten werden. Es wurde unter anderem über das kosmische Bewußtsein und über die Bedeutung des Mythos für den Menschen gesprochen.
Zum Abschluß der Tagung äußerte sich ein Theologe etwa wie folgt:
»Ich erkenne heute, daß wir als Pastoren und Vertreter einer der großen christlichen Kirchen versäumt haben, den Menschen für den Mythos des Glaubens zu öffnen. Wir haben vergessen, daß es einer wirklichen Initiation bedarf, um den Menschen für die Begegnung mit Gott reif zu machen. Aber ich erkenne auch mit Erschütterung, daß wir gar nicht fähig sind, Menschen zu initiieren – denn wir Theologen haben die Initiation selbst nicht erfahren.«

Was ist *Initiation*?
Man versteht darunter eine Einführung oder Einweihung in einen neuen Sozialstand. Durch Initiation wechselt ein Mensch seine Zugehörigkeit zu einer Bezugsgruppe und erhält eine neue Aufgabe und Rolle in der menschlichen Gemeinschaft.
Eine *religiöse Initiation* bringt den Menschen in einen *direkten* Kontakt zur außersinnlichen Welt. Er tritt in bewußte Beziehung zu seinem Gott und übernimmt die damit verbundenen Pflichten und Rechte. Er wird rückverbunden (lat. *regio*) mit der göttlichen Instanz, die er als über sich stehend erkennt. Ein Eingeweihter unterstellt sich einer höheren Macht und nimmt deren Lebensordnung verbindlich an.

Wenn wir einen Blick in die Kirchen werfen, dann werden wir dort kaum Eingeweihte finden, die höhere Stufen religiöser Initiation erfahren haben. Vielleicht entdecken wir einzelne in abgelegenen Gegenden oder hinter Klostermauern, sofern wir fähig sind, sie als solche zu erkennen. Tatsächlich wirken die Rituale der Taufe, Kommunion und Konfirmation nur äußerst selten initiatorisch; denn die meisten Menschen unterwerfen sich ihnen halbherzig und unbewußt. So ist dann auch die Ausführung der Rituale kraft- und wirkungslos.

Die *New-Age*-Bewegung wird von Menschen getragen, die in sich ein tiefes Bedürfnis nach Begegnung mit der geistigen Wirklichkeit spüren. Unabhängig voneinander folgen sie einem inneren Drang nach Offenbarung des Übersinnlichen. Sie suchen Berührung mit dem, was die materielle Welt im Innersten bewegt und bestimmt. Und sie glauben daran, daß *Geist* der Ursprung jeder materiellen Manifestation ist.

Diesen Geist benennen sie mit verschiedenen Namen: Gott, Allah, Manitou oder Brahman. Was sie alle aber gleichermaßen suchen, sind Antworten auf die Fragen:

Woher komme ich?
Wer bin ich?
Wohin gehe ich?

Die Antworten der Kirche auf ihre brennenden Fragen und ihre Suche nach Wahrheit sind ihnen zu dogmatisch und zu engstirnig geworden. Sie entdecken die heilige Kraft der göttlichen Gegenwart oft eher in der unberührten Natur als in einem nüchternen, modernen Kirchenbau. Und sie ahnen, daß sie *in sich* gehen müssen, um den Geist und die Wahrheit zu finden. Deshalb suchen sie Gott nicht in den offiziellen Kirchen, sondern in ihrem eigenen Inneren.

So verschieden diese Menschen in Hautfarbe und Nationalität sind, so haben sie doch eines gemeinsam: Sie sind überzeugt, daß sie in sich selbst die Antworten auf alle ihre Fragen tragen. Sie spüren, daß sie direkten Kontakt von ihrem Bewußtsein zum Bewußtsein Gottes herstellen und durch Ihn selbst jede Hilfe und Unterweisung erfahren können. Deshalb machen sie sich auf den Weg nach Innen und entdecken die wunderbare Wirklichkeit des Geistes.

Ich selbst fühle mich diesen Menschen sehr verwandt, denn auch mich führte ein intuitives Ahnen auf den Weg zum Inneren Wissen. Schon seit 1970 kam ich in Berührung mit Yoga. Nach einigen Jahren mehr oder weniger konsequenter Meditationspraxis tauchten Bilder anderer Zeiten in mir auf, in denen ich mich leben, lieben und leiden sah. Dies geschah, ohne daß ich mich näher mit dem Gedanken an Reinkarnation befaßt hatte. Offensichtlich hatten die Meditationsübungen ein Tor in mir geöffnet, durch das ich in andere Zeitdimensionen gleiten konnte.

Etwa drei Jahre lang stiegen immer wieder neue Szenen in mir auf, so daß ich heute auf ein großes Spektrum von Erfahrungen zurückblicke, die ich in anderen Leben gewonnen habe. Ich gebe zu, daß ich zunächst geneigt war, diese Bilderfolgen als pure Phantasie abzuwerten. Aber schließlich klärten sich aufgrund der Erinnerungen so unabweisbar meine gegenwärtigen Fragen und Probleme, daß ich mich endlich überzeugen ließ. Daraus folgte ebenso zwingend der Entschluß, meine Erfahrungen in meinen Beruf als Psychologin zu integrieren.

Seit 1979 unterrichte ich Menschen in *Esoterischer Psychologie*.

Ich gebe *Anleitung zur Erweckung des Inneren Wissens über Reinkarnations-Rückführungen und Schulung der Intuition*.

In meine Arbeit fließt Wissen aus allen traditionellen philosophischen und religiösen Denkweisen; besonders wichtig ist mir jedoch die *»Ideenlehre«* von Platon. Darin beschreibt er eine Ideensphäre, aus der alle Wesen und materiellen Dinge hervorgehen, wenn sie sich in der sichtbaren Welt manifestieren. Die Ideensphäre ist der Gedanken- und Wirkungsraum des allumfassenden Weltgeistes, den wir Gott nennen.

Auch der Mensch entstammt diesem Geistesraum und trägt die Eigenschaften seines Schöpfers in sich. Durch die Verwandtschaft mit Gott ist die individuelle Seele göttlicher Natur. Wenn sich der Mensch dieser ihm innewohnenden göttlichen Natur bewußt wird, kann er zurückfinden zu der Sphäre der Ideen, die sein Ursprung ist. Der Weg dorthin führt über die *Innere Schau*. Auf diesem Wege kann der Mensch alles über sich selbst und über die kosmische Wirklichkeit erfahren.

Ich empfinde eine tiefe innere Verpflichtung, diesen Weg zu gehen und anderen Menschen zu zeigen, wie man auf diesem Weg seine eigene Identität findet.

Der westliche Mensch hat seit Aristoteles diesen Weg vergessen und ist auf den Weg des Wissens von den äußeren Dingen geraten. Unsere Kultur hat sich so weit von dem *Inneren Wissen* entfernt, daß es fast als Frevel gilt, den Inneren Weg zu erwähnen – geschweige denn ihn zu gehen.

Wenn wir jedoch Platon als Philosophen und Weisen ernst nehmen, müssen wir auch zur Kenntnis nehmen, daß er dem Menschen eine unsterbliche Seele zuschreibt, die durch viele Wiederverkörperungen geht, ehe sie die Verbindung zum göttlichen Ursprung wiederfindet. (So lehrt er etwa im »*Phaidros*«.)

Meine eigenen Erfahrungen haben mir die Wirklichkeit der Wiedergeburt vor Augen gestellt, ehe ich Platons Auffassung kennenlernte. Aber ich fand in meinem Inneren so umfangreiche Übereinstimmung zu ihm, daß ich heute davon überzeugt bin: Nach einiger vorbereitender Übung kann der Mensch alle Antworten auf dem Weg der Inneren Schau in sich selbst finden.

Reinkarnations-Rückführungen sind für mich eine wichtige Methode, um den Menschen mit seinem *Inneren Wissen* in Kontakt zu bringen.

Meine Schüler sind Frauen und Männer, die ihre geistig-seelischen Eigenschaften und Kräfte entwickeln wollen. Viele sind in pädagogischen oder Heilberufen tätig und suchen geistig-religiöse Orientierung für private und berufliche Fragen. Andere sind Manager und Künstler, die über die persönliche Bewußtwerdung ihre kreativen Kräfte freisetzen wollen. Es kommen aber auch Menschen mit privaten Fragen, die einfach spüren, daß ein auf Leistung und Konsum ausgerichtetes Leben sinnentleert ist. Die meisten suchen Klarheit über sich selbst, ihre mitmenschlichen Beziehungen und wollen ihre spezielle Lebensaufgabe finden. Einige von ihnen wissen bereits, daß der Weg zu sich selbst gleichzeitig der Weg zu Gott ist.

Es geht also eigentlich immer um die Fragen:
Wie bin ich – wie kann ich innerlich wachsen und reifen?
Wie finde ich mich im Geist – wie finde ich Gottes Geist in mir?

Im allgemeinen sind unsere Sinne, unser Wollen und Streben auf Geschehnisse in der materiellen Wirklichkeit ausgerichtet. Alle Dinge und Menschen um uns herum nehmen unsere Aufmerksamkeit so in Anspruch, daß uns innere Impulse nicht auffallen. Sie werden erst dann beachtet, wenn sie die psychische und physische Schmerzgrenze erreichen. Dann beginnen wir, uns um innere Prozesse zu sorgen.

Der Weg zu sich selbst führt zwangsläufig über eine vorübergehende Loslösung von der Welt und vom Mitmenschen. Das heißt nicht, alle äußeren Aktivitäten einzustellen und sich in die Einöde zurückzuziehen.

Es bedeutet aber: die *Innere Welt* wichtigzunehmen. Erst durch Hinwendung zur inneren Welt lernt der Mensch verstehen, daß in ihm tatsächlich eine Wirklichkeit existiert, die unermeßliche Dimensionen hat.

Die Entdeckung der Inneren Wirklichkeit erfolgt durch eine Umlenkung der Aufmerksamkeit von außen nach innen. Wie geht das?

Die wichtigste Voraussetzung ist ein definitiver Entschluß:

Ich will mich erkennen – ich will meine Innere Welt entdecken.

Dieser Entschluß ist nur dann wirksam, wenn er sowohl gefühlsmäßig als auch gedanklich kraftvoll und sicher getroffen wird. Ohne diesen Entschluß bleiben die inneren Eindrücke vage, und der Mensch steht die Anstrengungen der Suche nach sich selbst nicht durch.

Der zweite Schritt ist die zeitweilige Lösung von der Außenwelt: Der Mensch muß lernen, sich den zwingenden Reizen von außen zu entziehen.

Der westliche Mensch ist überreizt durch ununterbrochene Denktätigkeit. Seine Gedanken kreisen häufig um vergangene, zukünftige oder imaginierte Ereignisse. Er ist ständig mit Situationen oder Menschen seiner Umgebung beschäftigt – häufig ohne die Handlungen auszuführen, die er gedanklich projiziert. Oder er versucht, die äußere Wirklichkeit in die Schablonen seines Denkens zu zwingen.

Geistige Übungen wie Meditation, Wahrnehmungsschulung und Tiefenentspannung unterbrechen die zwanghafte Gedankentätigkeit und erreichen vorübergehend einen gedankenfreien Bewußtseinszustand. Diesen Zustand herbeizuführen ist die schwierigste Hürde in meiner Arbeit. Besonders intellektuell orientierte Personen lösen sich nur ungern von ihren abstrakten Vorstellungen und ihrer analytischen Denkhaltung. Sie sind oft unfähig, sich einer Si-

tuation zu überlassen, ohne sie in Frage zu stellen, ihre Ursache oder Zweckmäßigkeit zu prüfen.
Das Tor zur Inneren Wirklichkeit öffnet sich jedoch nur für denjenigen Menschen, der sich vorbehaltlos einer Gefühlserfahrung anvertrauen kann. Erst das Vertrauen in sich selbst und den Erkenntnisprozeß setzt die inneren Kräfte in Bewegung und erschließt das Innere Wissen.
Die Prüfung der Erfahrung kann erst im Anschluß an das Erlebte stattfinden. Wir dürfen den Prozeß der Inwendung nicht durch eine kritische, prüfsüchtige Haltung stören. Das heißt nicht, daß alles, was wir im Inneren finden, bedenkenlos hingenommen werden soll. Zu den Inhalten unseres Tiefenbewußtseins ist aber eine andere Einstellung notwendig als im Umgang mit äußeren Dingen und Situationen. Sie verlangt, daß wir die Haltung des neutralen Beobachters gegenüber uns selbst aufgeben und in die innere Erfahrungswelt eintauchen.
Dies ist eine notwendige Vorstufe zur Initiation und bedeutet:
»Vertraue Deinem Inneren! Auch wenn Du kritisch in der Welt stehst – vertraue darauf, daß Du Dich in Dir selbst zurechtfinden wirst. Zweifle nicht an Deinem Inneren Wissen und an Deiner Inneren Kraft – vertraue, daß Du verstehen und Dich selbst erkennen wirst.«

Durch gezielte Anleitung zur Tiefenentspannung und meditative Kontaktaufnahme zum inneren Wesen meiner Schüler gelingt es mir oft schon in wenigen Sitzungen, Menschen an diese innere Haltung heranzuführen. Sie können für einige Zeit ihre übliche Gedankentätigkeit so reduzieren, daß sich das Tor zum Inneren öffnen läßt. Dabei sind sie jedoch so wach und bewußt, daß sie den Prozeß jederzeit willentlich unterbrechen können.
Wenn ich Erinnerungen an vergangene Leben initiiere, setze ich voraus, daß alle persönlichen Erfahrungen in einer metaphysischen Dimension abgebildet werden, die im spirituellen Sprachgebrauch *Astralsphäre* (seelische Ebene) genannt wird. Diese Dimension kann als ein Zwischenbereich aufgefaßt werden zwischen der *Ideensphäre* (geistige Ebene) und der objektiven, durch Sinne erfaßbaren *materiellen Welt* (körperliche Ebene). Es ist ein immaterieller Wirklichkeitsbereich, der verschiedene Erfahrungsebenen umfaßt. In jener Dimension bleiben alle jemals durchlebten Erfahrungen zeitlos und präsent wirksam.

Meiner Erfahrung nach ist das Bewußtsein vom physischen Gehirn unabhängig und frei in Raum und Zeit beweglich. Das bedeutet: Bewußtsein kann sich im gedankenleeren Zustand von der Bindung an den physischen Träger – dem Gehirn – weitgehend lösen und in die Astralsphäre hineinbegeben. Diese Umpolung des Bewußtseins ist etwa gleichzusetzen mit einem Wechsel der Gehirnhemisphären. In der Tiefenentspannung bzw. meditativen Versenkung, die am Anfang einer Rückführung liegt, übernimmt die rechte Gehirnhemisphäre die steuernde Kontrolle, so daß das assoziative, symbolhafte Denken die rationale Logik ablöst.
Das Zurückgehen in der Zeit ist kein bloßer Prozeß der Erinnerung an Vergangenheit. Es ist ein Eintauchen in eine parallele Seinsdimension, die unabhängig von Raum und Zeit neben bzw. innerhalb unserer physischen Realität besteht. Hier geraten wir an die Grenze unserer intellektuellen Fähigkeiten, denn in dieser Erfahrungsebene nützt uns das analytische Denken nichts – es muß ein anderer, synthetischer Erkenntnisprozeß erlernt werden.
Ein Esoterik-Schüler lernt bei mir, diese Dimension über die Inwendung seines Bewußtseins aufzusuchen und die zu ihm gehörenden Erfahrungen zu finden. Er wird angeleitet, zuerst einige Erfahrungen der Kindheit und der ersten Lebensjahre plastisch wiederzubeleben. Dabei kommt es besonders auf die sinnlichen Wahrnehmungen wie Sehen, Hören, Fühlen, Schmecken und Riechen an, sowie auf die inneren Einstellungen zu sich und der Umgebung. Während des Erlebens lernt der Schüler, seine Wahrnehmungen zu benennen und seine Gefühle so lebhaft in sich wirken zu lassen, daß ich seine Erfahrungen intensiv mitempfinden kann.
Wenn die inneren Bilder genau genug beschrieben werden, führe ich ihn zur Wahrnehmung seiner Geburt. Er fühlt sich im Mutterleib, beschreibt seine physischen Empfindungen und erfährt seine grundsätzliche Haltung zu seinem vor ihm stehenden Leben. Ich frage ihn nach Eigenschaften, die er mitbringt, und nach möglichen Lern- und Lebensaufgaben. Dazu kommen oft überraschend definitive Aussagen, die den Schüler zutiefst anrühren und erschüttern. Er gewinnt eine klarere Orientierung über den Sinn seines derzeitigen Lebens und über seine Lernaufgaben.
Im Anschluß an die Bewußtwerdung des Geburtsprozesses öffnet sich das Tor zu Rückerinnerungen an andere Leben und an Zustände zwischen den Inkarnationen sehr leicht. Persönliche Fragen

und Gefühlsbewegungen sind die Leitlinie, die ihn an bestimmte, für ihn wichtige Situationen heranführen. Meist gelingen die ersten Rückerinnerungen innerhalb der ersten vier Sitzungen. Danach entscheidet der Schüler, ob und wie intensiv er seine innere Welt weiter erforschen will. Die Freisetzung tieferer lebensbestimmender Einsichten erfordert eine längere Schulung.

Meine Arbeit zielt nicht auf die Beseitigung körperlicher oder seelischer Krankheitssymptome hin, sondern vor allem auf die grundsätzliche Erfahrung und Anerkennung der Wiedergeburt als Realität des Lebens. Es ist gleichermaßen ein Prozeß des bewußten Wiedererkennens und der Identifikation des Bewußtseins mit Realitäten, die außerhalb von Zeit und Raum bestehen und von der materiellen Dimension aus gesehen rückwärts in der Zeit verloschen zu sein scheinen. Was wir als Vergangenheit definieren, ist in der metaphysischen Realität ewige Gegenwart. Insofern ermöglichen Wiedergeburtserinnerungen sowohl die Klärung persönlicher als auch allgemeinmenschlicher Fragen und eröffnen außerdem den Zugang zum Wissen über kosmische Gesetzmäßigkeiten.

Indem er sein Bewußtsein von der Zentrierung auf den rationalen Denkprozeß löst, transformiert sich der »Denker« in einen »Erlebenden« anderer Seinsdimensionen. In der Astralsphäre findet er Bilder und Gefühle von persönlich erlebten und erlittenen Situationen aller Zeiten. Er lernt, sich in dieser Dimension zu bewegen und darin Antworten auf persönliche und überpersönliche Fragen zu finden. Meine Anleitungen und Fragen unterstützen ihn dabei, die für ihn wichtigen Erlebnisse aufzuspüren, sie noch einmal in ihrer eigenen Intensität zu erfahren und klare Erkenntnisse über sich selbst und die zu ihm gehörenden Menschen zu gewinnen. Insbesondere soll er die Gesetzmäßigkeiten von Schicksalsprozessen verstehen und erkennen, durch welche Entscheidungen er seinen Lebensweg bestimmt hat. Indem er sich auf diese Gesetzmäßigkeit bewußt einstellt, kann er sich von der Wirkung negativer Charakterhaltungen befreien und sein Leben positiv gestalten.

In der Astralsphäre finden sich noch andere Phänomene: Sie ist der Raum, in dem sich unerfüllte Sehnsüchte, Träume und Ideale der ganzen Menschheit in symbolisch verschlüsselter Sprache abbilden. Nicht zuletzt wird dieser Bereich von Bewußtseinsstrukturen belebt, die wie eigenständige Wesen reagieren können. Hier begegnen dem Schüler kollektive Gewaltszenen und heftige Trieb- und Ge-

fühlsregungen. Er muß Bedeutsames von Unwichtigem, Wirkliches von Irrealem unterscheiden und sich vom Einfluß fremder Bewußtseinsinhalte befreien lernen.
Rückführungen beleben also eine zunächst verwirrende Vielfalt von Eindrücken, deren Regeln und Gesetze nicht sofort intellektuell verstanden werden. Die meisten meiner Schüler stellen jedoch sehr bald fest, daß sich die Eindrücke wie von selbst innerlich ordnen und derart klare Bedeutungszusammenhänge erkennen lassen, daß sich ein befriedigendes Gefühl von Wahrhaftigkeit und innerer Gewißheit einstellt. Es entsteht eine klare Bewußtheit der eigenen Wahrheit, die der Schüler oft so elementar erschütternd erlebt, daß er sich unmittelbar erleichtert und gewandelt fühlt.

Wer sich viel Zeit für die Erforschung der inneren Wirklichkeit nimmt, gelangt schließlich über die Astralsphäre hinaus und lernt, sich im Bewußtseinsraum des Geistes zu bewegen – in Platons Ideensphäre. Dort findet er Wahrheiten über die allgemeinen Gesetze des Lebens und beginnt, sich ihnen bewußt unterzuordnen. Und schließlich erkennt er auch, daß er mit dem allumfassenden göttlichen Geist in Verbindung steht, der alle Erscheinungen im Innersten bewegt, von dessen Bewußtseinskraft der Mensch selbst gestaltet worden ist. Er erlebt bewußt seine einstige schmerzhafte Trennung von dem Geist Gottes und den Fall in die materielle Dimension. Dabei versteht er, daß er aus eigener Entscheidung diese Trennung vollzogen hat. Er spürt die Nähe Gottes so definitiv, daß er sich unwiderruflich gedrängt fühlt, zu Ihm zurückzukehren. Dieses Streben gibt ihm Richtung, Ruhe und Zuversicht.
Langsam wächst ein verstandesmäßiges Einordnen und Begreifen. Es beginnt eine sanfte Verschmelzung des metaphysischen Bewußtseins mit dem Intellekt. Der Intellekt wird inspiriert durch das Innere Wissen, und der Mensch findet die Synthese zwischen dem, was er innerlich gefunden hat, und dem, was er äußerlich in der materiellen Realität seines Alltags erlebt. Jetzt ist er in der Lage, vernünftig und logisch seinen Weg zu verstehen und zu erklären.
Wer auf diese Weise zu einer persönlichen Gewißheit gefunden hat, ist nicht nur innerlich gewandelt. Auch seine äußeren Gewohnheiten ändern sich oft überraschend schnell, weil die inneren Einsichten als äußerst verbindlich empfunden werden. Häufig tritt während einer Rückführungsserie das Phänomen auf, daß mein Schüler das

drängende Bedürfnis fühlt, seine Wohnung aufzuräumen und alle überflüssigen Dinge fortzuwerfen. Hier drückt sich die seelische Erfahrung aus, daß der Mensch sich von einengenden und überlebten Persönlichkeitsstrukturen befreit fühlt.
Auf nahe Angehörige wirkt die plötzliche Wandlung eines Menschen oft irritierend und ängstigend. Wer eine ähnliche Erfahrung nicht gemacht hat, verschließt sich meist den erneuernden Impulsen, die von einem Esoterikschüler ausgehen. Der Schüler selbst steht vor der Herausforderung, sein neu gewonnenes Inneres Wissen auf die alten äußeren Strukturen anwenden zu lernen. Daraus kann ein schöpferischer Prozeß entstehen, der eine immer stärker werdende Verbindung zwischen innerer und äußerer Wirklichkeit herstellt.
Dieser schöpferische Prozeß jedenfalls ist es, auf den es mir im wesentlichen ankommt. Er kann – außer durch Rückführungen – auch durch eine Schulung der Intuition initiiert und gefördert werden.

In meiner Arbeit spielt der Begriff »Krankheit« keine Rolle; auch frage ich nicht nach Symptomen oder neurotischen Fehlentwicklungen. Es macht wenig Sinn, jedes leidvolle Erleben des Menschen als »Krankheit« oder »Fehlentwicklung« anzusehen. Nach der Yoga-Philosophie, aber auch nach christlicher Auffassung ist das Leben in der Welt grundsätzlich leidvoll, und wer sein Leben objektiv betrachtet, wird feststellen, daß schmerzvolle Erlebnisse die harmonischen, unbelasteten Stunden überwiegen. Mit Problemen konfrontiert zu sein, ist ebenso normal wie die Erfahrung, sie nur schwer oder gar nicht zu überwinden. Leid und Schmerz sind menschliche Erfahrungen, die Reifeprozesse einleiten. Niemand wird von ihnen verschont, ohne deshalb fehlerhaft oder krank zu sein. In jedem Leben gibt es Phasen tiefen Zweifels an sich selbst und anderen, gibt es Macht- und Ohnmachtsgefühle, Verzweiflung und Hoffnungslosigkeit, wenn das Leben anders verläuft, als man sich wünscht.
Diese Konflikte sind oft von körperlichen Beschwerden begleitet, die jedoch nicht als Symptom einer körperlichen oder psychischen Störung verstanden werden dürfen. Es zeigt sich darin in erster Linie die natürliche Ausdruckskraft des Menschen, der seine Sorgen nicht formulieren kann oder aus sozialen Gründen nicht zeigen darf. Der Körper »spricht« durch Schmerzen und Unregelmäßigkeiten zum Bewußtsein des Menschen und fordert den *Inneren Menschen* auf, sich darum zu kümmern.

Der von der *World Health Organisation* (WHO) definierte Krankheitsbegriff geht von dem erreichbaren Ideal der Gesundheit aus. Ich bezweifle, daß ein »vollkommenes körperliches, geistiges und soziales Wohlbefinden«, wie die WHO »Gesundheit« definiert, jemals von einem Menschen länger als Stunden oder Tage erlebt worden ist.

Wenn Menschen sich aber wegen jeden Schmerzes als »krank« einschätzen, verlieren sie den realen Bezug zu sich selbst und der Lebenswirklichkeit. Anstatt die »Sprache« ihres Körpers zu erlernen und sich verantwortlich mit ihrem Schmerz und dem dahinterstehenden Konflikt auseinanderzusetzen, wehren sie sich gegen die Bewußtwerdung. Sie fürchten die Diagnose und machen sich klein und abhängig gegenüber dem Therapeuten, von dem sie sich Hilfe versprechen. Sie neigen dazu, die Verantwortung für ihr Leid abzuschieben, und machen andere – die schlimme Kindheit, die ungeliebte Arbeit, den feindlichen Nachbarn – dafür verantwortlich. Schließlich soll der Therapeut alles Erlittene ausgleichen und die Harmonie und Gesundheit wiederherstellen.

Kein Helfer kann diese Erwartungen erfüllen, denn unter diesen Umständen vermeidet der Leidende die Reifung, die durch seine Schmerzen eingeleitet werden sollte. An dieser Stelle erst sehe ich, daß sich wirkliche Krankheit entwickelt. Der Mensch krankt nicht nur an den Symptomen, sondern an seiner falschen Einstellung zum Leben. Er übergeht die Signale seines Organismus, in dem sich die Störungen nun als tatsächliche Krankheit manifestieren. Nur diese Personen brauchen einen Therapeuten, der vorübergehend die Rolle des pflegenden und verstehenden Helfers übernimmt. Wenn er ein guter Therapeut ist, wird er den Patienten – ob durch Rückführungen oder andere Methoden – zu sich selbst führen. Das heißt, er wird einen Prozeß einleiten, der die Abhängigkeit überwindet und die Verantwortung an den Menschen zurückgibt.

Der Prozeß der Überwindung von tatsächlicher Krankheit in diesem Sinne erfordert eine intensivere Zuwendung zum Patienten, als meine Methode bieten kann. Es gibt sehr gute Reinkarnationstherapeuten, die mit intensivem Einsatz die physische und psychische Fehlentwicklung ihrer Patienten korrigieren. Im Unterschied dazu arbeite ich ausschließlich mit den Menschen, die ihre Selbstverantwortung kennen und die symbolische Sprache ihres Körpers beachten. Der Erkenntnisprozeß, den meine Schüler erleben, setzt die psychische Selbständigkeit und Unabhängigkeit des Lernenden voraus. Er muß bereits wissen, daß er die Probleme und Störungen in seinem Körper als Erkenntnismittel braucht, um Reifungsprozesse bewußt zu durchlaufen. Diese Einstellung ist selten und wird in der öffentlichen Meinung eher unterdrückt als bewußt gemacht. Es wäre wünschenswert, in diesem Sinne ein neues Gesundheitsverständnis zu gewinnen und Leidensprozesse als notwendige Erschütterungen des sich entwickelnden menschlichen Bewußtseins zu begreifen.

Ich halte es für den einzelnen Menschen, aber auch für unsere Kultur für wichtig, eine Verbindung zwischen inneren, metaphysischen Wirklichkeiten und unserer sinnlich erfahrbaren Welt zu schaffen. Die katastrophalen Spuren, die unsere technisierte Gesellschaft auf der Erde hinterläßt, ist nur durch die Unkenntnis der kosmischen Gesetze von Karma und Wiedergeburt zu erklären. Sie beruht nicht zuletzt auf den Dogmen christlicher Kirchen und den Wissenschaftstheorien, die den Menschen von der Erkenntnis seiner wahren Existenz abschneiden.

Wer begreift, daß er in früheren Leben Ursachen für seine derzeitigen Konflikte gesetzt hat, versteht auch, daß er selbst die Folgen seines Fühlens, Denkens und Handelns in der absehbaren Zukunft seines nächsten Lebens erleiden wird. Er wird sich hüten, Raubbau an der Natur zu treiben oder sich durch Übervorteilung anderer Ruhm und Reichtum anzueignen. Das Streben nach Geltung und Macht führt sowohl im persönlichen Leben als auch in der Gesellschaft zur Freisetzung zerstörerischer Kräfte, die in jeden Lebensbereich bestimmend eingreifen.

Menschen, die durch Rückbesinnung auf ihre Lebensentscheidungen in anderen Inkarnationen die Folgen ihrer Einstellungen erkannt haben, orientieren sich neu und beginnen, besonnener und liebevoller mit dem Geschenk des Lebens umzugehen. Sie sehen in jedem Menschen eine durch viele Inkarnationen gewanderte Individualität, die in ihrer Bemühung um Bewußtwerdung und innerer Reifung Unterstützung braucht. Sie erkennen auch, daß in Steinen, Pflanzen und Tieren ein Bewußtsein lebt, das sich entwickeln will und Förderung benötigt. Die willkürliche Aneignung anderer Bewußtseins-Entitäten wird durch die Einsicht unsinnig, daß zukünftig derjenige unterworfen wird, der sich heute andere unterwirft.

Insofern ist die geistige Bewußtwerdung vieler Menschen wünschenswert. Denn ehe sich der einzelne nicht tiefgründig gewandelt hat, wird es in unserer Kultur höchstens eine graduelle Veränderung unserer Gewohnheiten geben, niemals aber die notwendige Wandlung, die unsere Erde nötig hat, um fortbestehen zu können. Während Veränderungen die Oberfläche des Menschen und der Kultur berühren, geschieht Wandlung an den Wurzeln der persönlichen und kulturellen Werte; sie erneuert die Menschen von Grund auf. Es ist diese Wandlung, die wir dringend brauchen. Wir brauchen sie in den Kirchen und Sozialinstitutionen, in den Schulen und Behörden, in den Firmen und in den Familien, besonders aber in den Universitäten und politischen Gremien. Wir finden sie, wenn wir die Spaltung überwinden, die das wissenschaftliche Denken nach Aristoteles im menschlichen Geist erzeugt hat. Wir müssen uns auf das Innere Wissen besinnen, auf das uns Platon aufmerksam gemacht hat, und eine Synthese zwischen *Innerem Wissen* und Naturwissenschaft herstellen.

Die Synthese zwischen *Innerem Wissen* und Wissenschaft ist die Grundlage für ein kosmisches Bewußtsein, das alle Faktoren des Seins umfaßt.

Thorwald Dethlefsen

»Den Schatten angliedern« – Die theoretischen Grundlagen der Reinkarnationstherapie

Dipl.-Psych. Thorwald Dethlefsen, am 11. Dezember 1946 in Herrsching bei München geboren, studierte Psychologie in München. 1968 gelang es ihm erstmals, in einem hypnotisierten Menschen anscheinend »Erinnerungen an frühere Leben« freizusetzen. Bald darauf entdeckte er, daß solche Erinnerungen psychotherapeutisch wirksam sind. Er entwickelte die »Reinkarnationstherapie«, die er in seinem 1973 gegründeten »Privatinstitut für außerordentliche Psychologie« in München praktiziert und lehrt. Mit Kursen, Seminaren und Vortragsreisen, vor allem aber durch Bestseller wie *Das Leben nach dem Leben* (1974), *Das Erlebnis der Wiedergeburt* (1976) und *Schicksal als Chance* (1979) verhalf er dieser Therapieform im deutschen Sprachraum zum Durchbruch.
Seit den siebziger Jahren beschäftigte er sich immer mehr mit dem Gesamtgebiet der Esoterik, mit dem Schwerpunkt auf Astrologie, Kabbalah, Tarot, Alchimie und Magie. Daraus entstand ein zunehmend geschlosseneres System »esoterischer Psychologie«, in deren Rahmen Reinkarnationstherapie dem un-heilen Suchenden nurmehr die ersten Schritte auf dem »esoterischen Weg« gehen hilft: zur »schrittweisen Erfahrung kosmischer Gesetzmäßigkeiten, die, verbunden mit Selbsterkenntnis, es dem Suchenden immer besser ermöglicht, sich einzugliedern in das kosmische Spiel und seine Bahn zu finden«, wie Dethlefsen definiert. Weitere wichtige Werke: *Krankheit als Weg* (1983, mit Rüdiger Dahlke), *Ausgewählte Texte* (1988) und *Ödipus, der Rätsellöser* (1990). Der vorliegende Beitrag verdeutlicht, wie weitgehend sich Dethlefsens Therapiekonzept über bloße Veranstaltungen von *»past-life regressions«* hinausentwickelt hat. »Die Reinkarnationstherapie«, so stellt er in der »Jahresinformation 1989« seines Münchner Instituts klar, »beschränkt sich nicht auf das bloße Bewußtmachen früherer Inkarnationen,

sondern stellt ein sehr differenziertes therapeutisches Konzept dar, das es ermöglicht, den Klienten in einen konsequenten Individuationsprozeß einzufädeln. Zu den wichtigsten Schritten dieser Therapie zählt die Konfrontation und Integration des eigenen Schattenbereichs, die Rücknahme der Projektionen und die totale Übernahme der Verantwortung für das eigene Schicksal, das Erleben neuer Bewußtseinszustände, das Aufheben der bisherigen Fixierungen und die schrittweise Lockerung der Ichidentifizierung.«

Die theoretischen Grundlagen der Reinkarnationstherapie

Wenn ich heute über Reinkarnationstherapie spreche[53], so setzt das einen gewissen Hintergrund voraus, nämlich das Verständnis von Krankheit und Heilung in einem therapeutischen Prozeß.
Um eine theoretische Gemeinsamkeit als Grundlage zu schaffen, möchte ich ganz kurz skizzieren, aus welchem philosophischem Hintergrund heraus ich überhaupt von Heilung spreche, damit das Folgende später eingeordnet werden kann. Meinen Grundsatz von Krankheit und Heilung habe ich andernorts ausführlich dargelegt (in »Krankheit als Weg«), deshalb begnüge ich mich hier mit einigen wenigen Skizzen.

Der menschliche Weg, der ein kreisförmiger ist, beginnt und endet in der Einheit. Einheit ist das, was zwingend hinter der Vielheit der Welt steht. Wir finden uns als Mensch innerhalb der Vielheit vor. Es gibt ein »Ich« und ein »Nicht-Ich«, es gibt »das Ich« und »das Andere«. »Ich« und »die Welt«; und auch die Welt, wenn wir sie betrachten, zerfällt in Vielheit, zerfällt in Unterscheidbares. Wenn es Unterscheidbares gibt, wenn es Vielheit gibt, dann muß es hinter der Vielheit Einheit geben.
Das ist ein logisch zwingender Schluß, denn die Vielheit kann nur aus der Einheit entstehen, ist sozusagen eine zerbrochene Einheit. Einheit ist aber in der Vielheit nicht erkennbar. Die Vielheit ist ja gerade dadurch definiert, daß wir nicht in der Einheit sind, denn die Einheit heißt Ununterscheidbarkeit, bedeutet die Gemeinsamkeit des Seins, die alles enthält, was ist, jedoch ohne Unterscheidbarkeit. Wir finden uns also in der Vielheit vor oder, reduziert gespro-

chen, in der Polarität. Polar sein heißt aber: nicht ganz sein, nicht eins sein, heißt: nicht heil sein.
Das Unheilsein des Menschen ist also sein metaphysisches Erbteil, sein Hintergrund, ist das, was die Theologie ursprünglich als die Erbsünde bezeichnete und was überhaupt nichts mit Gut und Böse und Wertung zu tun hat. Sondern dieses Nicht-eins-Sein, Nicht-vollkommen-Sein, Nicht-das-Ganze-Sein, zum Ganzen keinen Zugang haben, sondern sich als abgesondertes Etwas vorzufinden, sich in der Vielfalt vorzufinden, das ist letztlich unser Unheil. Das ist das, was uns krank macht, sterblich macht, anfällig macht, das, was unser menschlich irdisches korporales Dasein zum Scheitern verurteilt. Deswegen ist es seit altersher Sache der Religion, einen Heilsweg anzubieten. Ein Heilsweg meint: den Menschen zurückzuführen zu seinem Ursprung, zum Ganzsein, zum Einssein, zum kosmischen Bewußtsein, zur Vollkommenheit. Das meint Heilung, wenn wir sie wörtlich verstehen. Nicht umsonst haben die Worte »heilen« und »Heilung« im Deutschen eine sprachliche Verwandtschaft zur Heiligung, zum Heil, und dies auch im religiösen Sinne. Menschsein ist also mit Polarsein, mit Unheilsein und damit mit Kranksein aufs engste verknüpft.

Wenn wir einen Schritt ins Konkrete tun, dann heißt dies, daß wir als Mensch, als der wir uns in der Polarität vorfinden, ständig gezwungen sind, zwischen zwei Möglichkeiten zu entscheiden. Wann immer wir handeln wollen, müssen wir uns entscheiden, lassen wir eine Möglichkeit der Polarität unbearbeitet, ungelebt zurück. Tue ich das eine, dann kann ich eben nicht gleichzeitig das andere tun. Atme ich ein, dann kann ich nicht gleichzeitig ausatmen und werde dadurch schuldig, schuldig der Ganzheit gegenüber, denn das nicht getane Ausatmen wird zu meiner Schuld, ist das, was ich der Ganzheit im wörtlichen Sinne schuldig bleibe. Das ist dann mein »Fehler«, denn es »fehlt« mir zur Ganzheit. Wenn ich Begriffe wie »Fehler«, »Schuld« und »Sühne« am Beispiel des Atmens darstelle, dann mit der Absicht, diese Begriffe fernzuhalten von allem Guten, Bösen und moralischen Aspekten, denn das sind spätere Zuordnungen, sie verfälschen das Thema und gehören gerade hier nicht hin. Wir sollten also begreifen, daß unsere Schuld ständig dadurch entsteht, daß wir uns entscheiden und Ganzheit nie gleichzeitig leben können.

So entstehen in dem Moment, da Polarität existiert, Zeit und Raum. Zeit und Raum bestehen nur in unserem Bewußtsein, sind Hilfsfunktionen unseres Bewußtseins, deren Geburtsstätte Polarität heißt. Denn in der Polarität ist Ganzheit in ihrer Gleichzeitigkeit nicht möglich, und wir versuchen nun, die verlorene Hälfte nachzuholen über den Umweg von Zeit und Raum. Wenn Sie sich das grafisch vorstellen, dann denken Sie an das chinesische Tai-Chi-Zeichen mit der schwarzen und der weißen Hälfte. Wenn Sie diese Ganzheit, den Kreis, die Einheit, zerlegen, entsteht das, was wir Rhythmus oder Welle nennen. Es entsteht nun das Hintereinander. Wir können nicht gleichzeitig ein- und ausatmen, und so atmen wir erst ein und dann aus; es entsteht nun Zeit bzw. Raum, die beiden Aspekte der Dimensionalität. Dieses Verständnis brauchen wir dringend, um Reinkarnation wirklich verstehen zu können.

Psychologisch gesehen sprechen wir von der Entstehung des Schattens, das heißt, mit jeder Entscheidung tun wir das eine und lassen das andere unberücksichtigt zurück; es entsteht die Sammlung des Ungetanen, und wir nennen das psychologisch »den Schatten«. Oder anders formuliert: Der Schatten ist das, womit wir uns in unserem Ich-Bewußtsein nicht identifizieren. Zu vielen Dingen sagen wir: »Ich«. Ich bin pünktlich, ich bin zuverlässig, ich bin dieses, ich bin jenes. Und dann gibt es die Summe der Gegenpole, zu denen wir »Nicht-Ich« sagen. Ich bin nicht unpünktlich, ich lüge nicht, ich tue das nicht, ich mache jenes nicht, niemals, und damit möchte ich auch nichts zu tun haben. Jener Bereich, mit dem wir uns nicht identifizieren, den wir dann so schnell »Nicht-Ich«, »Welt« oder »das Andere« nennen, jener Bereich ist der Schatten, also alles das, wozu wir nicht »Ich« sagen.

In einer mathematischen Gleichung: Der Schatten ist kosmisches Bewußtsein minus Ich-Identifikation. Er ist der Rest, das, wozu wir »Du« bzw. »Welt« sagen, das, was uns gegenübersteht, was zum Gegen-stand wird. Dieser Schatten ist es, der uns zur Ganzheit fehlt; er ist das, was uns zum »Glück«, zur Vollkommenheit, zum Heil fehlt.

Sprechen wir also in irgendeinem Zusammenhang von Heilung, dann kann es bei einem wirklichen Heilungsprozeß immer nur darum gehen, das Fehlende hineinzunehmen, das Fehlende zurückzugewinnen, anzugliedern, zu integrieren, Nicht-Ich zu Ich werden

zu lassen, Unbewußtes bewußt, Außen zum Innen zu machen, so daß Bewußtseinserweiterung entsteht. Es geht bei der Heilung also immer um das Erobern von etwas, zu dem wir bis zu diesem Zeitpunkt »Nicht-Ich« sagten. Wenn kein Schattenanteil integriert wird, kann man, rein sprachlich, niemals von Heilung sprechen. Das heißt nicht, daß so etwas nicht geschehen dürfte. Wenn wir Durst haben, trinken wir ein Glas Wasser, und dies löscht den Durst. Das hat zwar mit Heilung nichts zu tun, aber es ist legitim. Sagen Sie also nicht, alles, was diesen Bedingungen nicht entspricht, sei böse oder sei verboten, das meine ich nicht. Ich möchte nur klarstellen, daß, wenn wir von »Heilung« sprechen, es sich zwangsläufig um Integration von Schattenanteilen handeln muß. Oder noch konkreter gesagt: Der Mensch muß lernen, sich mit einem Persönlichkeitsaspekt zu identifizieren, mit dem er sich bis zu diesem Zeitpunkt nicht identifiziert hat.
Soweit die Hintergrundkulisse für unser eigentliches Thema.

Seit Sigmund Freud gibt es in der Psychotherapie eine Lieblingsidee, nämlich, daß es für – sagen wir ganz allgemein – neurotische Störungen, neurotische Strukturen oder noch allgemeiner, für Symptome eine Ursache geben sollte. Es geht auf die Idee von Freud zurück, daß diese eigentliche traumatische Ursache durch irgendwelche Mechanismen verdrängt wurde, und so bemüht sich Psychotherapie seitdem mit den verschiedensten Methoden, diese traumatische Ursache zu finden und bewußt zu machen, in der Hoffnung, daß dadurch störende Symptome, neurotische Verhaltensweisen zum Verschwinden zu bringen sind. Diese Suche nach den Traumata, nach den bösen Ursachen, ist tief in unserem wissenschaftlich geprägten Weltbild verankert. Wo immer Sie hinhören, fast alle betonen, daß sie eine »Ursachentherapie« machen. Und gerade auch in alternativen Therapiekreisen spricht man immer mehr von »Kausaltherapie«, von der Arbeit an der wahren Ursache.
Hier möchte ich mit meiner ersten Kritik einsetzen und Sie einmal bitten, genau hinzuschauen. Dies ist ein sehr verhängnisvolles Denksystem. Das Ursachenkonzept, so, wie wir es heutzutage anwenden, ist nicht sehr tragfähig. Denn wir gehen davon aus, daß die Ursache vor der Wirkung kommt; das heißt, wir sagen, alles hat eine Ursache, und suchen die Ursache immer vor der Wirkung. Damit implizieren wir zwei Dinge, die man so schnell gar nicht implizieren

sollte, nämlich, daß es Linearität und daß es Zeit gibt. Das ist ein sehr einpoliges Vorgehen. Ursprünglich zurückgehend auf Aristoteles, wurde Kausalität viel komplizierter gelehrt und damit auch richtiger. Aristoteles sprach noch von vier *causae*, von vier Ursachen (*causa materialis*, *causa efficiens*, *causa formalis*, *causa finalis*). Ich will auf dieses Sonderproblem hier nicht so weit eingehen, weil es ein eigenes Thema wäre, sondern nur einige Aspekte andeuten, die wir jetzt unbedingt brauchen, und Sie darauf hinweisen, daß wir im sprachlichen Umgang zum Beispiel eine Ursache kennen, die in der Zukunft liegt, das, was bei Aristoteles »Finalität« genannt wird. Wenn ich beispielsweise sage: »Entschuldigen Sie, ich muß jetzt gehen, weil in einer halben Stunde mein Zug fährt«, dann ist die Ursache für mein Gehen das Fahren des Zuges. Das Fahren des Zuges liegt aber in der Zukunft. Wenn Sie sagen: »Ich muß heute noch etwas einkaufen, weil morgen die Geschäfte geschlossen sind«, dann liegt die Ursache für Ihr jetziges Wirken in der Zukunft. Ich will damit zeigen, daß diese Grundidee »Die Ursache liegt immer in der Vergangenheit« gar nicht so sicher ist. Es gibt genauso Ursachen, die in der Zukunft liegen, die einen Sog darstellen, um es bildlich auszudrücken.

Die übliche Form, mit Ursachen umzugehen, sieht nur vernünftig aus, solange wir sie zeitlich begrenzen. Aber das ist etwas Beliebiges. Denn genau nach diesem Ursachenverständnis hat ja *alles* seine Ursache. Nun denken Sie dieses Konzept einmal zu Ende: Da gibt es ein Phänomen, und Sie fragen nach der Ursache und kommen eine Ebene weiter zurück. Aber was Sie hier finden, ist auch ein Phänomen, also muß das ebenso eine Ursache haben, und Sie fragen wieder nach der Ursache und gehen wieder einen Schritt weiter zurück. Wenn Sie nicht beliebig irgendwann einmal aufhören, weiter zurückzuforschen, dann führt Sie die Ursachenfrage *ad finitum*. Sie fragen zum Beispiel nach der Ursache einer Erklärung, und die Antwort heißt: »Die Ursache sind bestimmte Bakterien.« Wenn Sie jetzt zufrieden sind und sagen: »Die Frage ist beantwortet«, dann sieht das Ganze sehr logisch aus. Doch in dem Moment, wo Sie weiter fragen und sagen: »Warum habe ich diese Bakterien?« oder »Warum haben diese bei mir gerade zu einer Erkältung geführt?«, sind Sie schon wieder einen weiteren Schritt zurückgegangen und finden heraus: Das lag an einer geschwächten Abwehrlage. Und was ist die Ursache für die geschwächte Abwehrlage? Ja, die Ursache ist Streß oder ein genetischer Faktor. Aber was ist die Ursache des genetischen Faktors? Die Genstruktur meiner Eltern. Und was ist die Ursache deren Genstruktur? Und irgendwann sind Sie im Paradies bei Adam und Eva, und Ihre Frage: »Was ist die Ursache der Erkältung?« ist immer noch nicht beantwortet. Ich möchte Ihnen klarmachen, daß ein einpoliges, lineares, vergangenheitsbezogenes Forschen nach Ursachen sinnlos ist, auch wenn es allerorten angewendet wird. Es sieht so erfolgreich aus, weil man sich immer nach ein, zwei Schritten zufriedengibt, aber dafür gibt es keinen theoretischen Zwang.

Zurück zu besagtem Lieblingsmodell: Auch die Psychotherapie forschte immer nach Ursachen, nach Traumata, und man machte Halt in der Kindheit, weil man davon ausging, man könne nicht weiter zurückgehen, hier begänne alles. So sucht und findet Psychoanalyse auch in erster Linie die traumatischen Situationen im Kindheitsbereich.

Als nun das Phänomen der Regression auftrat, das durch die Geburt, durch Embryonalphasen und durch die Empfängnis hindurch in frühere Leben vorstieß, da erwachte natürlich auf einmal neue Freude, und man erkannte: »Vielleicht liegen die großen, entscheidenden Ursachen viel früher?« Denn das war ja schon bald das Problem der Psychoanalyse, daß man zwar in einzelnen Fällen Zusammenhänge von eindeutig traumatischen Ereignissen hier und neurotischen Strukturen oder Ängsten dort aufdecken konnte, aber im psychotherapeutischen Alltag die Dinge nur selten aufgingen. Man fand die großen traumatischen Ereignisse nicht. Und weil man sie nicht fand, mußte man immer mehr Theorien entwickeln und immer mehr Komplexe konstruieren, um noch etwas erklären zu können. Hier war natürlich die Freude groß – und auch ich habe sie einmal geteilt –, als man nun weiter zurückgehen konnte. Und auf einmal fand man wirklich die großen traumatischen Ereignisse, von denen man immer in der Psychotherapie geträumt hatte, ja, jetzt waren klotzige Dinge zu finden, ein früherer Tod, ein Mord, eine Folterung, eine Enthauptung. Das waren handfeste Dinge, die man in der Kindheit eben nicht findet. Und so verschob man nun das ganze Modell und suchte die Ursachen nur etwas früher. Offensichtlich haben zu wenige gemerkt, daß da theoretisch etwas nicht stimmt.

Ich möchte es Ihnen ganz geschichtlich aus der Eigenerfahrung erklären. Ich habe diese Euphorie ebenfalls geteilt und dachte: Jetzt finden wir die großen Traumata. Gefunden haben wir sie – nur leider kiloweise, zentnerweise, denn auf einmal fehlte uns bei unserer Methode das, was, Gott sei Dank, die anderen hatten: ein Ende, ein Grenzwert, wo man legitim aufhören durfte. Wir hatten nun mit der Regressionsmöglichkeit ja ein völlig offenes Feld, eine offene Gerade, und wenn man also das schöne Trauma gefunden hatte – die frühere Folterung, die Enthauptung –, dann konnte man auch immer wieder fragen: »Schauen wir uns doch mal an, warum dieser Mensch das erlebte, was war denn davon die Ursache?« Man ging weiter zurück – was nun methodisch kein Problem mehr war –, um ein Leben, um viele Leben, und fand wieder eine großartige Sache. So konnte man immer weiter zurückgehen, und die Frage hieß: Wie viele Traumata hätten Sie denn gerne?

Hier ist der Punkt, wo es sich lohnt, umzudenken, das Konzept einmal in Frage zu stellen, und ich habe Ihnen eben die Theorie schon geliefert. Spätestens an diesen praktischen Erfahrungspunkten muß klarwerden: Die Suche nach den Ursachen, nach Traumata, ist sinnlos, ist eine Sackgasse, auf die man sich irgendwann einmal eingelassen hat. Und hier ist es gerade die Reinkarnationstherapie, die, wenn sie richtig verstanden wird, ein Umdenken herbeigeführt und zu einem völlig neuen Verständnis psychischer Zusammenhänge geführt hat, indem man eben nicht mehr fragt: »Was ist die Ursache?« Denn durch die offene Zeitachse, die nun technisch möglich geworden ist, finden Sie die Ursache der Ursache der Ursache, und Sie werden nie mehr fertig.

Irgendwo war jetzt der Augenblick gekommen, sich zu überlegen: Was stimmt an dem theoretischen Konzept nicht? Und es wurde klar: Das Kausalkonzept stimmt nicht, denn, wie schon angedeutet, die Linearität und die Zeit sind sehr subjektive Begriffe, existieren nur in unserem menschlichen Bewußtsein, sind ein Kunstprodukt der Polarität und in Wirklichkeit gar nicht so etwas Zuverlässiges, wie wir meinen, solange wir solche Begriffe nach außen projizieren und glauben, es gibt *die* Zeit und *den* Raum und *die* Linearität. Ja, es zeigt sich dann bald, daß Zukunft und Vergangenheit letztlich dasselbe sind, da es keine Linearität gibt; das wissen Mathematik und Physik sehr genau. Mathematisch ausgedrückt, gibt es keine gerade Linie, denn über die sphärische Krümmung des Raumes trifft das Ende einer Linie mit ihrem Anfang zusammen, wenn wir sie nach beiden Seiten unendlich verlängern: Es entsteht ein Kreis. Stellen Sie sich nun einmal eine Zeitachse vor, hier die Vergangenheit, dort die Zukunft, und verlängern Sie diese nach beiden Enden, dann schließt sie sich zu einem Kreis. Und Sie merken auf einmal: Je mehr ich in die Vergangenheit gehe, um so näher komme ich der Zukunft, je mehr ich in die Zukunft gehe, um so näher komme ich an meine Vergangenheit, denn Zeit ist kreisförmig. An dieser Stelle haben viele Schwierigkeiten, sich das vorzustellen. Vergleichen Sie das einmal mit der räumlichen Erfahrung des Menschen, denn hier haben wir uns bereits daran gewöhnt. Das war ja gerade die Überraschung der ersten Weltumsegler, die sich im räumlichen Sinne die Erde flach vorstellten und zu ihrer Verblüffung feststellten: Je mehr ich in die eine Richtung fahre, um so näher komme ich meinem Ausgangspunkt. Das *war* die Überraschung, wir haben uns daran gewöhnt. Niemand von Ihnen würde darüber staunen, wenn man ihm sagte: Wenn Sie einmal um die Welt fliegen wollen, je weiter Sie sich von Ihrem Heimatflughafen entfernen, um so näher kommen Sie ihm. Dasselbe erzähle ich Ihnen aber momentan in bezug auf Zeit. Zeit ist ein Kreis, und Vergangenheit und Zukunft greifen ineinander. Es ist also nur eine Idee, eine menschliche Idee, wenn wir sagen: Wir gehen immer weiter zurück und glauben, das wäre eine lineare Strecke.

Was hat es also für einen Sinn, in der Vergangenheit nach Ursachen zu suchen? Die Antwort heißt: *Wir suchen nach Projektionsflächen für Schuld.* Der Mensch will grundsätzlich keine Verantwortung übernehmen für seine Probleme, für seine Symptome, für sein Sosein, und so projiziert er immer auf irgend etwas: auf die Luftverschmutzung oder auf die Erdstrahlen, auf die schlechten Einflüsse der Sterne oder auf die bösen Mamas in der Kindheit, auf die früheren Folterknechte, die früheren Mörder, die früheren grauenhaften Ereignisse. Das Problem ist: *Es wird immer nur Schuld projiziert.* Solange Sie die Reinkarnationstherapie dafür benutzen, frühere Traumata zu suchen, können Sie sich den Aufwand sparen. Geben Sie Ihrem Nachbarn die Schuld oder Ihrer Schwiegermutter, es ist psychisch das gleiche. In beiden Fällen projizieren Sie, und für den Vorgang der Projektion ist es völlig unwichtig, ob Sie auf die Erdstrahlen, auf die Schwiegermutter oder auf den früheren Henker projizieren. Es ist immer ein Herausgehen aus der Verantwortung, ein Wegschieben von sich selbst auf frühere Umstände: weil die El-

tern nicht in Ordnung waren, weil die Hebamme so schlecht war, weil mir früher dies oder jenes passiert ist.
Und hier meine große Warnung: Setzen Sie Ihre Inkarnationserfahrungen und gerade die therapeutischen Möglichkeiten der Reinkarnationstherapie *nicht* wieder für diese Uranliegen des Menschen ein: Es ist immer ein *anderer* schuld, es ist immer irgend etwas anderes schuld, und ich bin das arme Opfer, das schauen muß, wie man sich wehrt gegen die Angriffe von außen, wie immer diese nun heißen mögen.

Deswegen heißt das erste Statement, das ich Ihnen sagen möchte: *Es gibt grundsätzlich für nichts eine Ursache im üblichen Sinne.* Es gibt immer funktionale Kausalketten, aber solche Ketten laufen auf einer Ebene, die für unsere Betrachtung uninteressant ist. Wenn ein Kunstwerk an der Wand hängt, dann gibt es eine funktionale Kausalkette, die notwendig war, um es entstehen zu lassen: Da mußte zuerst einmal Stoff und Farbe und ein Künstler und dies und jenes da sein. Das streite ich nicht ab; ich streite aber ab, daß eine solche funktionale Kausalkette das Wesentliche ist, was zu einem Kunstwerk führt. Da braucht es Absichtlichkeit, da braucht es Finalität, da braucht es Bewußtseinsprozesse. Und damit wechseln wir die Ebene. Deswegen sage ich: Im üblichen Sinne gibt es für Krankheitssymptome keine Ursachen, die in der Vergangenheit liegen, von denen Sie Opfer geworden sind. Was immer Sie dort an funktionalen Kausalketten finden – und die gibt es natürlich immer –, ist nichts anderes als die Verwirklichungshilfe für das, was verwirklicht werden mußte. Deswegen sollte man sich nicht länger der Kausaltherapien rühmen und sich nicht verführen lassen, die Ursachen von Störungen in früheren Leben zu sehen, genauso wie man aufhören sollte, sie in der Kindheit oder sonstwo zu suchen.

Warum sind wir krank? Weil Kranksein zum Menschen gehört, wie ich am Anfang darzustellen versuchte; weil wir einen Schatten haben, weil dieser Schatten uns unheil macht und weil wir ständig in der Aufforderung stehen, ihn zurückzuerobern, »ganzer« zu werden, bewußter zu werden, ihn zu integrieren, das Fehlende zu suchen. Und damit verschiebt sich das gesamte Heilungskonzept. Der Heilung geht die Suche nach der Schuld voraus, aber in dem Sinne, wie ich vorhin zu definieren versuchte: Schuld *nicht* im moralischen, sondern im metaphysischen Sinn, die Suche nach dem Fehlenden, nach dem Nicht-Gelebten, nach dem, womit wir uns nicht identifizieren. Dies ist der entscheidende Punkt, der Reinkarnationstherapie zu dem machte, was sie heute ist bzw. was sie ist, wenn *ich* von Reinkarnationstherapie spreche. Es gibt ganz andere Richtungen, für die rede ich nicht und kann ich nicht reden. Sie folgen völlig anderen Konzepten. Das, was in Amerika *»past-life-therapy«* heißt, ist nicht das, wovon ich spreche. Ich rede von dem, was in Deutschland als Reinkarnationstherapie von mir entwickelt wurde. Das Wesentliche des Konzeptes der Reinkarnationstherapie besteht aus folgendem: Wir gehen auch in der Zeit zurück, und wir werden, an einem Symptom entlanggehend, ebenfalls eine Kette von traumatischen Ereignissen finden und bewußt machen, so, wie es überall gemacht wird. Doch wenn man hier stehenbleibt, aus beschriebenen Gründen, ist Heilung nicht geschehen. Wenn ich also einen Menschen zurückschicke und ihm zeige: hier ein Trauma, hier ein Trauma, hier ein Trauma..., dann ist das ein therapeutisch sinnvoller Schritt, indem man einen Zugang zu einem wesentlichen Bereich schafft, aber es ist noch keine Therapie, es ist noch keine Heilung. Es kann dabei sehr viel energetische Entladung stattfinden, es kann zum Verschwinden von Symptomen führen – nun, dazu führt eine Antibiotika-Spritze auch –, und trotzdem würde ich niemals sagen, es wäre Heilung. Argumentieren Sie also bitte nicht mit Erfolgen. Ich weiß, wie gute Erfolge man mit dem Bewußtmachen von Traumata haben kann. Und es hat trotzdem nichts mit Heilung zu tun. Also, wenn wir in die Vergangenheit zurückgehen und traumatische Ereignisse zeigen, dann ist das ein sinnvoller Schritt. Wenn man aber jetzt aufhören würde, wäre Heilung noch nicht geschehen. In der Reinkarnationstherapie beginnt deswegen irgendwann der wesentliche zweite Schritt, der den ersten sozusagen umpolt. Der erste Schritt, das Erleben von Traumata, wie grauenhaft sie im einzelnen auch sein mögen, zeigt ja immer den Patienten in der einen Situation des Opfers: ich, der Arme, ich, der Gequälte, ich, der Erleidende. Um Ganzheit, Heilung zu erreichen, muß schon dieser Prozeß als Prozeß umgepolt werden, ergänzt werden durch seinen fehlenden Gegenpol.

Das geschieht dadurch, daß wir uns anschauen, was der Klient eigentlich auf der aktiven Seite verwirklicht hat – wenn wir es uns zeitlich vorstellen –, damit er diese Erleidensformen erleben mußte.

Es ist die Frage nach der Schuld, es ist die Frage nach dem Schatten.
Um es Ihnen anschaulich zu machen, skizziere ich es in einem einfachen und etwas kantig gezeichneten Beispiel:
Nehmen wir einen Patienten an, dessen Symptom darin besteht, daß er Erstickungsgefühle hat, irgendwelche Hals- oder Atemprobleme. Dann mögen wir, an diesem Symptom zurückgehend, scheußliche Ereignisse finden: Wahrscheinlich finden wir bei der Geburt schon eine Nabelschnur um seinen Hals. Da ist er irgendwann erwürgt worden. Wir gehen weiter zurück, irgendwann ist er einmal im Rauch erstickt. Wir gehen weiter zurück: ein Baumstamm fällt auf seinen Hals; wir gehen weiter zurück, Trauma nach Trauma. Immer ist er der Arme, der Leidende, der, dem etwas geschieht. Ab einem bestimmten Punkt wird es notwendig, diesen Prozeß umzupolen mit der Frage: »Warum mußtest du diese Situationen denn erleben?« Dazu gehört ja ein Gegenpol. Und nun beginnt der eigentliche therapeutische Prozeß – das, was nun tatsächlich unangenehm wird, obwohl es jetzt äußerlich gar nicht schlimm ist. Nun wird er sich in Situationen wiederfinden, in denen *er* der Setzende ist, der aktive Teil. Er wird sich, um in unserem etwas kantigen Beispiel weiterzufahren, nun als der Würgende vorfinden, als der Erstickende, anderen die Luft Wegnehmende. Er wird sich vorfinden als der Mörder. Er erlebt sich selbst – und das ist das Besondere an Regressionen – *in der Identifikation*. Das heißt, der Klient hat jetzt die Chance, die Verantwortung zu übernehmen, in der Ich-Identifikation Bereiche zu erleben, zu denen er bisher immer »Nicht-Ich« sagte, »Du« sagte: Die anderen würgen, die anderen machen bei mir. Und jetzt beginnt Schattenaufarbeitung. Jetzt wird Fehlendes hereingenommen, kann Unbekanntes, Unbewußtes bewußt werden. Nun geschieht ein Prozeß, der *heilend* wirkt. Der Klient findet nämlich jetzt Aspekte in sich, die er bisher verdrängt, nicht angeschaut hat, die er nach außen projizierte. Jetzt kann Heilung geschehen.
Ich möchte an dieser Stelle eine ganz starke Warnung anbringen. Dieser therapeutische Schritt ist zwar auf der einen Seite von immenser Wirksamkeit, aber dementsprechend auf der anderen Seite von höchster Gefährlichkeit. Wehe, wenn das jemand macht, der bestimmte Voraussetzungen nicht mitbringt, wehe! Denn der entscheidende Punkt ist: Durch das Hineingehen in den Schuldbereich,

in den Schattenbereich, kommen wir ja zu Themen, die für den Klienten negativ bewertet sind, die er für böse und schlecht hält und gerade deswegen verdrängt. Um diese angliedern zu können, muß er sie lieben lernen. Um sie lieben zu lernen, braucht er einen wertfreien Raum; in der Psychotherapie – und das ist das schwierigste an der Therapie überhaupt – braucht es infolgedessen einen Therapeuten, der gelernt hat, *wertfreie Räume* zur Verfügung zu stellen. Wenn das nicht geschieht, dann wird die sogenannte Therapie zu einem Bumerang. Denn das Grundproblem des Menschen ist, daß er sich selbst nicht mag, sein Selbst, das heißt, seine Ganzheit, die den Schatten enthält (sonst sprechen wir vom Ich). Er weiß zwar nicht, warum, aber er mag sich nicht. Wenn er nun in Therapie kommt und man ihm noch zeigt, warum er Grund hat, sich nicht zu mögen, dann verschlimmert man die Ausgangssituation. Es muß zu einer Aussöhnung mit sich selbst kommen, zu einer Aussöhnung mit den dunklen Aspekten, mit den dunklen Seiten des eigenen Seins. Hier liegt genau die Aufgabe des Therapeuten. Psychotherapie besteht nicht in der Anwendung von ein paar Techniken. Es ist nicht schwer, Methoden und Techniken zu erlernen, um jemanden zurückzuführen und jemandem ein paar Inkarnationen zu zeigen. Das kann man wirklich jedem in ein paar Stunden beibringen. Aber es ist sehr schwer, Psychotherapie zu machen. Und ich bitte, daß man das zu unterscheiden lernt. Das Wesentliche ist der Umgang mit den Wertungen, mit der moralischen Selbstablehnung des Klienten, der Umgang mit diesen bedrohend aussehenden Schattenbereichen. Um diese zu durchlichten, muß der Therapeut sich in diesen Bereichen wirklich auskennen. Unbedingte Voraussetzung dafür ist, daß er sie selbst durchwandert hat und weiß, was Schatten ist und welche Dimensionalität Schatten annehmen kann. Und er muß dem Klienten einen wertfreien Raum zur Verfügung stellen können, der es ihm ermöglicht, zu begreifen: Ich kann mich mögen, auch wenn ich zu diesen Bereichen »Ich« sage, zu denen ich bisher niemals »Ich« gesagt hätte. Wenn dieser schwierige Prozeß stattfindet, findet auch Heilung statt. Jetzt wird der Patient wörtlich heiler, »ganzer«. Das ist Bewußtseinserweiterung. Er hat nun Aspekte in sich gefunden, Dinge in sich gefunden und kann »Ja« zu ihnen sagen, kann die Verantwortung dafür übernehmen, daß diese Dinge *auch* in ihm sind.
Zusammengefaßt: Die Angliederung des Schattens ist das, was heilt, ist das, worum es in einer Therapie geht, oder die Therapie ist

keine Therapie. Reinkarnation, Regression, frühere Leben sind in diesem Prozeß Hilfsmittel; sie haben keinen Eigenwert.
Es ist absolut unwichtig, ob Sie wissen, was Sie früher einmal waren, ob Sie gefoltert wurden oder unter die Guillotine kamen. Es ist unwichtig! Lesen Sie irgendeine andere Biographie, einen Roman, das kann Sie genauso ergötzen. Es geht nicht darum. Regression als solche ist keine Therapie. Warum sollte sie? Dann wäre es auch eine Therapie, wenn Sie sich auf einmal erinnern, was Sie letzten Montag vergessen haben. Das würde dann etwas Besonderes in Ihnen hervorbringen, aber es bringt nichts hervor. Sie können es wissen, und Sie können es genausogut vergessen, es spielt gar keine Rolle. In der Reinkarnationstherapie ist Reinkarnation ein Hilfsmittel, um Schatten anzugliedern, aber das, was heilt, ist die Angliederung des Schattens. Nur – und das ist der Grund, warum wir Reinkarnationstherapie machen – das Durchlaufen von Inkarnationen ist momentan das genialste uns bekannte, greifendste Hilfsmittel, um diesen Prozeß zu ermöglichen. Man kann das mit anderen Methoden sehr wohl auch durchführen, und das wird in anderen Therapieformen auch gemacht. Die Intensität ist, aus meiner Sicht, bei keinem anderen Hilfsmittel, bei keiner anderen Methode, so groß wie die Regression in frühere Reinkarnationen. Denn über das Durchleben von anderen Situationen, in denen man in der Total-Identität ist, in denen man dann zu all dem »Ich« sagen muß, wozu man sonst nie »Ich« gesagt hat, wird Schatten wirklich angegliedert, wird er wirklich integriert.

Ich möchte Ihnen das Ganze noch einmal unter einem anderen Aspekt klarmachen. Der Klient kommt mit einem Thema. Sie wissen, daß die Eigenblindheit das Problem des Menschen ist. Wir sehen unseren eigenen Schatten nicht. Wie wir unseren Körper niemals ganz sehen, wenn wir uns anschauen, und uns wichtige Teile unseres Körpers immer verborgen bleiben, selbst wenn wir noch so genau hinschauen, zum Beispiel die Farbe unserer Augen, unser Gesicht – genauso ist es psychisch: Wir können einige Bereiche in uns nicht sehen. Das hat gar nichts damit zu tun, ob wir genau hinschauen oder nicht. Wir können es nicht. Wir haben Eigenblindheit, das liegt an der Polarität. Wir können das Ganze eben nicht sehen. Wir kennen also unseren Schatten nicht. Ein geübter Therapeut sieht ihn sehr schnell. Dazu brauchen wir keine früheren Leben oder psychologische Tests. Ein Psychotherapeut ist meist sehr schnell in der Lage zu sehen, wo das Problem eines Menschen liegt, wenn er genügend Erfahrung hat. Wir brauchen nie großen Aufwand zu treiben, um den Schattenbereich bei einem anderen zu erkennen, um zu sehen, wo der andere hängt, wo seine Symptome sich nähren. Das Problem ist ein anderes. Wenn Sie einem Menschen sagen: »Das ist Ihr Problem!«, dann haben Sie erstens Streit und zweitens den Menschen zum letztenmal gesehen, weil er sagt: »Was, so etwas sagen Sie mir? Von Ihnen als Psychologe hätte ich da mehr erwartet. Das bin ich ja gerade nicht, wie kann man mich so falsch einschätzen?!« Denn sein Problem liegt ja immer im Schatten, und so kann er die wirklichen Zusammenhänge nicht sehen. Dadurch fühlt er sich natürlich völlig falsch eingestuft, wenn man auf diese hinweist. Er ist immer der Meinung: »Das gerade bin ich ja nicht, meine Verwandten und Freunde sind eher so, aber ich doch nicht!«

Das Problem ist also nicht, den Schatten zu finden, sondern das Problem ist: Wann findet der Klient ihn selbst? Dafür braucht Psychotherapie Zeit. In der Reinkarnationstherapie verwickeln wir den Klienten in einen Prozeß, durch den die Chancen sehr groß werden, daß er seinen Schattenanteil, unter dessen Unbewußtheit er leidet, selbst entdeckt, ihn selbst findet, davor steht und sagt: »Es ist so, ich spüre es, ich sehe es, ich erlebe es: Das ist auch in mir!« Um diesen Schritt geht es, und das ist ein schwieriger Schritt!

Psychotherapie ist also immer der Versuch, jemanden so zu verwikkeln, daß das mal stattfindet. Deswegen kann man auch nicht voraussagen: Am soundsovielten Tag wird es geschehen. Es kommt auf den einzelnen an. Es ist keine Frage der Technik, keine Frage der Methode, sondern die Frage des Mutes, wann ein Mensch diese Konfrontation mit sich selbst wagt.

Was machen wir? Wir verwickeln den Klienten in einen Prozeß von Bildern, von Inkarnationen und gehen in die Vergangenheit. Was heißt das? Wir stellen ihm eine Zeitachse zur Verfügung. Das ist letztlich etwas Geliehenes, etwas Illusionäres, denn – darauf werde ich noch eingehender zu sprechen kommen – diese Zeit gibt es doch in Wirklichkeit gar nicht. Es ist ein Teil von *Maja*, ein Teil der Scheinwelt, die sich durch unsere Bewußtseinsprozesse entwickelt. Die ihm von uns zur Verfügung gestellte Zeitachse ist ein Aspekt von Dimensionalität. Dimensionalität hat zwei Aspekte: Zeit und Raum. Deswegen können Sie Zeit und Raum immer ineinander

überführen. Sie können Zeit in Raum verwandeln, wie Raum in Zeit. Wir stellen ihm die Achse Zeit als Vergangenheit zur Verfügung und sagen: Gehen Sie auf dieser Achse zurück. Und das, was wir ihm als Zeit zur Verfügung stellen, ernten wir als Raum, das heißt, seine Struktur wird durch die Zeitachse immer größer, gewinnt immer mehr an Dimensionalität, die Struktur, die er immer (zeitunabhängig) hat. Denn die psychische Struktur eines Menschen ist etwas Zeitloses, steht außerhalb von Zeit und Raum, sie ist sein Sosein.
Ein Beispiel: Ein Buch enthält den ganzen Roman; wenn Sie aber erst das erste Drittel gelesen haben, identifizieren Sie sich nur mit diesem gelesenen ersten Drittel, das andere bleibt noch unintegriert, ungelesen. Wollen Sie weiterlesen, brauchen Sie dafür Zeit, und trotzdem ist der ganze Roman zeitlos immer in diesem Buch! Im selben Sinn ist die psychische Struktur des Menschen eine zeitlose Struktur. Das, wofür er Zeit braucht, ist, sie kennenzulernen.
Nehmen wir ein anderes Beispiel: ein Land. Die Schweiz ist unabhängig von Zeit als Ganzes da. Will ich sie durchwandern, brauche ich Zeit, um sie kennenzulernen. Verwechseln Sie diese beiden Dinge nicht. Wir geben also dem Klienten eine Zeitachse und sagen: Schauen Sie sich frühere Leben an. Gehen Sie zurück in der Zeit. Und während er das tut, vergrößert sich seine psychische Struktur immer mehr. Und weil sie sich immer mehr vergrößert, sieht er sie immer zwingender. Und irgendwann, bei einem zeitlich sehr entfernten Ereignis, steht er auf einmal in einer Situation, in der er beispielsweise Macht ausübt und dabei erlebt: »Es ist ein Genuß, es fühlt sich richtig lebendig, vital und gut an, das genieße ich.« Auf einmal hat er sein Thema gefunden: Macht. Hätten Sie ihm das am ersten Tag gesagt, als er das Sprechzimmer betrat, wäre er sofort wieder gegangen, hätte er gesagt: »Ich? Macht? Niemals, damit habe ich gar nichts zu tun!« Auf einmal findet er sich in grauer Vorzeit und merkt: Es fühlt sich gut an. Hier schließen wir kurz und werden ihm an dieser Stelle sagen: »Gut, bleiben Sie beim Gefühl!« Und nun tauchen die Situationen aus dem heutigen Leben auf, in denen dieses Gefühl auch da ist. Auf einmal merkt er: »Genau, ich habe es nie gewußt, dahinter steckt Macht, deswegen verhalte ich mich so!« Und er hat einen Schattenanteil gefunden, unabhängig davon, ob der Therapeut es vom ersten Tag an wußte. *Er* hat ihn gefunden, *er* spürt es, *er* erlebt es, er muß niemandem glauben, er

muß da nichts übernehmen, was ihm sowieso nichts nützen würde. *Er* hat es gefunden. Und auf einmal ist das, was wir als riesige Zeitachse aufgespannt haben, wieder im Hier und Jetzt.

Es gibt immer wieder das Argument gegen Reinkarnationstherapie: Die Probleme liegen im Hier und Jetzt, sie müssen im Hier und Jetzt bearbeitet werden, alles andere wäre Flucht. Man kann Inkarnationen bestimmt auch als Flucht verwenden, nur das, was ich unter Reinkarnationstherapie verstehe, hat mit Flucht nun gar nichts zu tun. Es ist ein Weg, um so genau ins Hier und Jetzt zu gelangen, wie Sie sonst kaum hinkommen können. Wenn Sie einen Stein oder einen Ball möglichst weit werfen wollen, dann holen Sie ja auch in die Gegenrichtung aus. Und das tun wir auch. Wir gehen scheinbar weit weg, um genau im Hier und Jetzt zu landen. Machen Sie sich nichts vor und sagen: »Ja, früher war ich mal so, aber, Gott sei Dank, durch meine Entwicklung habe ich das überwunden, und heute ist alles ganz anders.« Ihr inneres Sosein ist unabhängig von Zeit und Raum. Die Zeit brauchen Sie nur zum Entdecken, zum Kennenlernen Ihres Soseins. Wenn Sie es in der Vergangenheit entdecken, ist es jetzt da. Und es ist immer da. Und wenn Sie in grauer Vorzeit Ihre Lust an der Macht entdecken, seien Sie froh, denn sie ist jetzt auch da, diese Lust, nur jetzt vielleicht eben *verdrängt*, und deswegen haben wir ja diesen großen Bogen gemacht, um sie zu finden. Es geht also nicht um Flucht, nicht um Ursachen zu finden, nicht um Projizieren von Schuld, sondern Reinkarnationstherapie will genau das Gegenteil: Es geht darum, daß der Klient alle Projektionsflächen nacheinander loslassen und selbst die Verantwortung übernehmen kann und muß für *alles*, was ist, nämlich für sich und sein Sosein, und sich damit *aussöhnt*.

Inkarnationen und Zeitachsen werden also wie ein Mikroskop benutzt: zur Vergrößerung einer Struktur.

Machen wir einen nächsten Schritt. Es sind verschiedene Facetten, um das eine Thema immer plastischer werden zu lassen. Es gibt bei dem Thema Reinkarnation ein großes theoretisches Problem, und es ist verblüffend, daß die, die immer gern die Gegner des Reinkarnationsgedankens spielen wollen, eigentlich dieses Argument so selten aufgreifen. Es gibt ein ganz schlagendes Argument gegen Reinkarnation, genauer gesagt gegen die Vorstellung des Reinkarnationskonzeptes, wie es in einer vereinfachten Form im Westen gelehrt und verstanden wird. Und dieses Problem ist: Zeit. Deswegen habe ich hier bereits immer wieder dieses Thema angetippt. Es gibt in Wirklichkeit keine Zeit. Zeit ist ein Bewußtseinsphänomen, das in unserem Bewußtsein über den Polaritätsprozeß entsteht. Aber es gibt keine objektive Zeit, es gibt nicht die Zeit an sich, und das meine ich mit der Formulierung: »in Wirklichkeit«. Wirklichkeit ist nicht das, worin wir leben, das ist Realität. Hinter der für uns wahrnehmbaren Realität steht Wirklichkeit, und in dieser Wirklichkeit gibt es keine Zeit. Deswegen spricht man von der Ewigkeit. Ewigkeit ist die Verneinung von Zeit; sie ist nicht etwas, was sehr lang dauert, sondern ist die absolute *Abwesenheit von Zeit.* In der Ewigkeit gibt es keine Zeit. Die Ewigkeit ist deswegen weder lang noch kurz, sie ist zeitlos.

Menschen, die viel mit Meditation zu tun haben, wissen um solche Erlebnisse, die nicht mehr einzuordnen sind, von denen nicht gesagt werden kann: »Dauerte das jetzt zwei Sekunden, zwei Stunden, zwei Tage, zwei Wochen oder auch zwei Jahre?«, weil man jenseits der Zeit lebte.

Es gibt also in Wirklichkeit keine Zeit, in der Wirklichkeit ist ewiges Hier und Jetzt. Zeit ist ein Phänomen, an das wir, solange wir in der Welt, das heißt in der Polarität leben, gekoppelt sind. Sie ist also ein subjektives Bewußtseinsphänomen.

Da das so schwer vorstellbar ist, wollen wir immer wieder zurückgehen auf Bilder; eines erwähnte ich schon: das Buch. Die Schallplatte ist ein anderes Bild. Auf der Schallplatte ist die ganze Symphonie gleichzeitig da – ewiges Hier und Jetzt; in dem Moment, wo Sie sie anhören wollen, entsteht ein Nacheinander, entsteht Zeit. Die Zeit brauchen *wir*, nicht die Symphonie, nicht die Schallplatte. Oder stellen Sie sich ein großes Museum mit vierzig Räumen vor. Und nehmen wir an, wir haben alle dieses Museum noch nicht gesehen. Das Museum gibt es in irgendeiner Stadt schon seit zwanzig Jahren. Wir verabreden uns: Morgen früh um 10 Uhr wollen wir dieses Museum besuchen. Da gibt es einen Museumsdirektor, der kennt es, da gibt es andere Menschen, die waren schon längst dort, da existiert ein Katalog, vielleicht Video-Übertragungen von bestimmten Sälen, es gibt alles mögliche. Wir aber waren noch nicht da. Morgen um 10 Uhr beginnen wir, das Museum zu besuchen. Von Saal 1 gehen wir in Saal 2 und 3 – und es verstreicht die Zeit. Irgendwann um 11 Uhr sind wir im Saal 15 und kennen damit die Säle 16 bis 40 noch nicht. Wollen wir sie kennenlernen, müssen wir noch mehr Zeit verstreichen lassen. Aus der Tatsache, daß wir um 11 Uhr die Säle 16 bis 40 noch nicht kennen, sollten wir nicht schließen, sie existierten zu diesem Zeitpunkt noch nicht. Wir sollten ehrlich bleiben und sagen: *Wir* waren noch nicht da. Das ist alles. Aber sie existieren.

Übertragen wir dieses Beispiel auf eine nächste Ebene, und Sie merken, wie schlampig wir mit diesen Dingen umgehen. Wie ist es denn mit dem Jahr 1998, 2000 und 2010 usw.? Die Menschen sagen: Das gibt es noch nicht, die Zukunft ist noch nicht da. Nicht so schnell schließen! Natürlich gibt es sie! *Wir* waren noch nicht da. *Wir* sind noch nicht vorbeigegangen, *wir* haben es noch nicht angeschaut, das ist alles, genau wie bei dem Buch, wie bei der Schallplatte. Es ist *immer alles da*! Der Weg des Menschen ist der Weg des *Vorbeigehens*, um es zu integrieren, um das Außen zurückzuerobern zum Innen, um wieder eins zu werden. Das ist der Weg des Menschen. Der Mensch bildet sich immer ein, er müsse etwas Großes machen, und daraus entstünden die Dinge, entstünde Zukunft. Welch ein Irrtum! Es entsteht dadurch Bewußtheit in ihm, ansonsten entsteht nichts Neues, denn es ist immer schon alles da, Vergangenheit, Zukunft, Gegenwart, alles ist *eins*! Nur wir Menschen brauchen die Phänomene Zeit und Raum. Das meint, es gibt *in Wirklichkeit* keine Zeit, es gibt sie nur subjektiv.

Nun übertreiben Sie den Satz nicht und sagen Sie nachher nicht: »Es gibt keine Zeit«, und versuchen, sich zu verhalten, als ob es keine Zeit gäbe. Es wird auf einmal wieder eine geben, denn wir leben innerhalb der Welt der Täuschung, und auch diese hat ihre eigenen Gesetze! Trotzdem ist es Täuschung. Trotzdem ist es in Wirklichkeit nicht da. Wenn Sie im Kino sind, bewegen sich die Bilder. Das ist eine Illusion. Diese Illusion hat ihre Gesetze, zum Beispiel das Gesetz, wie schnell ein Film ablaufen oder wie eine Linse eingestellt werden muß, damit die Illusion gut läuft. Und trotzdem gibt es keine Bewegung in dem Film. Es sind nur statische Bilder; die Bewegung projizieren wir hinein. Aber diese Täuschung, diese Illusion hat ihre Gesetze, und trotzdem bleibt es Illusion!

Ich sage: Es gibt in Wirklichkeit keine Zeit; es gibt Zeit und Raum als Illusion, und die Illusion hat ihre Gesetze, trotzdem ist es nur Illusion. Wenn wir in der Welt leben wollen, müssen wir uns natürlich ihren Gesetzen beugen, können dies jedoch im Wissen tun, daß die Welt in Wirklichkeit nicht existiert.

Wenn es in Wirklichkeit keine Zeit gibt, wo sind dann die vergangenen Leben? Wo finden denn die statt? Hier ist das wirkliche Problem, vielleicht das einzige der Reinkarnationslehre, wie der Westen sie versteht. Der Westen geht nämlich mit dieser altehrwürdigen, schwierigen Idee sehr, sehr oberflächlich und ungenau um und ordnet sie in seinem wissenschaftlichen Alltagsverständnis ein. Er baut auf fehlerhaften Voraussetzungen auf, was die Wirklichkeit hinter den weltlichen Erscheinungsformen betrifft, schneidert das fremde Ideenkonzept irgendwie zurecht, und dann ist das alles ganz einfach: Früher gab es Leben, und die sind alle hintereinander, und da gibt es Vergangenheit, da gibt es Zukunft. In unserer Vorstellung ja, aber nicht in der Wirklichkeit!

Schließen Sie, bitte, aus diesen meinen Bemerkungen nicht, ich hätte gesagt, es gäbe keine Reinkarnation. Ich möchte Sie nur langsam auf eine neue Ebene geleiten, um zu zeigen: Die Idee ist schwieriger, als allgemein angenommen wird. Es gibt Reinkarnation genauso, wie es New York gibt, und auch New York ist nur eine Illusion. Also, Vorsicht, wenn Sie mir nachsagen, ich hätte heute gesagt: Reinkarnation gibt es in Wirklichkeit nicht. Das können Sie schon sagen, nur in diesem Sinne gilt auch: es gibt dieses Universum nicht. Denn auch dieses ist Illusion und entsteht nur in unserem Bewußtsein. Also, bitte, vorsichtig mit dem umgehen, was ich jetzt zu vermitteln versuche!

Wozu ich Sie jetzt einladen möchte, ist folgendes gedankliches Experiment: Wir stellen uns ja die früheren Leben als ein zeitliches Kontinuum vor. Wir sagten vorhin: Zeit und Raum sind die zwei Aspekte von Dimensionalität, und sagten ebenfalls – was aus der Mathematik natürlich bekannt und geläufig ist –, man kann Zeit immer in Raum verwandeln. Dann tun wir dies doch einmal! Das heißt, es muß legitim sein, unsere zeitliche Vorstellung von Reinkarnation in eine räumliche zu verwandeln. Wenn wir das tun, heißt es: Es gibt keine *früheren* Leben, sondern es gibt *nebeneinanderliegende* Leben, es gibt Parallel-Leben. Und wieder eine Bitte: Sagen Sie nicht: Das wäre jetzt richtig! Das ist nur eine legitime, polare Anschauung zum zeitlichen Aspekt. Beide Anschauungen sind legitim. Beide sind möglich, beide sind, allgemein angenommen, halb. Das ist wie das Korpuskel-Wellen-Problem des Lichtes in der Physik. Die Physik hat sich darauf geeinigt, daß Licht sowohl Welle als auch Teilchen ist. Und wenn ich Licht unter dem Aspekt »Teilchen« betrachte, dann ist das weder »richtiger« noch »falscher«, als wenn ich

Licht unter dem Aspekt »Welle« betrachte. Aber wenn ich nur den einen Aspekt sehe und den anderen gar nicht, ist meine Anschauung halb.

Um Reinkarnation wirklich verstehen zu können, müssen wir die zeitliche Vorstellung durch die räumliche ergänzen. Dies ist für uns ungewohnter, weil alle es normalerweise immer zeitlich anschauen. Deswegen will ich die bisherige Anschauung durch eine andere ergänzen. Zum Schluß müssen wir beide wieder zusammennehmen, um dem Phänomen »Reinkarnation« näherzukommen. Der räumliche Aspekt heißt also: Die Leben liegen nebeneinander. Und wir identifizieren uns immer nur mit einem davon. Die anderen leben wir auch, aber wir identifizieren uns gerade nicht damit.

Ein Beispiel dazu: Wir können mit gutem Gewissen davon ausgehen, daß in diesem Raum eine ganze Anzahl von Rundfunkprogrammen ist. Diese Rundfunkprogramme, die in diesem Raum sind, ohne daß wir sie im Augenblick gerade wahrnehmen, sind gleichzeitig nebeneinander da. Das Bild stammt von einem Frequenzband, von dem wir sagen würden: Hier sind die verschiedenen Frequenzen oder Programme nebeneinander. In diesem Raum sind also die verschiedenen Programme und damit Frequenzebenen nebeneinander gleichzeitig vorhanden. Wenn wir uns nun diese Radioprogramme anhören wollen, stellen wir uns einen Empfänger vor, schalten ihn auf eine bestimmte Frequenz ein und empfangen nun irgendein Rundfunkprogramm. Das hören wir uns eine Zeitlang an, dann drehen wir weiter und empfangen einmal das nächste Rundfunkprogramm, hören uns das an und gehen weiter, und das nächste fällt ein. Wenn wir das eine Zeitlang fortführen, dann hörten wir soundsoviele Sender, und – es ist dabei Zeit vergangen. Denn wenn wir uns diese Programme – obwohl sie hier nebeneinander gleichzeitig sind – anhören wollen, vergeht wiederum auf einmal Zeit. Raum wandelt sich in Zeit. Und wir sagen: Vorhin habe ich gerade die Nachrichten gehört, und jetzt – drei Minuten später – höre ich die Musik von diesem Sender. Und trotzdem laufen alle Programme gleichzeitig!

Behalten Sie dieses Beispiel, bitte, als Hintergrund für das, was ich Ihnen jetzt über Reinkarnation sagen möchte. In der Reinkarnationstherapie arbeiten wir gerade mit diesem Phänomen. Wäre es nicht so, wie ich Ihnen gerade zu schildern versuchte, würde es Regression als Technik gar nicht geben.

Wenn der Klient kommt, kommt er mit einer Bewußtseinsidentifikation. Er kommt und sagt: Ich bin Frau Soundso, geboren am soundsovielten, geboren dort und dort, die und die Eltern, die und die Schulbildung, verheiratet, soundsoviele Kinder usw. Dies nennen wir eine Identifikation, eine Bewußtseinsidentifikation.
Was wir machen, ist letztlich nichts anderes, als zu sagen: »Ist schon gut, ist schon gut, beruhigen Sie sich!« Wir sagen es etwas freundlicher, aber es ist das gleiche. Wir sagen: »Legen Sie sich hin, entspannen Sie sich, lassen Sie mal los von dem allen!« Wir wollen weg von dieser Identifikation. Solange nämlich diese Beispielsfrau in ihrer Identifikation bleibt, kommt es zu keiner Regression. Stellen Sie sich vor, sie erzählte ununterbrochen von ihren lieben Kindern, wie schön ihre Wohnung eingerichtet ist und wie lieb ihr Mann ist oder wie böse er ist. Solange sie in dieser Identifikation ist, kommt es zu keiner Regression. Deswegen sagen wir: »Entspannen Sie sich, lassen Sie los!« Das ist nichts anderes als in unserem Beispiel: Ein Radioempfänger ist eingestellt auf eine Frequenz und sendet immer das eine Programm. Wir wollen weiter zum anderen Programm, denn solange wir das eine hören, hören wir kein anderes. Und in dem Maße, in dem der Klient seine Identifikation losläßt, drehen wir, um es bildlich auszusprechen, am Empfänger weiter. Doch auf einmal meldet sich der Klient wieder: »Ja, jetzt ist es gerade so aufregend!« – »Was tun Sie denn?« – »Ich kämpfe.« – »Wo sind Sie denn?« – »In einem Streitwagen, und da sind ein Schild und ein Schwert, und es geht gerade los.« Aha, eine neue Identifikation. Sie sagen: ein neues Leben. Auf jeden Fall ist es eine andere Identifikation: alter Römer im Kampf. Und dann schreit er entsetzlich auf und windet sich. Man fragt: »Was ist denn passiert?« – »Ich habe gerade einen Speer mitten durch die Brust bekommen, oh, tut das weh!« Es tut weh! Wann? Jetzt!
Und hier kann der Schlüssel zum Verständnis liegen. Viele reden immer noch von »Erinnerungen an frühere Leben«. Sie können sich an frühere Leben grundsätzlich nicht erinnern. Sie können sich nicht mal an ihre Geburt erinnern. Die Erinnerung reicht nicht weit. Sie brauchen nicht zu fragen: Ist das Kurzzeitgedächtnis oder Langzeitgedächtnis, und wie wird das herübertransportiert? Sie brauchen das gar nicht zu fragen, denn es führt auf eine falsche Fährte. Wir arbeiten in der Regression gerade *nicht* mit der Erinnerung. Wir *regredieren* – und auch das ist natürlich ein zeitliches Modell –, das

heißt, wir gehen in eine andere Identifikation im Bewußtseinsfeld, und der Klient erlebt in der Regression das, was er erlebt, *jetzt, total, körperlich*. Er spürt den Schmerz, er riecht den Rauch, wenn es brennt, er spürt den Staub, der aufgewirbelt wird, er erlebt es jetzt. Warum? Weil es jetzt ist, weil das Parallel-Leben gerade jetzt stattfindet und deswegen auch jetzt erlebt werden kann. Wir haben die Identifikation verschoben. Nur, wenn er lange genug da gekämpft hat und schließlich gestorben ist, sagen wir wieder: »Lassen Sie los!« und gehen weiter am »Frequenzband«. Und auf einmal taucht eine ganz neue Situation auf, ein anderer Ort, vielleicht sogar ein anderes Geschlecht. Und er erlebt wieder diese Situation in der ganzen Realität, weil *es jetzt ist*. Und wenn wir uns auf diese Weise viele Inkarnationen anschauen, dann vergeht wieder Zeit, und im kleinen haben wir dann auch schon wieder »frühere« Leben, weil wir zuletzt dieses Leben angeschaut haben und davor das andere und davor wieder das andere.

Und vielleicht sehen Sie an dieser Stelle, wie Zeit und Raum nun ineinandergreifen. Dahinter steht: Es ist immer alles in uns. Deswegen sagte ich am Anfang: Der menschliche Weg beginnt in der Einheit und endet in der Einheit. In Wirklichkeit sind wir alles. Es gehört ja zu unserem Grundproblem, daß wir uns einmal abgesondert haben im Bewußtsein und uns immer nur mit einem Ausschnitt identifizieren, nur mit einem Teil, und den Rest der Welt zum Du werden lassen. Und nun entsteht unser Weg, der wie die Absonderung ein Bewußtseinsprozeß ist: das alles, was wir aus dem Bewußtsein, aus der Identifikation verloren haben, wieder zurückzuerobern. Auf diesem Weg gibt es Zeit und Raum. Auf diesem Weg gibt es frühere Leben. Doch sollten wir nicht vergessen, daß diese, wie bei einem Haus, eben nur unterschiedliche Räume sind, denn wenn Sie die zehn Zimmer Ihres Hauses betreten wollen, können Sie es nie gleichzeitig tun. Trotzdem sind Ihre Räume gleichzeitig da. Und wenn Sie durchgehen und Besuchern die Räume zeigen, entsteht schon wieder ein Nacheinander. Das ist das Spiel von Raum und Zeit. Inkarnationen sind nichts anderes als Identifikationen. Ich habe an einer anderen Stelle schon einmal darauf hingewiesen, daß es auffälligerweise im Deutschen vom Wort »Bewußtsein« keinen Plural gibt. Es gibt keine »Bewußtseine«. Es gibt das eine Phänomen: Bewußtheit, das auch nicht weiter ableitbar ist. Es ist ein Phänomen, etwas, in dem wir uns vorfinden, Bewußtsein, allumfassen-

des Bewußtsein, alles ist bewußt – und das ist das *eine* kosmische Bewußtsein. Nennen Sie es »Gott«, nennen Sie es »Tao«. Es läuft immer auf dasselbe hinaus. In dem Moment, wo wir ins Sondersein, ins Ich gehen, also Mensch in der Welt werden, beginnen wir, uns aus diesem riesigen Bewußtseinsfeld einen Teil herauszusuchen und uns damit zu identifizieren. Und wir sagen: Dieser Ausschnitt vom Bewußtsein, das ist *mein* Bewußtsein, das bin ich. Und das andere, das bin ich nicht. Das ist die Welt, das ist das Universum, das sind die anderen, auf alle Fälle: Ich bin es nicht. Aber genau diese Absonderung ist *natürlich* im gewissen Sinne eine Illusion, denn sie findet nicht im Bewußtsein statt, sondern in unserer Einbildung.
Dazu ein Beispiel: Stellen Sie sich Bewußtsein als unbegrenztes Land vor. Nun kommen Sie mit ein paar Holzbalken, bauen einen Zaun in irgendeiner Größe auf und sagen: »Alle herhören, alles, was jetzt innerhalb dieses Zaunes ist, das ist *mein* Land!« Das ist – wenn Sie es genau betrachten – ein unglaublich absurdes Vorgehen. Damit Sie diese Idee durchsetzen können, brauchen Sie einen Mitspieler. Sie brauchen irgend jemanden, der sich auf diesen absurden Gedanken einläßt und sagt: »Gut, das ist dein Land, und dann mache ich meinen Zaun daneben, und das ist dann mein Land.« Dann spielen noch ein paar mit, und auf einmal glauben alle, das wäre etwas Wirkliches, es gäbe verschiedene Länder, die verschiedenen Leuten gehören. Aber das Ganze ist doch nur ein Spiel und lebt nur vom Glauben daran. Da gibt es nämlich einige, die spielen nicht mit: ein Regenwurm, ein Sonnenstrahl, der Wind und noch so ein paar Bewohner der Erde. Die interessieren sich für die Zäune und für das Spiel »Mein Land, dein Land« überhaupt nicht und zeigen, daß das Spiel absurd ist. Es lebt vom Glauben, von gegenseitiger Übereinkunft, denn das Land selbst wird von der Aufteilung nie betroffen. Bezogen auf das Land setzen die Zäune keine Wirklichkeit. Das Land bleibt das, was es immer war, seit Millionen von Jahren, und immer sein wird: Land, *ein* Land. Diese Zäune und Grenzmarken unterteilen das Land nicht in Wirklichkeit, sondern sind das Spiel derer, die an das Spiel glauben, solange sie an das Spiel glauben.
Setzen Sie für »Land« das *eine* Bewußtsein ein. Es gibt nur *ein* Bewußtsein. Da grenzt sich ein anderer ab und sagt: Das bin ich; und auf einmal entstehen Millionen von »Ichs«. Und nun spielen diese Ichs das Spiel »Ich und du, ich und die anderen«. Das ist die menschliche Situation, das ist das, was im Osten der Ich-Wahn genannt

wird, den man auf dem Weg zurück zur Einheit zu entlarven versucht. Denn wenn ich nicht irgendwann einmal durchschaue, daß es ein Wahnsystem ist, daran zu glauben, daß *ich* existiere, daß *ich* als etwas Abgetrenntes vorhanden bin, gibt es kein Heil. Wann immer jemand seinen kleinen Zaun erweitert und noch ein Grundstück dazu nimmt, reden wir von einer Bewußtseinserweiterung oder sagen, er habe gelernt, weil er sich nun mit mehr identifiziert als vorher. Da gibt es Leute mit ganz kleinen Grundstücken, diese Menschen haben Angst, weil es so eng (*angustus*) ist in ihrem Zaun. Und dann erweitern sie es. Und je weiter so ein Land ist, desto größer ist das Bewußtsein, um so mehr hat der Mensch bereits in sich vorgefunden, um so mehr Verantwortung übernimmt er. Doch das Endziel ist: keinen Zaun mehr zu haben – die Illusion aufzugeben, daß er diesen Zaun brauche.

Sie können nun dieses Bild des Grundstücks mit den verschiedenen Zäunen für das räumliche Bild von Inkarnationen benutzen. Da gibt es viele Grundstücke, und diese verschiedenen Bewußtseinsgrundstücke haben jedes ihre Überschrift: altes Rom, Griechenland, Atlantis, Mittelalter usw. Und momentan identifizieren wir uns jeder mit irgendeinem der Grundstücke und sagen: »Ich bin jetzt gerade im 20. Jahrhundert, Mitteleuropa und so weiter.«

Reinkarnationstherapie nimmt jemanden an die Hand und sagt: »Geh doch mal in ein anderes Bewußtseinsfeld, in einen anderen Bewußtseinsgarten hinein!« Auf einmal findet sich jemand in einem anderen Bereich vor und sagt: »Hier ist gerade Rom.« Und wir sagen: »Nun gut, geh mal dorthin!« Und er stellt fest: »Ja, wenn ich mich hier umschaue, das ist Mittelalter.« Richtig! Es sind ja alles nur Bewußtseinsinhalte. Wenn in der Reinkarnationstherapie jemand viele verschiedene Bereiche des eigenen Bewußtseins sehen lernt, ist das eben eine Bewußtseinserweiterung, ist das eine Voraussetzung, ein Impuls zum Heilerwerden, zum Sich-mit-immer-mehr-Identifizieren, ist das eine Kampfansage gegen die Ich-Illusion; denn in dem Moment, wo er in dem Grundstück »Mittelalter« steht, sagt er: »Ich tue, ich mache...« In dem Moment, wo er in dem Grundstück »Rom« steht, sagt er: »Ich tue, ich bin...« In dem Moment, wo er wieder hier im 20. Jahrhundert steht, sagt er: »Ich bin, ich tue, ich mache...« Wir fragen zum Schluß: »Wer bist du eigentlich?« Und er schaut sich um und sagt: »Nun ja, das bin alles ich. Hier habe ich mich so erlebt, und hier habe ich mich so erlebt.« Er weiß aus Erfahrung, daß das alles Aspekte sind, Möglichkeiten in ihm, die für ihn erfahrbar und erlebbar sind. Und er zweifelt langsam an dem Zwingenden des einen Zaunes, mit dem er sich immer umgeben hat. Er merkt, daß diese eine Ich-Identifikation nicht so unumstößlich ist und gar nicht so eindeutig, wie er bisher immer glaubte.

Im Osten gibt es ein schönes Mantram, das diesen Zusammenhang bearbeitet: »Tat twam asi«, »Das bist auch du«, oder auf den Erfahrenden bezogen: »Das bin auch ich.« Darum geht es. Reinkarnationstherapie ist eine Entdeckungsreise im eigenen Land, im eigenen Bewußtsein, und das eigene Bewußtsein ist in Wirklichkeit *das* Bewußtsein. Das höchste Ziel ist: *Selbstfindung*, und das Selbst kann immer nur da gefunden werden, wo das Ich, das den Zaun bildet, in Frage gestellt wird. Das und nur das macht in letzter Konsequenz *heil*.

Lassen Sie mich diese Gedanken mit einem Bild abschließen, welches das Gesagte nur in einer anderen symbolischen Form noch einmal zusammenfaßt: Bewußtsein können Sie sich auch als ein riesiges Meer vorstellen. Sie nehmen ein Weinglas und schöpfen aus diesem Meer etwas Wasser. Das heißt, dieses Bewußtsein, das durch das Wasser symbolisiert wird, bekommt eine Form, die Form dieses Weinglases. Das ist eine Inkarnation: Das Hineingehen des Bewußtseins in *eine* bestimmte Form. Und irgendwann gießen Sie den Inhalt (das Bewußtsein) in ein anderes Glas mit einer anderen Form. Und Sie haben eine andere Inkarnation. Sie gießen diesen Inhalt weiter in ein neugeformtes Glas – eine weitere Inkarnation; und so gehen diese Bewußtseinsinhalte durch viele Inkarnationen, bis Sie es ganz am Schluß ausgießen – zurück ins Meer. Und die Kette der Inkarnation ist zu Ende, das Heil ist erreicht.

Gibt es nun dieses Weinglas voll Wasser noch? Sie können antworten: »Ja.« Sie können antworten: »Nein«. Beides ist gleich richtig. Es hat sich nicht in Nichts aufgelöst. Und dennoch gibt es diese Form nicht mehr als *dieses* spezielle Weinglas mit *diesem* Wasser. Das Geteilte ist zurückgekommen zu seinem Ausgangsort, das Abgesonderte ist heimgekehrt, ist *eins geworden* mit dem Ganzen. Das Sondersein hat aufgehört, die Ich-Illusion ist zu Ende. Das Selbst wurde gefunden – das Meer wurde gefunden – die Heimat wurde gefunden – Einheit ist wiederhergestellt, und das Vehikel der Inkarnationen hat seine Aufgabe erfüllt, denn Vollkommenheit ist erreicht.

Hansjörg Hemminger

Rückführung – Eine psychologische und weltanschauliche Kritik

Hansjörg Hemminger, geboren in Rottweil am Neckar, studierte Biologie und Psychologie an den Universitäten Tübingen und Freiburg. 1975 promovierte er zum Dr. rer. nat., 1983 habilitierte er sich im Fach Verhaltensbiologie an der Universität Freiburg. Im Anschluß an einen 18monatigen Forschungsaufenthalt in den USA arbeitete er praktisch als Psychotherapeut und im Gutachterwesen. Er veröffentlichte zahlreiche Arbeiten zur naturwissenschaftlichen Anthropologie, zu Fragen seelischer Störungen, zur Psychotherapie und New-Age-Kritik, darunter die Bücher *Kindheit als Schicksal? Die Folgen frühkindlicher seelischer Verletzungen* (1982), *Wenn Therapien schaden. Kritische Analyse einer psychotherapeutischen Fallgeschichte* (1985, mit Vera Becker), *Die Rückkehr der Zauberer. New Age – eine Kritik* (1987, Hrsg.), *Im Sog der Psychoszene. Erfahrungen und Kommentare* (mit Gilda Boysen und Gottfried Küenzlen, 1988), *Das therapeutische Reich des Dr. Ammon. Eine Untersuchung zur Psychologie totalitärer Kulte* (1989). Seit 1985 ist Hemminger Referent an der Evangelischen Zentralstelle für Weltanschauungsfragen (EZW) in Stuttgart.

Die Rückführung in Hypnose

Die ursprüngliche und üblichste Technik der sogenannten Rückführung (*past life regression*) benutzt die Hypnose. Die angeblichen Erfahrungen früherer Leben werden in hypnotischer Trance und im Rapport mit dem Hypnotiseur wiedererlebt. Die meisten bekannten Fallgeschichten entstanden in Hypnose, so das »*Protokoll einer Wiedergeburt. Der Fall Bridey Murphy*.«[54] Geschildert wird dort eine Rückführung in das Irland des frühen 19. Jahrhunderts. Die

Technik ist wohl seit dem vorigen Jahrhundert bekannt und wurde seit den fünfziger Jahren, zumindest im angelsächsischen Raum, von vielen Autoren beschrieben.[55]
Auch der bekannteste Reinkarnationstherapeut Deutschlands, Thorwald Dethlefsen, erhielt seine publizierten Ergebnisse zumindest bis 1980 in Hypnose. Er benützte dabei eine einfache Hypnoseinduktion.[56] Als ersten Schritt lernte der Klient, in einem Entspannungszustand Wärme und Schwere des eigenen Körpers konzentriert wahrzunehmen und andere Sinneseindrücke, Ideen usw. auszublenden. Danach übte der Klient ein, sich in ähnlicher Weise in leichter Trance (und im Rapport mit dem Therapeuten) auf bildliche Vorstellungen zu konzentrieren. Die Technik wurde von Leuners »katathymem Bilderleben« abgeleitet. Außerdem mußte der Klient in dieser Phase lernen (was oft schwerfällt), gleichzeitig über seine Eindrücke zu sprechen.
Erst wenn diese Fähigkeiten sich gebildet hatten und einigermaßen automatisch geworden waren, führte Dethlefsen den Klienten in die Vorstellung seiner eigenen Geburt hinein und entlang der vorgestellten Zeitachse rückwärts zu »früheren Existenzen«. Dabei schien es allerdings Unterschiede zu geben: Im Experiment, wenn es um den Beweis der Reinkarnation ging, orientierte sich der Hypnotiseur strikt an der imaginären Zeitachse. In der Therapie spielte und spielt dagegen wohl die Suche nach Traumata aus früheren Leben die wichtigste Rolle. Diese tauchen nach Dethlefsens Theorie, sofern es ihre »Energieladung« zuläßt, irgendwann von selbst auf und werden durch die Erinnerung und das Wiedererleben »entladen«.
Die Therapietheorie Dethlefsens entspricht also der klassischen, einfachen tiefenpsychologischen Traumatheorie, nach der unbewußte seelische Verletzungen ständig »negative Energie« abgeben, ständig »Schmerz erzeugen« und deshalb zu ihrer Verdeckung ständig seelische Arbeit binden. Ob die Traumata aus der frühen Kindheit oder aus früheren Existenzen stammen, hat keine praktischen Konsequenzen. In jedem Fall ist das Bewußtmachen eines Traumas nahezu identisch mit seiner Aufhebung, zumindest sofern das angebliche Trauma einigermaßen emotional (»energetisch«) wiedererlebt wird. Es ist hier nicht der Ort, die Gründe zu schildern, warum solche Vorstellungen heute als überholt, ja als klar widerlegt, gelten müssen.[57] Es muß aber gefragt werden, ob die Reinkarnationsthera-

pie mit einer solchen Theorie die Erfolge haben kann, die sie beansprucht, und ob sie die Phänomene verstehen kann, die sie selbst produziert. Aber diese klinisch-psychologische Anfrage ist nicht die einzige. Häufig geht es sowohl den Therapeuten als auch den Klienten weniger um Heilerfolge als um die Erfahrung der Rückführung als solcher, um den Beweis für die Reinkarnationslehre, um den Beweis der Realität einer unsterblichen Seele und damit um die Lösung von Sinn- und Glaubensfragen. Beide Aspekte werden im folgenden Text zu bedenken sein.

Die Rückführung durch Suggestion und Autosuggestion

Die Reinkarnationstherapeuten Morris Netherton und Nancy Shiffrin betonen den Zusammenhang zwischen den Erlebnissen in früheren Existenzen und gegenwärtigen Problemen noch mehr als Dethlefsen.[58] Bei ihnen hat praktisch jedes Lebensproblem »präexistente« Ursachen, denn »das Unbewußte arbeitet wie ein Tonband«.[59] Solche simplen Ideen kann man in der Psychologie natürlich nicht mehr ernsthaft vertreten; aber nicht ihrer Theoriearmut wegen sind Netherton und Shiffrin interessant. Durch sie wurde eine nicht-hypnotische Technik der Rückführung populär, und inzwischen haben solche »suggestiven« Techniken in der alternativen Therapiepraxis die Hypnose weitgehend verdrängt – schon der leichteren Handhabung und der geringeren Risiken wegen. Als Beispiel sei der Ansatz von Netherton und Shiffrin vorgestellt.
Die Autoren suchen im Gespräch mit einem Klienten nach sogenannten »Leitsätzen«, also nach Aussagen über sich selbst (oder über die Situation), die immer wiederkehren und die plakativ eine bestimmte Erfahrung, eine bestimmte Sicht der Dinge ausdrücken. Beispiele für solche Leitsätze sind: »Ich sehe immer gleich rot.« Oder, aus dem Mund einer Frau: »Kein Mann kann etwas an mir finden.« »Ich will nur meine Ruhe haben.« Die Leitsätze werden als Ausdruck einer unbewußten Problematik gedeutet, die wiederum die Prägung der Seele durch frühere Existenzen widerspiegelt. Folglich setzt die Suggestion an diesen Leitsätzen an. Der Klient muß sich im Liegen entspannen, und der Therapeut leitet ihn an, freie Assoziationen mit den Leitsätzen zu bilden. Dabei entwickelt sich ein Dialog, in dem der Therapeut Fragen stellt und Hinweise gibt.

Die Technik entspricht ziemlich genau der freien Assoziation in der frühen Psychoanalyse, bei der sich Sigmund Freud ebenfalls mit suggestiven Hinweisen zu Wort meldete. Insbesondere werden alle Vorstellungsbilder, die entstehen, durch interessierte Rückmeldungen bekräftigt und durch Fragen nach Details ausgebaut. Das Ergebnis – die Erinnerung an eine frühere Existenz und das intensive Wiedererleben von Szenen daraus – ist das gleiche wie bei hypnotischen Techniken. In der Tat vermutet man als Leser, daß es häufig auch ohne gezielte Induktion zu einer leichten hypnotischen Trance kommt.
Ein besonders eindrucksvolles Beispiel von Netherton und Shiffrin beginnt mit dem Leitsatz: »Kein Mann wird mich lieben.« Ein Teil des Protokolls lautet[60]:

Dr. Netherton: Gut, lassen Sie das Unbewußte jetzt wandern, wohin es mag, wir wollen sehen, wo die Verstärkungen für diese Muster herkommen.
Ann: Ich werde gehängt. Mir sind die Augen verbunden, aber irgendwie kann ich sehen, zumindest... ich weiß, was geschieht... Ich glaube, ich bin geblendet, vielleicht wurde ich früher geblendet... ein Feuer wird gerade angezündet...
Hier ist Ann in ein anderes Leben geraten, ein Leben, in dem sie wieder auf dieselben Muster stoßen wird, obwohl die Umstände andere sind.
Dr. Netherton: Was kommt Ihnen als erstes in den Sinn – ein Wort, ein Gedanke.
Ann: Es ist hoffnungslos.
Dr. Netherton: Denken Sie das, oder sagt es jemand?
Ann: Ich sehe einen jungen Mann, er wollte mich heiraten... er verrät mich. Ich möchte weinen und kann nicht, ich glaube, wenn ich nur weinen könnte, bevor ich sterbe, würde ich mich wohler fühlen... ich kann nicht, ich ersticke... ich ersticke an meinen eigenen Tränen...
Dr. Netherton: Gut, betrachten wir die Szene genauer... Was fühlen Sie?
Ann: Der Strick um meinen Hals tut weh.
Dr. Netherton: Beschreiben Sie ihn –
Ann: Rauh, ich habe nie gewußt, daß die Haut an meinem Hals so empfindlich ist, so zart... Schmerzen in der Brust... Der Strick wird enger... ich höre jetzt viele Schreie...

Dr. Netherton: Die genauen Worte...
Ann: ›Gott wird dich strafen... Gott wird dich strafen... Gott wird dich strafen!‹
Dr. Netherton: Und weiter...
Ann: Sie haben ein Buch, ein Buch über Hexen... Es ist schwarz... sie schauen in das Buch und sagen, daß ich eine Hexe bin...
Dr. Netherton: Gehen Sie weiter...
Ann: Es ist ein Mann da... jener junge Mann, den ich in der Menge sehe... ich sehe ihn undeutlich. Er hat mich geküßt... gesagt, er würde zurückkommen und mich heiraten... Ich erzählte es meiner Mutter, und sie sagte, er würde nie den Mut haben, das zu tun... Er wird die Frau heiraten, die er heiraten soll... Seine Verlobte schickt diese Männer, um mich zu holen, sie sagt, ich bin eine Hexe...
Dr. Netherton: Was geschieht mit diesem Mann und seiner Verlobten?
Ann: Er hat ihr gesagt, daß er mich heiraten will... Sie beschuldigt mich, einen Zaubertrank gebraut zu haben, um ihr seine Liebe zu stehlen. Die Männer glauben ihr, nicht mir... sie bringen mich fort... Wir sind in Deutschland... in der Gegend des Schwarzwalds... *Walden*... das ist das deutsche Wort für *forest*. Ich sehe eine Bucht... Es ist lange bevor die Stadt Hamburg...
Dr. Netherton: Was geschieht jetzt?
Ann: Wir sind bei einem kleinen Schuppen... sie binden mir die Hände auf dem Rücken zusammen... Sie ziehen den Strick enger... sie haben ein Feuer angezündet...
Dr. Netherton: Was fühlen Sie als nächstes?
Ann: Hoffnungslos. Er wird mich nie lieben... Ich werde nie wie eine normale Frau leben können...
Dr. Netherton: Das nächste, das Sie spüren...
Ann: Ich habe Angst. Ich brenne... Ich hoffe, sie brechen mir erst das Genick, damit ich nichts spüre... Ich kann die Hitze fühlen... Ich fange an zu schreien... Ich muß hier raus. Ich kann's nicht aushalten... Das Feuer kriecht überall an mir hoch.
Dr. Netherton: Was fühlen Sie jetzt?
Ann: Nicht sehr viel, nur das Feuer, ich verbrenne... schließlich sterbe ich... ich bin erleichtert...

Das Beispiel zeigt, daß die wiedererlebten Szenen durch Suggestion und Autosuggestion ebenso lebhaft und subjektiv »echt« werden

können wie in einer bewußt erzeugten Hypnose. Allerdings ist in diesem Fall mit Händen zu greifen, daß die Szenen unbewußt durch die Klientin selbst (im Dialog mit dem Therapeuten) produziert werden. Man beachte, daß sie sich eine Hexenverfolgung im Schwarzwald nach der Art der unseligen amerikanischen Tradition des »Judge Lynch« vorstellt, nämlich als eine Volksjustiz aufgrund von dumpfen Vorurteilen. In Wirklichkeit liefen die Hexenverfolgungen der Barockzeit ganz anders ab; es handelte sich um geordnete Verfahren der weltlichen Justiz aufgrund von zwar abergläubischen und unmenschlichen, aber theoretisch ausgearbeiteten Rechtsideen. Niemals hätte die Obrigkeit dieser Zeit eine Selbstjustiz geduldet, wie die Klientin sie bei der angeblichen Rückführung erlebt, und alle historischen Berichte lauten anders. Dagegen läßt sich denken, daß eine Amerikanerin, die von den europäischen Hexenprozessen nichts und von denen der amerikanischen Pionierzeit wenig weiß, sich solche irrigen Vorstellungen macht. Diese Vorstellungen liefern dann das Material an Phantasiebildern, aus denen das imaginierte Erlebnis entsteht.
Wichtig ist zu beachten, daß nicht nur die sogenannten Leitsätze, sondern jeder beliebige Fokus für die Aufmerksamkeit als Ansatz für Suggestion und Selbstsuggestion dienen kann. Eine spiritistisch orientierte Reinkarnationstherapeutin malt zum Beispiel als angebliches Medium (in medialer Trance) ein Bild, das den Klienten in einer früheren Existenz zeigen soll. Dieses Bild wird dann in der beschriebenen Weise Anknüpfungspunkt von Assoziationen, bis sich eine imaginierte Geschichte um das Bild rankt. »Was fällt dir dazu ein? Laß es einfach geschehen. Laß die Bilder fließen. Was siehst du? Was für ein Gefühl hast du? Wie alt bist du auf dem Bild? Wo bist du?« Es ist nicht verwunderlich, daß sich aus den Antworten relativ schnell eine konsistente Vorstellung bildet.
Andere Therapeuten suchen statt nach »Leitsätzen« nach auffälligen, scheinbar unerklärlichen Verhaltensweisen, die als Folge einer früheren seelischen Prägung gedeutet werden könnten. In einem Fall führte die Angewohnheit einer jungen Frau, gern weiche Schals um den Hals zu tragen, schließlich zu einer Rückführung auf ein Schafott der französischen Revolution. Manchmal findet sich der Anknüpfungspunkt noch einfacher: Leberflecken oder Muttermale werden als Spuren von Verwundungen (meist der Todeswunde) aus früheren Existenzen gedeutet, und die freien Assoziationen ranken

sich um das betreffende Merkmal. Wie auch immer das Wechselspiel von Suggestion und Autosuggestion verläuft, das Ergebnis ist für den Klienten verblüffend. Aus seiner Sicht steigt unbewußtes Wissen in ihm auf, das vorher nicht vorhanden war und (so meint er oft) nicht vorhanden gewesen sein kann. Und der Therapeut hat ja anscheinend nichts von dem vorgegeben, was der Klient erlebt. In der Tat suggeriert der Therapeut zwar nicht das Schafott oder die Hexenverbrennung; er suggeriert aber massiv, daß die Leitsätze usw. etwas zu bedeuten hätten, und er suggeriert, daß der Klient diese Bedeutung durch Konzentration finden könne. Dann führt er den Klienten Schritt für Schritt durch einen Lernprozeß, den dieser gar nicht als Lernen wahrnimmt. Der Grund hierfür liegt gerade in der gemeinsamen Überzeugung (die ständig suggestiv verstärkt wird), daß alles im Patienten von selbst und von innen heraus geschieht.

In Wirklichkeit ist die Kommunikation Therapeut-Klient für die Rückführung von überragender Bedeutung, und das Geschehen läßt sich nur von ihr aus verstehen. Der Therapeut belohnt (im Sinn der Lerntheorie) alle Aussagen, die das innere Bild vervollständigen, indem er interessiert nachfragt oder zustimmt. Er gibt die Deutung der gesamten Erfahrung vor und bestimmt die Regeln, nach denen der Dialog verläuft. Und er wirkt wesentlich dabei mit, die Konzentration auf die inneren Bilder aufrechtzuerhalten. Wenn es ein Klient einmal gelernt hat, aus seinen Assoziationen eine komplette Vorstellung zu errichten, kann dieser Prozeß allerdings schneller und mit geringerer Aktivität seitens des Therapeuten verlaufen. Im Extrem kann der Klient sogar allein durch Autosuggestion eine eigene Rückführung erleben, ohne daß er überhaupt hypnotisiert wird. Dann hat sich ein vollständiger, psychologischer Automatismus gebildet.

Nun ist es allgemein bekannt, daß Menschen in hypnotischer Trance auf kleine Anregungen hin fabulieren, um die Anregungen oft überzeugende Geschichten aufbauen und gegebenenfalls sogar vorspielen. Wie sonst wäre es einem Jahrmarktshypnotiseur möglich, seine Opfer als Napoleon, als Kleinkind oder als Kettenhund auftreten zu lassen? Niemand schließt daraus, all diese Menschen seien einmal Napoleon (oder ein Wachhund) gewesen. Weniger bekannt und einsichtig ist, daß ein ähnliches Fabulieren auch ohne Hypnose suggestiv (und autosuggestiv) angeregt werden kann. Um einen solchen

Vorgang zu verstehen, muß man ein wenig in die Vorgänge eindringen, die sich während einer suggestiven Rückführung zwischen Therapeut und Klient abspielen.

Was ist Suggestion?

Netherton und Shiffrin, ebenso wie viele ihrer Kollegen, würden ihre Technik nicht als suggestiv bezeichnen; daher muß diese Kennzeichnung begründet werden: Äußerlich gesehen bedeutet Suggestion kaum mehr, als daß ein Mensch einem anderen ruhig, einprägsam und geduldig etwas sagt. Zum Beispiel versichert ein alternativer Körpertherapeut seinem Klienten, er werde es fühlen, wie die kosmischen Energien in seinem Körper freier fließen können, sobald eine »Blockade« durch Massage aufgelockert wird. Und in der Tat sagen dann viele Klienten von sich aus, daß sie das freie Fließen der Energie wahrnehmen könnten. Auch in diesem Fall können Therapeut und Klient nach und nach einen Vorstellungskomplex aufbauen, der zu weiteren Wahrnehmungen führt, die wiederum die Deutungen bestätigen usw.

Wie kommt aber die erste Wahrnehmung kosmischer Energie zustande? Der Begriff Einbildung trifft zwar zu, erklärt aber nichts. Man muß diese Wahrnehmung als Folge eines Beziehungsgeschehens begreifen, als in der therapeutischen Kommunikation erzeugte und stabilisierte »Einbildung«. Einmal vermittelt der Therapeut eine sachliche Information: Es gibt kosmische Energieströme im Körper, die man fühlen kann, seelische Probleme hängen mit Energieblockaden zusammen usw. Er stellt diese Information aber nicht zur Diskussion, er lehrt sie auch nicht im üblichen Sinn. Vielmehr gestaltet der Therapeut die Kommunikation so, als ob er sich mit dem Klienten in all diesen Punkten fraglos einig wäre, als ob es um unbezweifelbare Realität gehe. Nur dann, wenn die Beziehung so gestaltet wird, wirkt die Suggestion. Würden die kosmischen Energieströme nur andeutungsweise zur Diskussion stehen oder würden sie als Lernstoff behandelt, wäre der Effekt verloren.

Aber wie hält der Therapeut diesen Eindruck fragloser Realität aufrecht? Denn in Wirklichkeit sind die vermittelten Ideen ja nicht selbstverständlich, sie sind ungewöhnlich und höchst fragwürdig. Der Therapeut muß, zumindest zu Anfang, die »kosmischen Ener-

gieströme« allein zur gemeinsamen (sozialen) Wirklichkeit machen, möglicherweise muß er sogar mit Kritikversuchen des Klienten fertigwerden. Dies gelingt ihm, indem er emotional eine dominante Position einnimmt. Er spricht mit Sicherheit und Ruhe, er deutet nicht einmal an, daß die Zustimmung des Klienten nötig sein könnte. In der Ethologie würde man von einem »ranghohen« Verhalten sprechen, das heißt von sozialer Dominanz. Dies bedeutet keineswegs Aggressivität, im Gegenteil. Große Dominanz geht mit Freundlichkeit und Wohlwollen zusammen, Hilfsbereitschaft beim dominanten und große Hilfserwartungen beim submissiven Partner sind durchaus »*in tune*«. Nur derjenige ranghöhere Partner reagiert aggressiv, der seine Dominanz bedroht sieht, und damit wertet er den Partner emotional bereits auf.
Umgekehrt kann der Klient, wenn er die emotionale Dominanz des Therapeuten akzeptiert, aus der Zuwendung seelisches Kapital schlagen. Die Bestätigung, das Lob und das bloße Zusammensein gewinnen an Wert, wenn der Therapeut als »groß und weise« definiert und erfahren wird. Sie gewinnen zumindest an Wert für die seelische Stabilisierung eines unsicheren Menschen, natürlich nicht für die kritische Vernunft oder für das eigene Gewissen. Die seelische Stabilisierung muß aber damit bezahlt werden, daß man das als Wirklichkeit anerkennt, was der dominante Partner vorgibt. Jede Kritik würde zum Konflikt und damit zu Belastungen führen. Kurz gesagt: Der Therapeut muß ein starkes Identifikationsangebot machen, wenn er suggestiv auf den Klienten einwirken will, und der Klient muß das Angebot annehmen.
Die Informationen, die der Therapeut gibt, werden in einer solchen Beziehung nicht mehr partnerschaftlich (zum Beispiel in offenen Diskussionen) behandelt, auch nicht mehr sachlich-distanziert in einem Lehrer-Schüler-Verhältnis (zumindest solange der Klient nicht selbst zum ausdrücklichen Anhänger der Therapieideen geworden ist). Die Zustimmung des Klienten ist nicht Ergebnis einer neu gewonnenen Überzeugung, auch nicht die Bewältigung eines Wissensstoffes, sondern Ausdruck der Zugehörigkeit zum Therapeuten und zu seiner Gruppe, Schule oder Denkweise. Aber wie wird der Therapeut mit kritischen Fragen fertig, wie geht er damit um, wenn der Klient seinen emotionalen Dominanzanspruch durch einen eigenen Anspruch auf Partnerschaftlichkeit beantwortet? Nun, nur ein Teil der Hilfesuchenden ist zu einer so unabhängigen

Haltung fähig. In manchen Fällen scheitert die Therapiebeziehung an den daraus entstehenden Konflikten. Oft kann der Therapeut die Situation aber meistern, solange er geschickt sowohl an seiner dominanten Rolle als auch an dem Angebot freundlichen Wohlwollens festhält. Häufig spielen dabei paradoxe Kommunikationsformen mit, die manche Therapeuten virtuos handhaben.

Zum Beispiel könnte die Klientin mit Vorliebe für Schals dem Therapeuten sagen: »Mir fällt gar nichts dazu ein. Das bedeutet doch nichts.« Dann sagt der Therapeut: »Man kann nichts erzwingen. Die Bilder kommen von selbst, auch die Gefühle. Entspannt bleiben, nichts tun wollen. Es geht von selbst.« Früher oder später wird der Klientin etwas einfallen oder sie wird irgendein Gefühl haben, über das sie sprechen kann. Die Paradoxie liegt darin, daß der Therapeut auf eine solche Reaktion wartet – und die Klientin das genau weiß. Die Situation zwingt die Klientin geradezu dazu, sich um solche Reaktionen zu bemühen. Auf der anderen Seite soll sie sich nicht bemühen; alles soll spontan geschehen. Dadurch hat der Therapeut beide möglichen Kritikpunkte im Griff, die die Klientin anführen kann. Wenn sie vorbringt, daß nichts passiert, ist das in Ordnung – schließlich muß man auf das spontane Auftauchen der Gefühle warten. Wenn sie sagt, es passiere etwas, aber das sei nur künstlich, nur selbst erzeugt, ist auch das in Ordnung. »Das Echte wird schon auftauchen. Mach' nur weiter. Vertraue deinem Unbewußten.«

Ob die Ideen des Therapeuten stimmen, ob seine Methode sinnvoll ist, kann in beiden Fällen nicht diskutiert werden. Dazu müßte die Klientin den Therapeuten regelrecht überfahren. Da sie das nicht kann, macht sie weiter, weniger im Vertrauen auf das Unbewußte als auf Person und Lehre des Therapeuten, und das Ergebnis – subjektiv überzeugende Erfahrungen – stellt sich ein. In der Tat kann sich kaum etwas anderes einstellen, sofern der Therapeut seine Rolle in der Beziehung durchhält. Die Klientin kann seiner paradoxen Beziehungsdefinition nur entsprechen, indem sie sich einerseits um diese Erfahrungen bemüht, andererseits das Bemühen nicht als solches wahrnimmt. Wird der Prozeß weitergetrieben, kommt es, wie gesagt, zu einem Lernprozeß, der als spontanes Aufbrechen des Unbewußten erlebt wird.

Anders sieht es natürlich aus, wenn der Klient selbst zum Anhänger geworden ist. Dann kann es im Extrem zum Fabulieren einer Reinkarnationsgeschichte bei vollem Wachbewußtsein kommen. Mancher Fachmann wird die Menschen kennen, die ihm erklären: »Ich erkannte das Haus sofort wieder, obwohl ich noch nie in der Stadt war. Nach und nach tauchte alles aus meinem Unbewußten auf. Ich habe dort um 1830 als Dienstmädchen gearbeitet...« In diesem Fall wird, wie häufig, ein sogenanntes *déjà-vu*-Erlebnis zum Aufhänger der Reinkarnationsgeschichte. (Daß es für das *déjà-vu*-Erlebnis überzeugende psychologische Erklärungen gibt, sei hier hintangestellt.)

Hypnotische Trance und Reinkarnationsbeweise

Der Unterschied zwischen Suggestion und Hypnose liegt nicht in der Beziehung zwischen Therapeut und Klient. Der Hypnotiseur muß die gleiche Rolle in der Kommunikation einnehmen wie der suggestiv arbeitende Therapeut. Der Unterschied liegt im Vorgehen und (falls eine tiefere Trance erzeugt wird) im schließlichen Zustand des Klienten. Statt der versteckten, suggestiven Einwirkung wird eine regelrechte Trance-Induktion versucht, und der Klient erlebt seine »Rückführung« im (mißverständlich so genannten) hypnotischen Schlaf. Über Theorie und Praxis der Hypnose gibt es eine eigene, riesige Literatur, so daß hier technische Fragen ausgeklammert werden können. Außerdem führen, wie gesagt, auch suggestive Techniken wohl meist in leichte Trance, so daß der Unterschied weniger wichtig wird; für die Frage nach der Echtheit und Beweiskraft der Erlebnisse spielt er gar keine Rolle.

Für das subjektive Erleben des Klienten spielt die Art des Trancezustandes dagegen sehr wohl eine Rolle. Im obigen Beispiel, wenn die Reinkarnations-Erinnerungen im Wachzustand fabuliert werden, behält der Mensch eine gewisse Distanz zu der Erfahrung. Er glaubt an ihre Echtheit, erlebt sich selbst aber nicht völlig in der Welt, die er schildert. Er nimmt die alltägliche Welt weiter wahr und beschreibt die »Erinnerungen« höchstens in der Art vorbeiziehender Bilder. Durch Suggestion oder Autosuggestion kann man sich stärker in die scheinbare Erinnerung versenken, und im hypnotischen Trancezustand erlebt der Klient die Rückführung so, als fände sie tatsächlich in einer realen Umwelt statt. Der Grund liegt in den besonderen Denk- und Wahrnehmungsformen der Trance. Vor allem wird die

Fähigkeit zum kritischen Nachdenken, überhaupt zur kritischen Distanz gegenüber den Wahrnehmungen, in Trance ausgeschaltet. (In der Hypnose trägt dazu bei, daß zur Stimme des Therapeuten durch den »Rapport« keinerlei Distanzierung mehr möglich ist. Was diese Stimme sagt, wird immer als Wirklichkeit erlebt.) Außerdem richtet sich die Aufmerksamkeit völlig auf innere Vorgänge, die Sinnesmeldungen erreichen die bewußte Wahrnehmung nicht mehr. Die phantasierten Wahrnehmungen, seien sie selbst- oder fremdinduziert, werden dadurch zur eigentlichen Wirklichkeit, die weder durch das kritische Denken noch durch äußere Reize korrigiert werden kann.

Es gibt jedoch keinen Grund zu der Annahme, daß in Trance Dinge geschehen, die nicht durch die physiologischen und psychologischen Gesetzmäßigkeiten des menschlichen Gehirns verstehbar sind. Daß es zu Seelenreisen kommt, daß ein »kollektives Unbewußtes« angezapft werden kann oder daß eben frühere Leben zugänglich werden – all dies sind weltanschauliche Deutungen eines auch ohne sie verständlichen Phänomens. Genau diese Behauptung wird von Reinkarnationstherapeuten und anderen Anhängern der Reinkarnationslehre jedoch bestritten. Sie meinen, es käme bei Rückführungen zu Phänomenen, die den Reinkarnationsglauben plausibel machen oder gar beweisen. Meist wird angeführt, es kämen Informationen aus den früheren Leben ans Licht, die sich als richtig herausstellten, die der Klient aber normalerweise nicht hätte besitzen können. Ein Sonderfall dieser Argumentation ist die sogenannte »Xenoglossie«, das Sprechen in fremden Sprachen, die der Rückgeführte im Alltag nicht beherrscht. Wie sieht es mit diesen Beweisen aus?

Einwandfrei dokumentierte Fälle fehlen weitgehend. Zum Beispiel legt Dethlefsen trotz seiner großen Buchproduktion keine überzeugende Dokumentation »unerklärlicher Informationen« vor. Manche der (meist historischen) Details sind verblüffend und möglich, aber nicht nachprüfbar, viele sind unwahrscheinlich und ebenfalls unprüfbar, manche sind sicher falsch. Und die Xenoglossie ist selbst bei wohlwollender Betrachtung ein seltenes Phänomen, die meisten Rückgeführten beherrschen die Sprache ihres Vorlebens definitiv nicht, sofern sie von der heutigen abweicht. Das bedeutet nicht, daß man das Phänomen der Xenoglossie als nichtexistent betrachten muß, aber die Reinkarnationsanhänger sollten sich zumindest um

eine Erklärung dafür bemühen, daß es die extreme Ausnahme bildet.
Den seltenen Fällen verblüffender Fähigkeiten und Informationen steht immerhin die durchgängige Erfahrung gegenüber, daß die Berichte aus früheren Leben platten historischen Klischees folgen und nicht wenige Fehler enthalten. Man denke an das erwähnte Beispiel der Hexen-Lynchjustiz im Schwarzwald! Es spiegelt offenkundig eher die historischen Phantasien einer amerikanischen Fernsehkonsumentin als die tatsächliche Geschichte wider. In einem anderen Fall – und man beachte, daß die publizierten Beispiele die besten sind – gibt ein angebliches aramäisches Beduinenmädchen der Makkabäerzeit das Jahr mit 100 (vermutlich vor Christus) an. Diese Zahl kann das aramäische Mädchen seinerzeit aber unmöglich gewußt oder benutzt haben, und wie hätte umgekehrt das heutige Unbewußte, das die moderne Zeitrechnung eventuell kennt, richtig zurückzählen sollen? Solche Fragen werfen auf den Anspruch, die Reinkarnation durch Rückführungen zu beweisen, zumindest erhebliche Zweifel.
Auch die relativ häufigen Rückführungen in das antike Rom erinnern in den Einzelheiten sehr viel mehr an »Ben Hur« und »Quo vadis« als an seriöse Geschichte. Zu einem Paradebeispiel Dethlefsens wird dies von Werner Thiede auch kritisch angemerkt.[61] Noch lebhafter wird der Eindruck von Geschichtsphantasien, wenn man sich an den beobachteten Rückführungen in ihrer Gesamtheit orientiert und nicht bloß an den ausgewählten Berichten der Reinkarnationstherapeuten selbst. In ihnen wird der Produktcharakter der historischen Bilderwelt noch offensichtlicher.[62]
Der unvoreingenommene Leser und Beobachter muß zu dem Schluß kommen, daß die sogenannten Reinkarnationserinnerungen im ganzen das bunte, populäre Geschichtsbild des Durchschnittsbürgers widerspiegeln. Das muß nicht bedeuten, daß die Berichte keinen Bezug zur seelischen Situation des Klienten hätten und daß die emotionalen Erlebnisse nicht für die Klienten bedeutsam sein können. Häufig dürfte es so sein, daß echte, emotionale Konflikte in der symbolischen Form von Rückerinnerungen ausgedrückt und erlebt werden. Dazu eignen sich gefühlsbetonte Geschichtsklischees möglicherweise sogar besser als Kenntnisse der realen Geschichte. Es ist nicht überraschend, daß sich der Klient in der Beziehung zum Therapeuten eine Vorstellungswelt aufbaut, die mit

seinen Problemen, Motiven und Ideen zu tun hat. Darin mag sogar ein therapeutisches Potential stecken, aber sicherlich kein Beweis für den Reinkarnationsglauben.
Aber wie steht es mit dem unerklärlichen Rest von Informationen, die sich als für den Klienten im Alltag unverfügbar und doch richtig herausstellten? Eine Untersuchung, wie gut solche Fälle dokumentiert sind, erübrigt sich hier. Selbst wenn wir annehmen, es gäbe solche Fälle, ist der Reinkarnationsglaube damit nicht bewiesen. Es wäre lediglich notwendig, auf die Möglichkeit paranormaler Wahrnehmung bei den Klienten zurückzugreifen. Telepathie oder Hellsehen erklären sämtliche Fälle von Rückführungen, die als Beweis für den Reinkarnationsglauben angeführt werden. In jedem Fall wäre es möglich gewesen, daß die Klienten Wissen anderer Personen telepathisch »anzapften«, um zu den unerklärlichen Informationen zu gelangen. Nun mag eine parapsychologische Erklärung manchen Fachleuten ebenfalls als »keine Erklärung« erscheinen. Dieses Problem wäre in einer Diskussion um die Parapsychologie zu behandeln, nicht jedoch in einer Diskussion um den Reinkarnationsglauben. Er wird bereits durch die parapsychologische Alternative zwar nicht widerlegt, aber als unbewiesene Deutung auf seinen Platz verwiesen.

Systematische Studien

Neben den Argumenten für die Reinkarnation, die sich auf unerklärliche Einzelfälle stützen, gibt es auch einige systematische Untersuchungen. Die wohl seriösesten Untersuchungen dieser Art, die in Indien durchgeführt wurden, können nach Ansicht des Autors Ian Stevenson selbst nicht als Beweis für die Wiedergeburt herangezogen werden.[63] Trotzdem werden sie in esoterischen Kreisen häufig als Beweise zitiert, ebenso wie die zahlenmäßig beeindruckende Untersuchung von Helen S. Wambach. Sie führte ihre Testpersonen durch Gruppenhypnose zurück und dokumentierte ihre Angaben, insgesamt in 1088 Fällen.[64] Als Beweis für die Echtheit der Erinnerungen dient ihr nicht so sehr das Unerklärliche der Einzeldarstellungen, sondern die Tatsache, daß die statistischen Gesamtergebnisse aus ihrer Sicht mit der These »Fabulation« schlecht, mit der These »echte Erinnerung« gut übereinstimmen.

Wambachs Schluß ist aber insgesamt nicht überzeugend. Einmal benutzt sie unhaltbare Nullhypothesen, um ihren Schluß zu stützen. So meint sie, wenn es sich um Fabulation handelte, müßten die Rückerinnerungen die Wünsche der Versuchspersonen erfüllen, von positiv bewerteten Lebensumständen handeln usw. Da dies überwiegend nicht der Fall war, meint die Autorin Fabulation verwerfen zu können. In Wirklichkeit ist die Nullhypothese – »Wenn Fabulation, dann Wunschdenken« – ganz unsinnig. Man kann aus der Fachliteratur entnehmen, daß in Hypnose sehr häufig negative emotionale Erfahrungen gemacht werden, innere Konflikte das Geschehen bestimmen usw. Das ist einer der Gründe, warum vor unsachgemäßer Anwendung gewarnt werden muß. Warum sollte bei den fabulierten Erinnerungen an frühere Leben nur die Wunscherfüllung zum Zug kommen? Mit den sonstigen Nullhypothesen steht es kaum besser; auch sie erinnern fatal an den berühmten Pappkameraden, der aufgebaut wird, um ihn abschießen zu können.
Weiterhin geht Wambach mit ihren Daten recht großzügig um. So will sie zeigen können, daß die Rückerinnerungen bis auf wenige Prozent genau den Statistiken über die soziale Klasseneinteilung jeder Epoche entsprachen. Über die Zeiten und geographischen Regionen (gemäß den relativen Bevölkerungszahlen) hätten sie sich ebenfalls erwartungsgemäß verteilt. Das Ergebnis wäre wichtig, denn in diesem Fall hat die Nullhypothese Sinn, daß fabulierte Erinnerungen nicht zufällig über die Zeiten und Regionen und sozialen Klassen der Vergangenheit gestreut sein dürften. Aber kann Wambach wirklich beweisen, daß es entgegen der Nullhypothese so war?
Man muß sich klarmachen, was hier behauptet wird: Arbeiter, Bauern, privilegierte Schichten sollen in dem Verhältnis in früheren Existenzen vorgekommen sein, in dem sie statistisch zu erwarten wären. Nun braucht man einen solchen Anspruch gar nicht historisch und faktisch nachprüfen, er erweist sich schon statistisch als fragwürdig. Zum einen dürfte das historische Wissen über die relativen Anteile von Bevölkerungsklassen selten auf wenige Prozent genau sein. Wer weiß genau, wie viele Bauern im Frankreich des 17. Jahrhundert lebten? Und wie steht es mit den Bauern im Brasilien des 17. Jahrhunderts, die bei einer Zufallsverteilung der Rückerinnerungen über die Erde gleichgewichtig repräsentiert gewesen sein müßten? Daß man die Ergebnisse einigermaßen passend machen kann, verwundert nicht.

Außerdem löst sich selbst die beeindruckende Zahl von 1088 Berichten schnell in Insignifikanz auf, wenn man bedenkt, über wie lange Zeiten und Regionen sie sich verteilt. So müßten auf die Epochen zwischen 100 und 1500 n. Chr. statistisch wegen des späteren Bevölkerungswachstums zehn bis zwanzig Prozent der Berichte entfallen, also etwa 160. Diese Berichte müßten sich wiederum über die ganze Erde verteilen, von China über Indien und Afrika bis Europa, um nur Regionen mit hoher Bevölkerung zu nennen. Auf eine geschichtlich abgrenzbare Region, zum Beispiel auf Europa, entfielen vielleicht 20 oder 30 Berichte, und diese über mehr als ein Jahrtausend verteilt, in dem Staaten, Völker und Kulturen kamen, gingen und untergingen. Wie soll man statistisch überprüfen, ob die dreißig Berichte irgendeiner Erwartung entsprechen, zum Beispiel was die Verteilung sozialer Klassen oder das Bevölkerungswachstum angeht? Außer groben Unwahrscheinlichkeiten, die der gesunde Menschenverstand auch ohne Statistik erkennt (»Alle Männer waren Könige und Prinzen«), passen offenkundig alle möglichen Ergebnisse zu den Erwartungen.
Wissenschaftliche Beweise für den Reinkarnationsglauben gibt es nicht. Zu diesem Ergebnis sind schon viele Autoren gelangt, und es führt kein Weg daran vorbei. Allerdings läßt sich der Reinkarnationsglaube auch nicht wissenschaftlich widerlegen, er ist eine mögliche, wenn auch nicht die plausibelste Erklärung für die Erfahrungen, die bei Rückführungen gemacht werden. Aber ist damit die Reinkarnationstherapie hinfällig? Kann es nicht ohne Beweise zu hilfreichen Therapieprozessen kommen, sogar dann, wenn alle Erinnerungen an frühere Leben unecht wären? In der Tat, so kann es sein. Der Erfolg einer Therapie hängt nicht von der Richtigkeit der Therapietheorie ab, schon deswegen, weil der sogenannte Therapeuteneffekt eine große Rolle spielt. Damit ist, grob gesagt, folgendes gemeint: Jede freundliche Beschäftigung mit einem Problem hilft bereits, und die bloße Beziehung zu einem Helfer hat schon hilfreiche Wirkungen, abhängig von der Persönlichkeit. Aber man darf nicht übersehen, daß das Argument nach beiden Seiten hin gilt: Ein Erfolg beweist nicht, daß die Ideen von Therapeut und Klient richtig waren.
Unabhängig von der Beweisfrage muß die Reinkarnationstherapie jedoch mit Vorsicht betrachtet werden. Ebenso wie die Therapeuten positive Effekte mit ihrem Theoriesystem nicht verstehen kön-

nen, können sie auch negative Effekte weder voraussehen noch verstehen. Die Therapie wird so zu einem Glücksspiel, wie es im alternativen Therapiebereich üblich ist. Man versucht es eben einmal, denn schaden kann es ja nichts. Leider kann es doch schaden, denn die Erfahrungen in Rückführungen sind emotional aufwühlend und oft erschütternd. Sie können innere Konflikte ausdrücken, die tief in die Persönlichkeitsstruktur hineinreichen, und sie können die Persönlichkeit unvorhersehbar verändern. Wer garantiert, daß ein Mensch, gar ein labiler, hilfesuchender Mensch, diese Erfahrungen positiv verarbeiten kann? Beispiele für das Gegenteil gibt es immer wieder. Hilfe ist auf jeden Fall sicherer, wenn auch keineswegs sicher, außerhalb des esoterischen und alternativen Therapiebetriebs zu suchen.

Aber wie steht es mit den Menschen, die weniger Hilfe in seelischer Not als Antwort auf Lebensfragen suchen? Sie müssen sich wohl, wie wir alle, damit abfinden, daß die großen Fragen nach Leben und Tod, nach Sinn und Ziel des Menschen und der Welt keine wissenschaftlichen Antworten haben können. Antworten lassen sich nur in der persönlichen Glaubensentscheidung finden, zumindest in unserer pluralistischen und religiös vielgestaltigen Kultur. Diese Einsicht ist in unserer immer noch wissenschaftsgläubigen Zeit allseits unbeliebt. Weder will der Materialist wahrhaben, daß er nicht »wissenschaftlich« wissen kann, daß sich sein Selbst mit dem Tod in Materie auflöst und auf immer verschwindet. Noch will der Esoteriker wahrhaben, daß er an seine Seelenreisen und Rückführungen zwar glaubt, ihre Realität aber nicht durch »Wissenschaft« begründen kann. Die wissenschaftliche Vernunft trägt weit, aber es ist sowohl ein vernünftiger Reinkarnationsglaube als auch ein vernünftiger Materialismus und ein vernünftiger christlicher Glaube möglich, und zwar auch angesichts der Rückführungserlebnisse. (Daß die meisten publizierten Versionen nicht sehr vernünftig sind, ändert daran nichts.) Es ist immer unvernünftig, die wissenschaftliche Vernunft zur Grundlage eines Glaubens machen zu wollen, den nur die ganze Existenz des Menschen begründen kann.

Harald Wiesendanger

Zeitsprünge in die eigene Zukunft? »Vorausführungen«: ein fragwürdiges Spiel mit der Neugier

»*Re*-Inkarnation?« Hans Endres lächelt, als unser Gespräch darauf kommt.[65] »Worauf es ankommt, ist doch eher ›*Prä*-Inkarnation‹: Menschen müssen auf ihr *zukünftiges* Schicksal vorbereitet werden«, meint der über Achtzigjährige, der seit fünfzig Jahren esoterische Lebenshilfe-Seminare veranstaltet.[66] »Wenn ich den Zug verpaßt habe«, vergleicht er, »dann ist es doch wurscht, ob der nun aus Paris, Hamburg oder Zürich kam. Entscheidend ist, wo ich *hin* muß – und wann ich welchen Zug besteigen muß, der mich dorthin bringt.«

Immer mehr »Rückführer« verbinden neuerdings beides: Sie geleiten rück- und *vor*wärts, bieten neben »Regressionen« auch »*Pro*gressionen« an (von lat. *progredi*: vorwärts-, weitergehen, fortschreiten): »Vorausführungen« in die eigene Zukunft.

10. Januar 1985, in einer Naturheilpraxis in Pirmasens. »Gehe bitte den Zeittunnel nach vorn, in die Zukunft... bis zu deiner nächsten Verkörperung«, weist der Heilpraktiker Werner J. Meinhold, Jahrgang 1944, den hypnotisierten P. an.

Da findet sich der junge Mann im Jahr 2236 nach Christus wieder – auf einer Raumstation im All, die »aussieht wie ein Schlauch und sich dreht wie ein Rad; in der Mitte eine Spindel, außen wie ein großer Schlauch, wo die ganzen Wohn- und Schlafeinheiten sind. In der Mitte ist vor allem die technische Anlage, Energieversorgung und so weiter untergebracht.« Hier arbeite er ab und zu, »aber nicht als Astronaut, sondern eher als Wissenschaftler«: »Ich habe was mit Kybernetik zu tun.« Bewegt beschreibt P. den tiefblauen, klaren Sternenhimmel. Fasziniert »erlebt« er, wie ein Raumschiff auf seiner Basis landet.

»Kannst du deinen Namen sagen?« will Meinhold wissen.

»Atax oder Arax.«

»Weißt du, wie alt du bist?«
»Ich schätze, so 40, 50.«
Woher Atax kommt, weiß er nicht so genau: »Von Amerika.« Es könne allerdings sein, »daß Amerika größer wird, daß von Südamerika gewisse Teile mit dazugehören. Irgendwas mit Brasilien surrt mir da im Kopf herum.«
Sein Äußeres? »Schlanker Typ, vielleicht ein Meter achtzig. Weiße Hautfarbe.«
Nach näheren Einzelheiten aus seinem Leben im 23. Jahrhundert befragt, sieht P. »ein kleines Kind und eine Frau, mit denen ich zusammen bin, wenn ich zu Hause bin.« Die Frau »hat braune Haare, ein leicht asiatischer Touch, und ist nicht ganz so groß wie ich. Das Haar hängt an den Seiten runter, eher ein bißchen schlampig. Das Kind ist noch ziemlich jung, kann grad laufen, es ist ein Mädchen.«
Nun schaut sich Atax in der »recht teuren Wohnung« seiner Familie um. »Der zentrale Raum ist eine Art Achteck und in der Mitte vertieft, schön gemacht außenrum. In der Mitte ist der zentrale Aufenthaltsraum, also der Platz der Familie, wo man spielt oder was anschaut, Monitor.« Die ganze Einrichtung sei »silber und weiß« gehalten. »Der zentrale Raum ist mindestens vier bis fünf Meter hoch, fast eine Kuppel oben, aber nicht im alten Stil... Ein paar Schleusen gehen zu anderen Räumen hin und eine raus auf den Gang... Alles ist ohne Tageslicht.«
»Zwischendurch« sucht Atax in Fernost »die Natur oder einen Freiraum«. Er sieht »ein Stück von einem chinesischen Tempel, ein Pagodendach. Hinten ist ein Wald, kleine, verkrüppelte Bäumchen, vorne ist eine Straße. Es ist irgendwie ganz abgelegen – vielleicht irgendwo in der Gegend von Tibet... Ich glaube, ich strebe da hin, um Weisheit zu finden.«
Seine künftige Verkörperung als »Atax« entdeckte P. im Laufe einer Reinkarnationstherapie, die Werner Meinhold zwischen 1983 und 1986 mit ihm durchführte. Deren Dokumentation, gestützt auf lückenlose Tonbandmitschnitte der vier- bis sechsstündigen Sitzungen, füllt über 400 Buchseiten.[67] Daß P. dabei nicht nur frei phantasierte oder erinnerte Bilder aus einem Science-Fiction-Film abrief, sondern einen visionären Ausblick auf Bevorstehendes tat, erwägt Meinhold allen Ernstes: »Offensichtlich besteht die Möglichkeit zum exakten Erfassen einer Zukunft.«[68] Aus dem Mund eines aner-

kannten Hypnose-Experten wiegt diese Einschätzung schwer; Meinhold präsidiert nicht nur dem Landesverband Rheinland-Pfalz der »Union Deutscher Heilpraktiker« – als Vorsitzender der »Deutschen Gesellschaft für Therapeutische Hypnose und Hypnoseforschung e. V.« hat sich der studierte Maler und Kunsthistoriker, der seit 1968 als Heilpraktiker frei praktiziert, mit einer umfangreichen Vortrags-, Lehr- und Forschungstätigkeit sowie mehreren Buchveröffentlichungen[69] einen Namen gemacht.

Was rückwärts klappt, wird vorwärts schon nicht schiefgehen: Mit dieser Logik werben Reinkarnationstherapeuten wie Meinhold immer häufiger für »*Progressionen*«: »Vorausführungen« auf dem weiteren Lebensweg, zum eigenen Tod, zum astralen Austritt in ein körperloses »Zwischenleben«, ja, zu späteren Inkarnationen. Allein in der Bundesrepublik dürften schon Tausende hoffnungsfroh nach jenem versunkenen Schatz getaucht haben, der dem großen deutschen Aufklärungsphilosophen und Universalgelehrten Wilhelm Leibniz (1646–1716) bereits 1704 schwante: Jeder Mensch kenne »in seinem tiefsten Inneren« seine eigene Zukunft. »Phantastischerweise« könne »man jemanden sogar in seine Zukunft versetzen«, und »nach der Rückkehr erinnert er sich an alles«, verspricht der Reinkarnationstherapeut Helmut Kritzinger, Leiter einer »Esoterischen Akademie« in Darmstadt und Gründer eines »Berufsverbands deutscher Lebensberater«, eine Dienstleistung ohne Aufpreis. Selbst Thorwald Dethlefsen, die charismatische Leitfigur deutscher Wiedergeburtsbewegter, praktizierte sie zeitweilig. Beim Frankfurter Karl Everding, einem studierten Erziehungswissenschaftler und Psychologen, sind solche »Progressionen« fester Bestandteil von »Transformationsseminaren«. Gutbetuchte Indophile ließ er dafür im Januar 1989 sogar nach Bombay einfliegen; für tausend Mark Seminargebühren, plus Unterkunft und Verpflegung »in einem klimatisierten Hotel«, bot er dort »acht intensive Tage voll Nähe, Wärme, Offenheit und Verbundenheit«, in denen »Führungen in die Zukunft« mithelfen sollten, »dein Leben jetzt zu transformieren, Blockaden loszulassen und lebendiger zu sein«. Daheimgebliebenen verkauft der »Lebenshelfer« Kurt Tepperwein, Leiter eines »Instituts für Mental-Training« in Bergisch-Gladbach, für DM 128,- ein »Selbsthilfe-Heimseminar« in Form von fünf Kassetten; neben der Altersregression preist der Heilpraktiker und Hypnotherapeut darauf auch die »Progression« als »keineswegs schwierige Technik«, die »jeder nach einiger Übung sicher anwenden« könne.« (Immerhin leitet Tepperwein den »Internationalen Arbeitskreis für Hypnoseforschung« und ist Präsident der »Akademie für interdisziplinäre Medizin«; seit Jahren bildet er in Sonderseminaren Ärzte und Heilpraktiker in medizinischer Hypnose aus.) »Noch phantastischer« als eine Rückführung sei es, »daß man jemanden sogar in seine Zukunft versetzen kann und er sich nach der Rückkehr an alles erinnert. Wer den Mut hat, kann damit sogar seinen eigenen Tod erleben.«[70]

Die bunten visionären Bilder, die manchmal dabei entstehen, erleben »Vorausgeführte« nicht minder eindrücklich und überzeugend wie vermeintliche Erinnerungen an frühere Leben. Hypnotisch oder imaginativ auf die Zeitreise geschickt, nehmen sie ihre weitere berufliche und private Entwicklung vorweg, sehen Beziehungen sich weiterentwickeln, erleben bevorstehende Glücksfälle und Schicksalsschläge; schließlich liegen sie auf ihrem Sterbebett, nehmen an der eigenen Beerdigung teil; mit dem letzten Atemzug entschweben sie ihrer leiblichen Hülle, reisen astral einem strahlenden Licht von überirdischer Schönheit entgegen, manchmal durch einen Tunnel, an dessen Ende sie von verstorbenen Angehörigen und »geistigen Führern« empfangen werden. Im »Zwischenreich« ziehen sie Lebensbilanz, entscheiden sich für die nächste Wiederverkörperung, wählen ihre künftigen Eltern, fahren in einen Mutterleib, erleben Schwangerschaft und Geburt aus der Embryonalperspektive – und beginnen, meist irgendwann im 21. Jahrhundert, ihre nächste Verkörperung.

»Vorausführer« beweisen damit viel Gespür für die Marktlücke. Auf immerhin vier Millionen wird die Zahl der Bundesdeutschen geschätzt, die in Schicksalsfragen mindestens einmal schon einen der 95000 Wahrsager hierzulande konsultiert haben – in prominenter Gesellschaft von Leuten wie Rita Süßmuth und Hans-Dietrich Genscher, Ernst Albrecht und Karl Carstens. Doch was ihnen da aus Kristallkugeln und Handlinien, Pendelschlägen und Tarotkarten, Horoskopen oder medialen »Kanälen« zu Jenseitigen offenbart wird, bleibt ein Fingerzeig aus zweiter Hand – und damit wohl oder übel Glaubens- und Vertrauenssache. »Progressionen« dagegen machen anscheinend *erlebbar*, was sein wird; sie versprechen authentische, unmittelbare Zukunftsvisionen, oft eindrücklich wie Wahr-

nehmungen und ebenso stark mit Gefühlen besetzt wie diese. Auch Psi-Unbegabte werden damit scheinbar mühelos und zuverlässig zu Propheten in eigener Sache – ein Angebot, das fasziniert. Welch ungeheuerliche Konsequenzen sich ergeben, falls es seriös ist, läßt eine »Versicherung für die nächste Inkarnation« ahnen, die ein amerikanisches Unternehmen seit 1988 offeriert. Kein verspäteter Aprilscherz: Mit besonderen Schadensklauseln und einer Garantiesumme von zehn Millionen Dollar deckt »The Future Life Insurance Co.«, ein Ableger der »Saint Lawrence Agency« in Altamonte Springs (Florida), den Fall ab, daß ein Klient wider Willen in einem Land der Dritten Welt oder nicht mehr als *homo sapiens* wiedergeboren wird.[71] (Läßt sich »progressiv« womöglich absehen, ob sich ein solcher Vertragsabschluß lohnt?)
Akademische Psychologen sind sich durchweg einig: Bei »Vorausführungen« stiften üble Geschäftemacher dazu an, frei zu phantasieren. Selbst das Gros der deutschen Reinkarnationstherapeuten macht spätestens hier nicht mehr mit: Ihren ohnehin ramponierten Ruf restlos zu ruinieren, überlassen sie lieber ihren Kritikern. Zu absurd klingt selbst in ihren Ohren, was dabei gelegentlich zum Vorschein kommt. So meldete der »National Enquirer« 1979 aus den USA[72]: Dem kalifornischen Hypnotiseur Dr. John Kappas sei es gelungen, den einstigen Leinwandstar Bob Cummings »in seine nächste Existenz« im 21. Jahrhundert zu führen. Im fernen China habe sich der Schauspieler wiedergefunden, wo er in Kanton die Laufbahn eines Arztes eingeschlagen habe. Die Durchschnittsgröße seiner künftigen Landsleute liege mittlerweile, im Jahre 2079, bei zwei Metern, die mittlere Lebenserwartung von Männern bei 150 Jahren, von Frauen gar bei 160. »Ich bin ganz fest davon überzeugt, daß Cummings' Antworten ... aus einem Jahrhundert im Morgen kommen«, gibt sich Kappas sicher.
Andere »Progressionen« indes zeichnen recht plausible Zukunftsszenarien: viel klarer und bestimmter als das Orakel von Delphi oder Nostradamus, dabei offenbar nicht einfach als naheliegende Erwartungen abzutun wie jene oft zitierte »Vision«, die George Washington von dem Jahrzehnte später ausbrechenden Bürgerkrieg gehabt haben soll, oder der »Prophezeiung« der Atombombe durch den Präsidentenenkel Henry Adams.[73] Ob ihnen eher zu trauen ist?
Allein auf subjektive Eindrücke, wie intensiv auch immer, ist dabei schwerlich Verlaß. Wenigstens ab und zu müßten sich »Progressio-

nen« im nachhinein *verifizieren* lassen, wie das bei manchen »Rückführungen« in frühere Leben anscheinend möglich war.
Zumindest in einem Fall soll dies bereits gelungen sein. Kurt Tepperwein berichtet über ein 17jähriges Mädchen, das er vor Jahren »in Tiefenhypnose in die Zukunft versetzte, indem ich ihr suggerierte, daß sie immer älter werde und nun 25 Jahre alt sei«.

»Auf meine Frage, wie denn die letzten Jahre verlaufen seien, erzählte sie mir, daß sie mit 18 ihren späteren Mann kennengelernt habe, daß sie mit ihm vier Jahre befreundet gewesen sei, sie sich nach einem Jahr jedoch einmal nach einem Streit von ihm getrennt habe, daß er aber doch der richtige Partner sei. Nach zweieinhalb Jahren habe sie sich dann verlobt und nach vier Jahren geheiratet. Sie nannte seinen Namen und erzählte, daß er das Abitur nachgemacht habe und Ingenieur sei und jetzt bei einer bekannten Firma in der Umgebung arbeite. Vor einem Jahr sei ihr Sohn Jochen geboren worden. In einem Nachbarort hätten sie sich ein Grundstück gekauft. In den letzten Wochen hätten sie nun angefangen zu bauen. Weihnachten wollten sie einziehen.«[74]

Als Tepperwein Jahre später die junge Frau wiedertraf, stellte sich angeblich heraus, »daß alle Vorhersagen bis in jede Einzelheit eingetroffen waren«. Seither steht für den »Vorausführer« unerschütterlich fest: »In der Tiefenhypnose war die junge Frau eindeutig der Präkognition (Vorauswissen) fähig gewesen.«[75]
Weil Tepperwein weder den Verlauf der Progression noch das spätere Gespräch sauber zitiert, ist schwer feststellbar, wie konkret die damaligen Vorhersagen, wie genau die angeblichen Übereinstimmungen mit den Tatsachen wirklich ausfielen. Zudem rechnet er weder damit, daß das hypnotisierte Mädchen einfach in die Zukunft projizierte, was sie über gemeinsame berufliche und private Pläne, Absichten, Vorhaben, Wünsche und deren objektive Wahrscheinlichkeiten wußte; noch erwägt er die Möglichkeit einer *sich selbst erfüllenden Prophezeiung*. Daß er beides hätte in Rechnung stellen müssen, müßte ihm eigentlich spätestens klargeworden sein, als er die junge Frau nun zu ganzen Serien von hypnotischen Präkognitionstests heranzog. Dabei »stellte sich leider bald heraus, daß *keiner* ihrer späteren Zukunftsberichte zutraf«. Was Tepperwein allzugern glauben wollte, erschütterten diese Enttäuschungen freilich nicht: »Durch einen mir bis heute nicht bekannten Umstand«, so

beharrt er bis heute, »hatte ich den Schleier, der vor der Zukunft liegt, lüften können – aber eben nur für einen kurzen Moment.«
Um *Verifikationen* bemühte sich zumindest ansatzweise der allererste »Vorausführer« in der Geschichte der Reinkarnationsforschung, Baron Albert de Rochas (1837–1914) – mit unterschiedlichem Erfolg.[76,77,78]
Kurz nach Ende des Ersten Weltkrieges »sah« bei dem französischen Hypnotiseur Robert Carre eine »vorausgeführte« Versuchsperson in Trance, wie sie zwei Tage später in einem bestimmten Buchladen ein Buch kaufte; sie nannte Namen, Adresse, Titel. Nach dem Erwachen, so Carre, habe dem Betreffenden jegliche Erinnerung daran gefehlt. Am Abend des übernächsten Tages machte sich Carre auf den Weg in das angegebene Geschäft – und erfuhr von der Verkäuferin, das genannte Buch habe sie soeben an jemanden verkauft, auf den Carres Beschreibung genau zutraf.[79]
Daß dieser Fall leider erst über sechzig Jahre später publiziert wurde, macht es schier unmöglich, ihn zu recherchieren. Davon abgesehen weiß auch Carre nicht mit Sicherheit, wie tief die Trance des Betreffenden wirklich reichte; womöglich wurden unbewußt doch Erinnerungen an die hypnotische Voraussage in den Wachzustand hinübergenommen – und die vermeintliche »Präkognition« dadurch zu einer Prophezeiung, die sich selbst erfüllt, indem sie zu geeignetem Verhalten veranlaßt – wie in dem bereits erwähnten Fall der 18jährigen, die Kurt Tepperwein vermeintlich in ihre eigene Zukunft führte.
Die meisten »Vorausführungen« fallen ohnehin zu vage, verschwommen und mehrdeutig aus, als daß sie verifizierbar wären. Zudem werden die dabei vorausgeschauten Ereignisse, wenn überhaupt, oft erst auf Jahrzehnte, Jahrhunderte später terminiert. Entsprechend fern liegen die Aussichten, auch nur halbwegs brauchbare Evidenzen zu finden. Was bleibt also anderes übrig, als geduldig abzuwarten, was die Zukunft bringt?
Ehe Langzeitprognosen eintreffen – oder auch nicht –, läßt sich immerhin schon diskutieren, ob es überhaupt *rational* ist, ihnen zu vertrauen. Gibt es die geringsten Anhaltspunkte dafür, daß Menschen zumindest zeitweilig imstande sind, die Zeitschranke zu durchbrechen? Diese Diskussion müßte mehrere Aspekte auseinanderhalten: Sind (1) *künftige Inkarnationen* eines Menschen oder zumindest (2) der *weitere Verlauf seines jetzigen Lebens* voraussehbar?

(3) Selbst wenn: Ist *er persönlich* imstande, einen Vorausblick darauf zu werfen – also *Selbst*prognosen vorzunehmen? All dies setzt wiederum voraus (4), daß so etwas wie »*Präkognition*« überhaupt möglich ist (von lat. *prae*: voraus, und *cognoscere*: wissen, erfahren): ein unmittelbares, intuitives Wissen um künftige Ereignisse – unter Ausschluß aller bekannten Formen der Sinneswahrnehmung wie auch des rationalen, schlußfolgernden Denkens auf der Grundlage schon verfügbarer Informationen. Mehr noch (5): »Präkognitionen« müssen unter den besonderen Bedingungen, für den Personenkreis, zu den Erkenntniszielen und -zwecken möglich sein, auf die »Vorausführer« ihr Angebot zuschneiden.

Präkognition: unmöglich?

Lohnt es sich überhaupt, sich mit Gerüchten über angeblich »gelungene« Vorausführungen näher zu befassen? Lassen sie sich nicht *a priori* als Humbug abtun: ihrer *logischen* oder *physikalischen Unmöglichkeit* wegen? Unter den zahlreichen Argumenten dafür, die Philosophen und Naturwissenschaftler seit eh und je geltend machen, greife ich bloß die gängigsten heraus.

1. Käme »Präkognition« vor, so würde dies anscheinend voraussetzen, daß Ereignisse, die erst in Zukunft eintreten, von dort gleichsam schon »rückwärts« in die Vergangenheit hineinwirken, auf Psyche (oder Gehirn) des Hellsichtigen, und dadurch die präkognitive Aussage hervorbringen. Dies widerspricht dem *Wesen der Zeit*: Denn sie verläuft, unumkehrbar, linear aus der Vergangenheit zur Gegenwart in Richtung der Zukunft.
2. Ebenso unvereinbar scheint Präkognition mit dem *Wesen der Kausalität*. Diese schließt ein, daß Ursachen ihren Wirkungen zeitlich *vorangehen* – während eine Zukunftsschau ihrem Auslöser, dem künftigen Ereignis, *nachfolgen* würde.
3. Was künftig erst sein wird, *ist* noch nicht zu dem Zeitpunkt, in dem es »vorausgesehen« wird. Wie kann ein *Nichts* etwas bewirken?
4. Kausalbeziehungen schließen wesentlich einen *instrumentellen* Aspekt ein: Wirkungen lassen sich *beeinflussen* (beschleunigen, hinauszögern, abschwächen, verstärken, oder sonstwie modifizieren), indem ihre Ursachen verändert werden. Ursachen glei-

chen insofern »Hebeln«, die wir umlegen können, um bestimmte Weichen zu stellen.[80] Die Möglichkeit von »Präkognition« scheint vorauszusetzen, daß solche Manipulationen ausnahmsweise auch in Gegenrichtung zum Zeitpfeil denkbar sind – mit paradoxen Folgen: Dann »kann ich mich ja vielleicht auf etwas konzentrieren, meine ›psychokinetischen Fähigkeiten‹ anstrengen und einen zufälligen Vorgang – wie meine eigene Entstehung – rückwirkend ungeschehen machen«, gibt der Freiburger Physiker und Parapsychologe Walter von Lucadou zu bedenken. »Wenn ich dabei Erfolg hätte, müßte ich mich wie in einem Science-Fiction-Film plötzlich in Nichts auflösen.«[81]

5. Alle bekannten Kausalbeziehungen erfordern *Medien*, die zwischen den beteiligten Ereignissen und Vorgängen physikalisch vermitteln: Ein Knall braucht Schallwellen, um mein Ohr zu erreichen; Farbe und Form eines Gegenstandes sähe ich nicht, wenn nicht Lichtwellen bestimmter Frequenzen auf mein Auge träfen, die dieser Gegenstand aussendet oder reflektiert; den Stich in meinem Zeh registrieren die Schmerzzentren meines Gehirns erst über eine elektrochemische Impulsleitung entlang von Nervenzellen. Doch über welches Medium sollte Zukünftiges ins Hier und Jetzt hineinragen können? (Auf einen weiteren Einwand – Zukunftswissen wäre mit Freiheit und Eigenverantwortung unvereinbar – werde ich gleich noch näher eingehen.)

So gewichtig derartige Bedenken anmuten – wir sollten, im Geist eines wissenschaftlichen Empirismus, unser Urteil über sie *suspendieren*, bis wir die Evidenzen geprüft haben, die ihnen zuwiderzulaufen scheinen. Wie uns die Geschichte des wissenschaftlichen Erkenntnisfortschritts lehrt, ist dogmatischer *Apriorismus*, der Vernunft entscheiden läßt, was Gegenstand von Erfahrung sein *kann*, immer schon ein schlechter Lehrmeister gewesen. Auf der Hut sein sollten wir insbesondere vor Urteilen, für die eine »logische«, zeitlose »Notwendigkeit« beansprucht wird, weil sie angeblich das »Wesen« von diesem und jenem erfassen. Ein solches »Wesen« kennen wir nur von den *Begriffen* her, in denen wir über es denken und sprechen. Hinter Wesenseinsichten, die Präkognition auszuschließen scheinen, stecken *analytische* Urteile – abgeleitet aus definitorischen Eigenschaften unserer gegenwärtigen Begriffe der Kausalität, der Zeit, des Wissens. Doch die altehrwürdige erkenntnistheoretische Unterscheidung zwischen »analytischen« und »synthetischen«

Urteilen ist künstlich: Begriffe *ändern* sich, sobald sich hinreichend viele grundlegende *Überzeugungen* über die Welt ändern, die wir in diesen Begriffen abbilden.[82] Hinweise darauf, *daß* Präkognition möglich ist, könnten einen derart tiefgreifenden Überzeugungswandel anstoßen; sie werden uns »dazu veranlassen, unsere heutigen Vorstellungen von der Natur und Struktur der Zeit zu überprüfen«, erwartet der Parapsychologe Milan Ryzl – wie ja sogar die Revision des grundlegenden logischen Satzes vom ausgeschlossenen Dritten in Erwägung gezogen wurde, um den neuentdeckten Phänomenen der Quantenmechanik gerecht zu werden. »Und wenn dies geschieht«, sagt Ryzl voraus, »wird auch unser Verständnis der Kausalität überprüft und gewandelt werden.«[83]

Ein dogmatischer Rationalismus behindert diesen Lernprozeß bloß. *Wenn* uns einzelne Fälle von mutmaßlichen »Präkognitionen« überzeugen, so würde uns dies eher umgekehrt den Verdacht nahelegen, daß mit den eingangs vorgetragenen Argumenten samt und sonders etwas nicht stimmen kann:

- Entweder sind sie *kurz*schlüssig. (Womöglich brauchen wir, beispielsweise, gar keine »Rückwärtsverursachung« anzunehmen, um zu erklären, wie Präkognition möglich ist).
- Oder sie beruhen auf falschen Voraussetzungen. (Vielleicht bestehen Präkognitionen ja gar nicht in kognitiven Beziehungen zu *Zukünftigem*, sondern zu *Gegenwärtigem* – dann etwa, wenn sie sich als Sonderfälle von Hellsehen oder Telepathie erweisen.[84] Vielleicht auch handelt es sich um überhaupt keine *kognitive*, sondern eine *pragmatische* Beziehung: Künftiges wird psychokinetisch *herbeigeführt*.[85])
- Oder mit den Argumenten muß zwar nicht logisch, aber *semantisch* etwas faul sein: Sie werden in unangemessenen, überholungsbedürftigen *Begriffen* vorgetragen. »Kann die Zeit gegen ihren eigenen Strom schwimmen?«, so etwa wird gefragt. Doch vielleicht ist das Modell des »Flusses« der Zeit unangemessen? Hält uns ein Bild gefangen?

Präkognition: die besten empirischen Hinweise darauf

Was gälte als Evidenz für »Präkognition«? Daß eine Voraussage mit einem später eintretenden Ereignis übereinstimmt, reicht aus mehreren Gründen nicht hin:

- Die Koinzidenz könnte rein zufällig zustande gekommen sein. (Wer hinreichend viele Prophezeiungen macht und dann lange genug abwartet, kann allein schon nach den statistischen Gesetzen der Wahrscheinlichkeit damit rechnen, daß sich irgendeine irgendwann erfüllen wird.)
- Die Prophezeiung könnte »sich selbst erfüllen« – dann etwa, wenn sie Erwartungen, Befürchtungen und Wünschen entspringt, die den Betreffenden entsprechend handeln lassen.
- Die Übereinstimmungen könnten so spärlich oder ungenau ausfallen, daß der Spielraum für Interpretationen zu groß wird.

Häufig sind Präkognitionen aber nachweislich frei von diesen Einschränkungen. Belege dafür stammen aus Untersuchungen spontaner Voraussagen,[86,87,88,89,90,91,92] aus systematischen Beobachtungen über längere Zeiträume,[93,94,95] aus Labor-[96,97,98,99,100] und Feldexperimenten.[101,102]

Daß paranormales Zukunftswissen auch im Verlauf von »Vorausführungen« zum Vorschein kommen *kann*, ist deshalb zumindest *nicht von vornherein auszuschließen.*

Aber ist es auch *wahrscheinlich* – ja *sicher*, wie etliche »Vorausführer« ihrer Kundschaft weismachen wollen? Können wir vernünftigerweise damit rechnen, gegen Entgelt an der Hand eines Therapeuten die Zeitschranke zu durchbrechen? Was spricht für eine solche Erwartung?

1. Jahrtausendelang galt Prophetie als göttliche Gnade weniger »Auserwählter«. Wie jüngste Untersuchungen dagegen übereinstimmend bestätigen, scheinen außersinnliche Fähigkeiten, darunter auch paranormales Zukunftswissen, in allen Bevölkerungsgruppen verbreitet. Louisa Rhine[103] (1954) sowie die deutschen Parapsychologen Sannwald[104] (1959/60) und Hanefeld[105] (1970) sammelten und analysierten zusammengerechnet fast 6000 entsprechende Berichte. Aufmerksame Psychotherapeuten wie der Schweizer Medard Boss begegnen präkognitiven Erlebnissen, vor allem im Traum, bei ihren Patienten laufend.[106] Grundsätzlich scheint *niemand* zu blind dafür,

sich von »Vorausführern« ein Fenster zum Morgen aufstoßen zu lassen.

2. Herabgesetzte Bewußtseinstätigkeit – insbesondere Hypnose, tiefe Entspannung und Meditation, wie sie in Reinkarnationstherapien induziert werden – scheint der ASW überaus förderlich.[107] Zwar schneiden Hypnotisierte in kognitiven Leistungstests alles in allem nicht besser ab als wach Befragte – oder mit einer höheren Zahl von Treffern steigt zugleich die Fehlerquote.[108] Zumindest wirken sich Trance und andere veränderte Bewußtseinszustände aber auf *indirektem* Wege günstig aus:[109] Sie machen ruhig und gelassen; ziehen die Aufmerksamkeit ab von Ablenkungen durch die Außenwelt und dem unablässigen Strom der Gedanken; lenken den Blick ganz nach innen; schalten dabei die selbstkritische Instanz des Bewußtseins weitgehend aus; heben Stimmung und Zuversicht; stärken das Selbstvertrauen; machen Mut, auch auf flüchtige Eingebungen zu achten und sie zu äußern – allesamt Bedingungen, die erwiesenermaßen kognitive Leistungen aller Art anregen, einschließlich paranormaler.

3. Nichts ist Psi hinderlicher als eine *negative Einstellung* ihm gegenüber. Eben diese wird, sofern vorhanden, im Rahmen einer Reinkarnationstherapie abgebaut. Daß sie Präkognitionen auslöst, wird dadurch wahrscheinlicher.
Parapsychologen sprechen hierbei von einem »Sheep/Goat-Effekt«: Versuchspersonen, die bezüglich des Ausgangs von Psi-Tests *negativ* voreingenommen sind (*goats*, die widerspenstigen »Ziegen«), erzielen durchweg schlechtere Ergebnisse als positiv Eingestellte (*sheeps*, die gutwilligen »Schafe«).[110] Häufig blockiert sie eine unbewußte Angst vor dem Unheimlichen. Sie sind schlicht zu »zugemauert«, um gute Sensitive zu sein – zumal inmitten einer Kultur, die tabuisiert, was sie erleben könnten.

Wie weitgehend diese Abwehrhaltung gegenüber Übersinnlichem paranormale Leistungen beeinträchtigen kann, bestätigte kürzlich erst der isländische Parapsychologe Erlendur Haraldsson in Präkognitionstests an der Universität von Reykjavik.[111] 158 Freiwillige setzte er vor einen Computerbildschirm, auf dem vier leere Fenster zu sehen waren. Von einem Zufallsgenerator ausgewählt, erschien

kurz darauf in irgendeinem dieser Fenster ein farbiges Bild; die Versuchspersonen sollten jeweils voraussagen, in welchem. Manche schnitten dabei auffallend *schlechter* ab, als nach den Gesetzen des Zufalls zu erwarten gewesen wäre. (Parapsychologen sprechen hier von *Psi-missing*, psi-bedingten Fehlern: Eine paranormale Begabung fehlt nicht etwa – es wird auf paranormale Weise verhindert, daß sie sich manifestiert.)[112] Andere erzielten ebenso konstant höhere Trefferquoten; bei den Besten lag die Wahrscheinlichkeit, durch bloßes Raten richtig zu liegen, bei 2 zu einer Million. Beide Gruppen testete Haraldsson daraufhin auf »Abwehrmechanismen«: Wie sind sie zu Übersinnlichem eingestellt? Halten sie es überhaupt für möglich? Würde es ihnen Furcht einflößen, wenn es einträte? Trauen sie sich selbst übersinnliche Fähigkeiten zu? Würden sie dies eher als Geschenk oder als Last betrachten? Wären sie stolz darauf? Würde ihre Umwelt sie dafür bewundern – oder verteufeln, wozu sie imstande sind? Meinen sie, daß solche Fähigkeiten ihnen und anderen eher nutzen oder schaden könnten?
Als Haraldsson die Antworten auswertete, stieß er auf einen deutlichen Zusammenhang: Je stärker die »Abwehr«, desto niedriger die Trefferrate. Mit diesem Effekt muß rechnen, wer »Vorausführungen« fair beurteilen will. Die meisten »Reinkarnationstherapeuten« verstehen sich meisterhaft darauf, störrische »Ziegen« in »Schafe« zu verwandeln. Ohnehin werden sich von vornherein fast nur »Schafe« auf Rück- und Vorausführungen einlassen; entsprechend wächst die Wahrscheinlichkeit, daß unter ihnen im Verlauf von »Progressionen« tatsächlich paranormale Informationen zum Vorschein kommen.
Wenn ich trotzdem Bedenken habe, so aus acht Gründen:

1. Ihre präkognitive Begabung wirklich *entwickelt* haben nur *wenige* weit genug, als daß sie Trefferquoten deutlich über der Zufallswahrscheinlichkeit erwarten könnten. Buchtitel wie »Jeder hat das dritte Auge« wecken da völlig überzogene Erwartungen. Zwar glauben rund dreißig Prozent der Bundesdeutschen, »daß es Möglichkeiten gibt, die Zukunft vorauszusagen«;[113] doch wie viele von ihnen haben Derartiges tatsächlich schon zustandegebracht? Vermutlich mehr, als Psi-Skeptiker wahrhaben wollen – aber erheblich weniger, als »Vorausführern« recht sein kann.
Wie verbreitet präkognitive Erlebnisse in der Bevölkerung tatsäch-

lich sind, läßt sich anhand der wenigen vorliegenden Untersuchungen an hinreichend großen Stichproben allerdings schwer abschätzen; dazu weichen die ermittelten Werte zu sehr voneinander ab; zudem war ihre Fragestellung zu unspezifisch. So verteilte der niederländische Parapsychologe Jan Kappers Anfang der sechziger Jahre 8000 Fragebögen über spontane Psi-Erlebnisse an Einwohner von Amsterdam; erfassen wollte er dabei neben Präkognition auch alle anderen Formen außersinnlicher Wahrnehmung sowie Psychokinese. Von 1329, die er ausgefüllt zurückbekam, enthielten 408 Angaben über derartige Erfahrungen. Nach sorgfältiger Auswertung schätzt Kappers, daß ein bis zwei Prozent der Bevölkerung wenigstens einmal in ihrem Leben Paranormales erleben.[114] Einen ähnlichen Fragebogen schickte Palmer per Post 1000 zufällig ausgewählten Einwohnern einer Gemeinde zu. Unter den 622 Rücksendern berichteten immerhin 40 Prozent über ein ASW-Erlebnis im Traum oder im Wachzustand.[115] Wie hoch der Anteil von Selbsttäuschungen, Mißverständnissen oder Wichtigtuerei war, bleibt dabei kaum feststellbar.
Mit Vorsicht zu genießen sind auch Statistiken über bemerkenswert hohe Trefferquoten bei Psi-Tests mit repräsentativen Stichproben. Wie der Parapsychologe Brian Millar vermutet,[116] werden die meisten »signifikanten« Psi-Ergebnisse von einer kleinen Elite produziert, die entweder als besonders begabte Versuchspersonen oder Versuchsleiter für die Resultate verantwortlich sind – und die Gesamtbilanz verfälschen.

2. Auch wenn sich Psi-Begabungen nicht in Leistungen manifestieren, mögen sie *latent* vorhanden sein und sich schulen lassen. Doch entsprechende ASW-Trainingsprogramme sucht man in den vollmundigen Angeboten von Reinkarnationstherapeuten vergeblich. Welchen Aufwand sie dafür treiben müßten, läßt die parapychologische Fachliteratur ahnen.[117]

3. Selbst bei den wenigen ausgeprägten Psi-Könnern kommen Präkognitionen *selten* vor, schwanken in ihrer Qualität erheblich. (In über 200 Sitzungen mit 15 der bekanntesten Hellsehern der Niederlande fand Sybo Schouten von der Reijks-Universität Utrecht gerade einen Anteil von *einem* Prozent vermutlich *psi*-bedingter Treffer;[118] darin eingerechnet sind *sämtliche* Äußerungsformen außer-

sinnlicher Wahrnehmung, nicht nur Zukunftsschauen.) Wenn überhaupt, tritt Vorauswissen meist spontan auf – und gerade nicht so termingerecht, wie es verabredete Sitzungen zu »Progressionen« erfordern würden.

4. Präkognitionen beziehen sich fast immer auf zeitlich *unmittelbar bevorstehende* Ereignisse. Den erwähnten Traumprotokollen von Nancy Sondow zufolge trat von 123 vorausgesehenen Ereignissen fast die Hälfte, 51, innerhalb der nächsten 24 Stunden ein; 17 am zweiten Tag; 12 am dritten. Mit wenigen Ausnahmen galt: Je weiter ein Ereignis in der Zukunft liegt, desto seltener kündigt es sich in Wahrträumen an.[119] Auf denselben »Fall-off«-Effekt stießen auch andere Forscher.[120]

5. Ganz selten betreffen die Präkognitionen wirklich wichtige, *bedeutsame* Lebensereignisse, auf die es Progressionswilligen doch gerade ankommt. Meist ist das Vorausgesehene alltäglich, geradezu banal: so etwa die Schlagzeile der morgigen Ausgabe der Tageszeitung, eine Einladung ins Kino, ein Musikstück aus dem Radio, ein Gesprächsthema auf einer Party.[121] Unter mehreren hundert Zukunftsträumen fand J. Priestley 1964 kaum einen, der mit den hauptsächlichen Interessen, Bedürfnissen, Sorgen und Anliegen der Betreffenden zu tun hatte; die meisten nahmen Banales vorweg.[122] Wieso? Wenn für uns persönlich viel auf dem Spiel steht, »ist unser Handlungsspielraum gewöhnlich groß genug, um zu wählen und aktiv zu gestalten, was aus uns wird«, erklärt Nancy Sondow.[123] Dadurch ist diese Zukunft offener, weniger festgelegt – und entsprechend schwer vorwegzunehmen.

6. Kaum je wird ein künftiges Ereignis *vollständig*, in allen Einzelheiten, vorausgesehen; die Eindrücke bleiben meist *fragmentarisch*, bruchstückhaft.[124, 125]

7. Viele Präkognitionen sind allegorisch *verschlüsselt*. Dieselben psychischen Mechanismen, die schon Freud in der Traumarbeit am Werk fand, scheinen auch hier mitzuspielen: *Symbolisierungen, Verschiebungen, Verdichtungen*. Dadurch entstehen »Übersetzungsprobleme«: *Was für ein* Ereignis kündigt sich an? Oft erschließt sich der eigentliche Sinn erst im nachhinein, im Licht des

bereits eingetretenen Ereignisses. Bis dahin bleibt kein Interpretationsversuch frei von Willkür.[126]

8. *Phänomenologisch*, von ihrer subjektiven Erscheinung her, unterscheiden sich Präkognitionen kaum je von lebhaften Erinnerungen und Vorstellungen, telepathischen oder hellsichtigen ASW-Eindrücken. Gewöhnlich sind sie weder lebendiger, eindrucksvoller, ergreifender; noch bleiben sie länger im Gedächtnis haften; noch wiederholen sie sich häufiger; noch begleiten sie typische »Vorgefühle« oder ein »Evidenzbewußtsein«; noch müssen sie stärkere Mitteilungsbedürfnisse und Handlungsimpulse wecken als eine Angst- oder Wunschvorstellung. So ist es schlichter Humbug, wenn Deutschlands meistgelesenes Boulevardblatt einen englischen Psychologen mit der kühnen Behauptung zitiert: Einen Wahrtraum erkenne man daran, »daß man sich nach dem Aufwachen an alles genau erinnert und sich zum Handeln gezwungen fühlt«. Selbst wenn es unverwechselbare »Psi-Gefühle« gäbe – auch diese könnten bisweilen trügen. Ob ein Eindruck »präkognitiv« war,[127] zeigt sich meist erst *nach Eintritt* des Ereignisses, auf das er bezogen war. Das macht es schier unmöglich, den Ergebnissen einer »Vorausführung« im voraus zu trauen.
Kurzum: Soweit angebliche »Vorausführungen« überhaupt ein hellseherisches Potential freisetzen, bleiben die Visionen fast immer bruchstückhaft, bezogen auf mehr oder minder belanglose Alltäglichkeiten der kommenden Woche – und mit Vorstellungen, Phantasien, Erinnerungen, Ängsten und Wünschen unentwirrbar verwoben. Gerade jene schicksalsschweren Ereignisse, um die es Progressionswilligen geht, liegen nahezu ausnahmslos außerhalb ihrer Reichweite. Ein Reinkarnationstherapeut, der mehr verspricht, lügt – oder er kennt den Forschungsstand zu wenig, um zu wissen, wovon er spricht.
Wen es trotzdem reizt, eine »Progression« mitzumachen, sollte unbedingt darauf bestehen, daß sein Therapeut ihm wenigstens *einige* Vorausschauen entlockt, an denen er in allernächster Zeit ohne größere Umstände *verifizieren* kann, was an präkognitiven Fähigkeiten in ihm steckt. Falls er wirklich seiner eigenen Beerdigung am 13. März 2011 beiwohnen kann, sollte er eigentlich mühelos naheliegendere Ereignisse wie dasjenige »sehen« können, mit welcher Schlagzeile seine Hauszeitung am kommenden Samstag aufmacht.

In den drei Jahren, in denen sich der junge P. dem Heilpraktiker Werner Meinhold anvertraute, geschah nichts dergleichen. So ist P.s Herz zwar bis heute »voll von dem, was ich auf meiner Reise gesehen«:[128] so etwa von »unheimlich vielen Panzern«, die 1993 »in unheimlich schnellem Tempo« über die Norddeutsche Tiefebene rollen;[129] und vom Weltuntergang im Jahre 3750 nach Christus.[130] (»Die Erde bricht auseinander. Es ist wie eine riesige Explosion... Die Atmosphäre löst sich auf... Der Staub des Todes bedeckt die ganze Erde... Vorher ist alles gestorben... Das sieht mehr aus wie der Mond...«) Doch ob P.s Kopf dem Herzen folgt?

»Vorausschau« auf den weiteren Verlauf des jetzigen Lebens?

Sind Fehlschläge bei »Vorausführungen« vermeidbar – mit »offeneren« Klienten, mit fähigeren Vorausführern, mit wirksameren Progressionshilfen? Oder entstehen *grundsätzliche* Probleme, wenn es um Ausblicke auf das *eigene* künftige Schicksal geht? *Kann* ich überhaupt vorwegnehmen, was *mich selbst* betrifft?

Gesetzt der Fall, während einer Vorausführung »sehe« ich: Ab Frühjahr 1994 werde ich bei einem Unternehmen in München arbeiten, wo ich meine zweite Frau kennenlernen werde. Nach einem glücklichen Urlaub in der Karibik werde ich sie im Januar 1995 heiraten – und zwei Jahre später geschieden, nach einer Abtreibung, mit der ich nicht einverstanden bin. Deprimiert ziehe ich mich an einen See in Oberbayern zurück. Bei einem Badeausflug ertrinkt mein Vater; mit gebrochenem Herzen folgt ihm meine Mutter Monate später in den Tod. 1998 sehe ich mich in einen schweren Verkehrsunfall verwickelt. Von da ab bin ich an den Rollstuhl gefesselt – und nehme mir an Silvester 1999 verzweifelt das Leben. Während mein Körper stirbt, löse ich mich, steige empor, betrachte ihn ein letztes Mal aus der Vogelperspektive – und entschwebe, einem strahlenden Licht entgegen, hinter dem ich mich auf meine nächste Inkarnation vorbereiten werde.

Was fange ich mit derartigen Visionen an? Als erstes werde ich wissen wollen: Steht es in meiner Macht, das Vorausgeschaute zu *beeinflussen*? Kann ich noch *verhindern* oder meiden, was ich an Unangenehmem, ja, Schrecklichem auf mich zukommen sehe? Kann ich andererseits durch festen Glauben und beharrliche Anstrengung allererst *herbeiführen* oder zumindest begünstigen, was mir an Schönem bevorsteht?

In jedem Fall verstrickt mich mein Vertrauen, die »Progression« sei echt, in ein *»Interventionsparadox«* (von lat. *intervenire*: dazwischentreten, eingreifen, stören): Wenn wir präkognizieren könnten, was aus uns wird, so könnten wir das Vorausgesagte ja einfach verhindern, indem wir *intervenieren*, eingreifen – dann aber wäre es keine Präkognition mehr. Ansonsten wäre die Prognose vielleicht eingetroffen, wenn wir nicht Kenntnis von ihr gehabt hätten; doch sobald wir um sie wissen, können wir sie auch vereiteln. (Man spricht hier von *»self-destroying prophecies«*: Prophezeiungen, die sich selbst »zerstören«, zunichte machen.)

Umgekehrt können wir jede bloße Erwartung – eine dumpfe Vorahnung vielleicht, eine Angst- oder Wunschvorstellung – im nachhinein zu einer scheinbar echten »Präkognition« *machen*: indem wir Bedingungen herstellen, unter denen sie sich bewahrheitet – oder indem wir es unterlassen, solche Bedingungen zu ändern oder zu meiden. So wird daraus eine *»self-fulfilling prophecy«*: eine Prophezeiung, die sich selbst erfüllt. Mindestens einem solchen Fall könnte der englische Psychologe David Ryback von der Universität London begegnet sein, als er 430 Erwachsene nach Wahrträumen befragte:[131]

Als die 39jährige Muriel Hazelton ihren Gatten unangemeldet im Büro besuchte, erschrak sie: Der attraktiven Vorzimmerdame war sie noch nie begegnet – aber »ich kannte sie trotzdem – ihre Kleider, Schmuck, ihr Parfum. Ich *wußte* sofort, diese Frau wird meine Ehe zerstören! Ich kannte sie, weil ich dutzendmal von ihr geträumt hatte.« Ein halbes Jahr später erfüllte sich Muriels Traum. Ein klarer Fall von Wahrtraum? Womöglich waren es Muriels Eifersucht, Erwartungsangst, Erfüllungszwang und eine Fehlidentifikation, wie ihnen auch Verbrechensopfer bei Gegenüberstellungen mit Tatverdächtigen häufig erliegen, die das Drama beschleunigten – oder allererst herbeiführten?

In beiden Fällen kann von einer »Präkognition« genaugenommen keine Rede sein: Denn eine »vereitelte Präkognition« klingt nach »rundem Quadrat«, nach »verheiratetem Junggesellen«: Sie ist ebenso ein Widerspruch in sich wie eine »wahrgemachte«. Daraus scheint zwingend zu folgen: Die eigene Zukunft vorauszusehen, ist allein schon aus logischen Gründen ausgeschlossen – vorausgesetzt,

wir *sind* Herr über unser Schicksal. Soweit wir künftige Entwicklungen mit unserem freien Willen mitbestimmen können, liegen sie nicht von vornherein fest, sind also *un*vorhersehbar. »Vorausführungen« wären dann *ausgeschlossen*, das Eintrittsgeld für sie wäre ebensogut für die Welturaufführung einer eckigen Kugel ausgegeben.
Zweifellos *konnten* Menschen aber in vereinzelten gut dokumentierten Fällen vorwegnehmen, was aus ihnen werden wird. *Folgt* daraus nicht ebenso unerbittlich: Unsere Zukunft steht schon fest – unabwendbar, *determiniert*? Muß eine »Therapie«, die derartige Schlüsse nahelegt, nicht manchen »Vorausgeführten« in tiefe Verzweiflung und Gleichgültigkeit stürzen? »Was sein muß, muß sein.« Was bleibt dann noch übrig von seiner Freiheit? Bricht darüber nicht die *Ethik* der Reinkarnationslehre zusammen, deren »Karma«-Lehre doch davon ausgeht, daß wir zwischen verschiedenen Zielen und Wegen frei wählen, uns entscheiden und entsprechend handeln können?
Aus diesem Dilemma führen nur zwei Auswege: ein »harter« oder ein »weicher« Determinismus.[132]
Kompromißlos auf die Seite eines »harten« Determinismus schlägt sich Thorwald Dethlefsen. Für ihn ist »Handlungsfreiheit... ein Wahn«.[133] »Das Vorauswissen der Zukunft«, so befindet er, »ist gerade deshalb möglich, weil das zukünftige Geschehen in Wirklichkeit bereits *ist* und nicht, wie wir es uns vorstellen, erst *wird*. Es schließt jegliche persönliche Steuerung und Beeinflussung dieser Zukunft aus.« Wer glaube, er könne die Zukunft aktiv gestalten, der gleiche dem Stein, von dem der niederländische Philosoph Baruch de Spinoza im 17. Jahrhundert sagte: »Wenn der geworfene Stein Bewußtsein hätte, er würde glauben, er fliege, weil er will.«
Aus dieser Determination sieht Dethlefsen kein Entrinnen. Der Mensch besitze »nur eine einzige Freiheit, nämlich zu *glauben*, er sei frei. Alles andere geschieht gesetzmäßig. Es *geschieht*, und der Mensch sagt dazu: ›Ich habe getan.‹« Was dem Menschen allenfalls »bleibt, ist die Wahl... Er kann wählen, *wie* er die Gesetzmäßigkeit erfüllt, aber erfüllen muß er sie immer«. Also stehen uns höchstens *Mittel und Wege* offen – während wir nicht umhin können, uns damit auf ein vorherbestimmtes Ziel zuzubewegen?
Diesen Determinismus scheint eine spektakuläre Entdeckung zu stützen, die Louisa Rhine (1891–1983) vom »Institut für Parapsy-

chologie« der Duke-Universität in Durham machte, als sie 8000 Fallberichte über spontane außersinnliche Wahrnehmungen im Alltag auswertete, die ihr Privatpersonen aus ganz Amerika eingesandt hatten. Darunter fielen ihr zahlreiche Fälle auf, in denen die Beteiligten auf ein vorausgeahntes Unglück Einfluß zu nehmen versuchten – *vergeblich.*[134]
Auf ähnliche Fälle stieß 1989 David Ryback:[135] Eine Engländerin hatte geträumt, wie ihr Auto an einem Donnerstag zwischen zwei Lkw zermalmt wird. Deshalb ging sie am Donnerstag zu Fuß. Nichts passierte. Dann lieh sie ihren Wagen einer Freundin. Diese wurde bei einem Unfall zwischen zwei Lastwagen zerquetscht – an einem Donnerstag.
Aus Fällen dieser Art schloß Louisa Rhine: Auf den Ablauf eines vorhergesagten Ereignisses Einfluß zu nehmen, mißlinge für gewöhnlich, und zwar aus folgenden Gründen:

- Manchmal ist die präkognitive Information unvollständig oder zu ungenau. Deshalb setzen versuchte Einflußnahmen am falschen Punkt an.
- Oft sind weitere Personen beteiligt, deren Handeln die eigenen Bemühungen vereitelt; oder es treten überraschende Umstände ein, die alle Anstrengungen zunichte machen.
- Häufig steht es außer der Macht des Betreffenden, das Ereignis zu verhindern: etwa Erdbeben und andere Naturkatastrophen, Flugzeugabstürze oder Kriege.

Solche Gesetzmäßigkeiten liegen anscheinend ganz auf Dethlefsens Linie. Doch erinnern wir uns an die 18jährige Josephine, die Rochas zu einer Verführung und unehelichen Schwangerschaft als Dreißigjährige »vorausgeführt« hatte. Dazu kam es nie – »vielleicht weil sie sich, von mir gewarnt, sozusagen selbst geimpft hatte«, wie Rochas vermutete. In Rybacks Stichprobe lag die Hausfrau Daisy Smith in mehreren Träumen auf einem Operationstisch; sie hörte den Chirurgen zu ihr sagen: »Wenn wir nicht schneiden, sterben Sie.« Beunruhigt ging sie schließlich ins Krankenhaus, um sich vorsorglich untersuchen zu lassen. Dabei entdeckten die Ärzte einen bösartigen Tumor. Hätte sie nur zwei Wochen länger gezögert, wäre der Eingriff zu spät gekommen.
Auch Louisa Rhine stieß auf Fälle, in denen das Eintreffen einer Prognose augenscheinlich *verhindert* werden konnte.[136]

Damit konfrontiert, kann ein »harter« Determinist immer noch argumentieren: Vorherbestimmt – und deshalb wirklich »präkogniziert« – war in Wahrheit nur der *erfüllte* Teil der Vorausschau; der Rest dagegen wurde frei dazuphantasiert, vielleicht als symbolische Dramatisierung von Erwartungsängsten.
Freilich läßt sich so im nachhinein *jede* erfolgreich vereitelte Gefahrenprognose wegerklären. Und das zeigt schon, daß mit Dethlefsens These etwas nicht stimmen kann. Da *nicht* eingetroffene Präkognitionen ein Widerspruch in sich sind, verbreitet er nicht etwa eine atemberaubende empirische Gesetzmäßigkeit, sondern schlicht eine *Tautologie*.
Ein »weicher« Determinismus kommt darum herum: Freiheit und Vorherbestimmung *sind* vollauf vereinbar, allem Anschein zum Trotz.[137] »Wirklich der Freiheit des Individuums widersprechen würde nur das Auftreten einer absolut *perfekten, lückenlosen, unbegrenzten* Präkognition«, meint Milan Ryzl. Doch fast alle bisher beobachteten Fälle »enthielten nur geringe, bruchstückhafte Informationsbeträge.«[138]
Das stimmt freilich nicht generell: Es sind Voraussagen bekannt, die sich bis in kleinste Einzelheiten erfüllt haben. Auch wenn sie seltene Ausnahmen bilden, bedürfen sie der Erklärung.
Ein Modell dafür bietet der Reinkarnationstherapeut Werner Meinhold mit dem schwerfälligen Begriff der »Zukunftsmöglichkeit« an: In »Progressionen« *können* wir »eine Zukunft exakt erfassen – von der wir aber nicht wissen, ob es sich um dieselbe Zukunft handelt, welche wir dann als die unsere erleben werden, oder ob es sich um eine nicht realisierte Zukunfts*möglichkeit* oder eine Abspaltungskette in eine der vielleicht vorhandenen Mehrfachwelten handelt.« Demnach könne eine Vorausschau »eine Zukunfts*möglichkeit* offenbaren, welche zu unserer gegenwärtigen Entwicklung eine besondere Anziehungskraft besitzt, aber nicht zwanghaft eintreten muß. *Ob* es zu der vorausgesagten Zukunft kommen wird, hängt dann davon ab, ob alle Beteiligten sich an wesentlichen Punkten im alten Schema oder neu entscheiden.« Eine Vorausschau als Entscheidungshilfe anzusehen, wäre nur sinnvoll, »wenn die Betroffenen sich nicht verhalten wie Lämmer auf der Schlachtbank... sondern einsehen, daß jede Vorhersage bestenfalls die Folge der derzeitigen Handlungen schildert, die sich mit einer wesentlichen Veränderung dieser Handlungen ebenfalls verändert.«[139]

Präkogniziert werden demnach *wahrscheinliche* Entwicklungen – wahrscheinlich unter den gegebenen Umständen. Diese Wahrscheinlichkeiten sind objektiv vorgegeben und insofern unabänderlich. Was davon letztlich realisiert wird, hängt dagegen auch von unserem freien Willen ab. (Der 1970 verstorbene englische Mathematiker und Physiker Adrian Dobbs nahm dafür ein *fünf*dimensionales Universum an, mit drei räumlichen und *zwei* zeitlichen Dimensionen.[140] In der zweiten Zeitdimension sollen »objektive Wahrscheinlichkeiten« künftiger Vorgänge dieselbe Rolle spielen wie Kausalbeziehungen in der klassischen Physik. Sie existieren »gleichzeitig-gegenwärtig« als »Vorentwürfe« künftiger Wirklichkeiten – und zugleich als »Faktoren, welche die Zukunft geneigt machen, in einer bestimmten Weise einzutreten«. Solche »Vorentwürfe« seien es, die in »Präkognitionen« richtig erfaßt werden – auch wenn sie letztlich unverwirklicht bleiben.)
Das bedeutet aber, daß die Begriffe der »*Prä*kognition«, der »*Vorausführung*« irreleiten: *Wohin* Reinkarnationstherapeuten ihre Klienten bestenfalls führen können, ist nichts Zukünftiges, sondern etwas Gegenwärtiges: die »objektive Wahrscheinlichkeit«, die ein mögliches Ereignis *zum gegenwärtigen Zeitpunkt* hat, irgendwann einzutreten. Dazu paßt, daß ein Ereignis um so seltener und ungenauer vorausgesehen wird, je weiter es in der Zukunft liegt. Kürzlich erst fand die New Yorker Parapsychologin Nancy Sondow diese Gesetzmäßigkeit bestätigt, nachdem sie vier Jahre lang 943 präkognitive Träume protokolliert und ausgewertet hatte.[141] »Unsere Zukunft gleicht eher einem Baum als einer geraden Linie: Von einer gemeinsamen Wurzel aus – dem Ausgangspunkt im Hier und Jetzt – verästelt sie sich immer weiter«, erklärt sie. »Jede Verzweigung entspricht einer Situation, in der es von unseren bewußten Entscheidungen abhängt, welchen Weg wir künftig einschlagen. Mit jeder weiteren Verzweigung wächst die Zahl möglicher Entwicklungen, die unser Leben nehmen kann. Entsprechend schwieriger wird es, diese Entwicklungen präkognitiv zu erfassen.«[142]
Diese Lösung des Determinismus-Problems brandmarkt jedoch einen Großteil des florierenden Geschäfts mit »Vorausführungen« als üble Bauernfängerei: Wer einige Hunderter für einen versprochenen Zukunftstrip hinblättert, will dafür zu sehen kriegen, was aus ihm künftig *wird*. Die Rechnung seines Reinkarnationsthera-

peuten sollte er als Bußgeldbescheid für grobe Dummheit hinnehmen, die einfach bestraft werden muß.

Voraussagen späterer Inkarnationen

Noch fragwürdiger klingt das Versprechen, Menschen in ihre »nächste Verkörperung vorauszuführen«.
Zum Beleg wird an dieser Stelle immer wieder auf »angekündigte Reinkarnationen« verwiesen. Berühmt dafür wurde der amerikanische Seher Edgar Cayce (1877–1945). In Trance diagnostizierte der ungebildete Farmerssohn 30000fach Krankheiten, die Ärzte übersehen oder falsch eingeschätzt hatten – und identifizierte als Ursachen des betreffenden Leidens häufig ein Fehlverhalten in früheren Leben. Doch »der schlafende Prophet« schilderte nicht nur fremde Inkarnationen – er berichtete auch über siebzehn eigene,[143] darunter eine, die ihm erst noch bevorstehen sollte.[144]
Was Cayces »Progression« glaubwürdiger macht als die eines Durchschnittskunden heutiger Reinkarnationstherapeuten, ist seine wissenschaftlich erwiesene, überragende Medialität. Andererseits sind *universelle* Psi-Begabungen eher die Ausnahme als die Regel – so daß man von Cayces treffsicheren *»life-readings«* für Fremde nicht unbedingt darauf schließen kann, bezüglich des eigenen Schicksals sehe er klarer als andere. Im Gegenteil scheinen selbst ausgewiesene Hellsichtige nur selten fähig, die *eigene* Zukunft vorauszusagen; auf dieses eigenartige Phänomen stieß als erster der französische Arzt und Parapsychologe Eugène Osty (1874–1938), als er zahlreiche Fälle von Präkognition untersuchte.[145] Was Cayces Selbstprognose wert war, werden erst unsere Enkelkinder entscheiden können.
Auch einige hochverehrte Gurus fernöstlicher Religionsgemeinschaften, darunter sämtliche Dalai Lamas der tibetischen Buddhisten, sollen kurz vor ihrem Tode angekündigt haben, wo, wann, unter welchen Umständen und in wem sie »wiederkehren« werden; und tatsächlich sollen ihre Anhänger aufgrund dieser Prophezeiungen auf kurz oder lang stets fündig geworden sein. So überzeugend einzelne herausragende Fälle inzwischen auch von westlichen Wissenschaftlern dokumentiert worden sind[146] – *im allgemeinen* sind Tatsachen und Legenden dabei so unentwirrbar miteinander verwo-

ben, daß Prüfungen nach strikten Kriterien schier unmöglich sind. Wie leicht man dabei Wunschdenken auf den Leim gehen kann, hat der amerikanische Psychiater Ian Stevenson, Lehrstuhlinhaber an der Universität von Virginia in Charlottesville, während seiner nunmehr dreißigjährigen Spurensuche nach Kindern mit nachprüfbaren Reinkarnationserinnerungen mehr als einmal erleben müssen. (Für Stevensons Seriosität spricht, daß er 1988 sieben derartige Fehlschläge schonungslos selbstkritisch publiziert hat.[147, 148])
Aus zweiter Hand, von einem »Herrn Bouvier aus Lyon«, stammen auch die beiden einzigen Berichte, die Albert de Rochas über »vorhergesagte *und vollzogene* Reinkarnationen« anzubieten hat; entsprechend kurz handelt er sie ab.[149]
Kam es überhaupt jemals zu einer erfolgreich vorausgesagten Inkarnation, die strengen Nachprüfungen standgehalten hat? Mich überzeugt bisher nur ein einziger Fall, und den hat Stevenson selbst recherchiert: Corliss Chotkin junior.[150]

Im Frühjahr 1946 stirbt in Angoon, im Südosten Alaskas, der Tlingit-Indianer Victor Vincent. Ein Jahr zuvor hat er seiner fassungslosen Nichte, Frau Chotkin, allen Ernstes angekündigt: »Ich komme zurück als dein nächster Sohn. Er wird diese Narbe haben« – dabei zieht er sein Hemd hoch und zeigt der fassungslosen Frau eine Narbe auf dem Rücken, zweieinhalb Zentimeter lang und einen halben Zentimeter breit, mit auffälligen Löchern, die Nadelstiche hinterlassen hatten, als eine Wunde vernäht worden war. Gleichzeitig deutete Victor auf eine weitere Narbe an der rechten Nasenwurzel, Folge einer Operation.
Wieso er ausgerechnet in dieser Familie reinkarnieren wolle? Seine früh verstorbene Schwester, so glaubt Victor, sei inzwischen bereits als Frau Chotkins Schwester wiedergeboren worden – gemeinsam mit ihr wolle er nochmals aufwachsen. Außerdem hoffe er, »daß ich dann nicht mehr so viel stottere wie jetzt«.
Achtzehn Monate nach Victors Tod bringt seine Nichte einen Sohn zur Welt; nach seinem Vater nennt sie ihn Corliss Chotkin junior. Bei seiner Geburt fallen sofort zwei eigenartige Muttermale auf – an genau den gleichen Stellen wie bei Victor, auch im Aussehen verblüffend ähnlich.
Mit dreizehn Monaten, als Corliss gerade zu sprechen beginnt, fragt er plötzlich seine Mutter in breitem Tlingit-Akzent: »Kennst du

mich nicht? Ich bin Kahkody!« (»Kahkody« hieß der Indianerstamm des toten Victor.) Im Alter von zwei Jahren erkennt Corliss die Stieftochter, den Sohn und die Frau Victors wieder, obwohl er »seiner« früheren Familie nie zuvor begegnet ist. In allen Einzelheiten schildert er mehrere Episoden aus Victor Vincents Leben, die er nirgendwo erfahren haben kann. Anfangs stottert er hartnäckig; nach einigen Monaten Logotherapie wird er diese Sprachstörung vollständig los.

In Esoterikblättern und Psi-Büchern ist dieser Fall weidlich ausgeschlachtet worden; viele Autoren tun so, als sei damit »bewiesen«, daß »Vorausblicke« auf ferne Zukünfte in neuen Körpern möglich sind. Möglich schon – aber wie oft kommen sie *tatsächlich* vor? Aus einem einzigen Fall – oder auch zweien, dreien, einem Dutzend – flugs eine Regel abzuleiten, hat nichts mit »induktivem Schließen« zu tun: Da wird einfach wild herumspekuliert – und verantwortungslos eine (völlig überzogene) Hoffnung geweckt.
Aber wie steht es mit angeblichen Botschaften *Verstorbener* im Verlauf von spiritistischen Sitzungen, sie würden sich demnächst wieder verkörpern? Die Psi-Literatur ist voll von reißerischen Geschichten darüber. Die Mehrzahl fällt wohl eher unter die Rubrik »Belletristik«, auch wenn sie hochtrabend als »Sachbuch« daherkommt. Doch zumindest ein kleiner Teil verdient Beachtung.[151, 152, 153] Freilich: Selbst wenn sich diese Fälle genau so zugetragen hätten und sonstige Erklärungen ausschieden – für »Progressions«willige ließen sie nur wenig Hoffnung. Zwar sind manche Reinkarnationstherapeuten darauf aus, während ihrer Sitzungen auch Kontakte zu »Jenseitigen« zu vermitteln; diese mögen mancherlei über künftige Inkarnationen zu erzählen haben. Aber wie viele Klienten bringen zu ihren Sitzungen schon die medialen Fähigkeiten mit, die einer Baronin von May nachgesagt werden? Wer die Illusion schürt, solche Fähigkeiten ließen sich ohne weiteres wecken, treibt ein übles Spiel mit seiner okkultgläubigen Kundschaft.
Selbst wenn echte »Progressionen« in seltenen Fällen gelingen mögen, lassen sie wenig Hoffnung, daß *Sie* dazu fähig sein werden. Die experimentalpsychologische Forschung über »Altersprogressionen« belegt übereinstimmend: Dahinter steckt in der Regel nichts weiter als unbewußtes Rollenspiel entlang der Regieanweisungen des »Vorausführers«; auf die Zukunft projiziert werden dabei ge-

genwärtige Vorkenntnisse, Erwartungen, Befürchtungen, Einstellungen, Wertvorstellungen und Selbsteinschätzungen.[154] Wer hypnotisch zu seiner bevorstehenden Wiedergeburt als uneheliches Kind des Papstes, des Ungeheuers von Loch Ness, des Manns im Mond, der gentechnisch maßgeschneiderten eierlegenden Wollmilchsau oder des ersten fortpflanzungsfähigen Roboters »vorausgeführt« wird, der *wird* sich in »Inkarnationen« wiederfinden, die dazu passen – garantiert.

Fragwürdiger therapeutischer Wert

Einmal angenommen, Progredierte *wären* imstande, zuverlässig und präzise vorwegzunehmen, was aus ihnen wird. Spräche das nicht eher *dagegen*, einen Menschen jemals »vorauszuführen«? Unisono tun die Anwender so, als stünde der therapeutische Wert dieses Spektakels außer Frage. Rosige Aussichten scheinen garantiert. Chronisch Zukunftsängstliche nehmen vorweg, daß alles halb so schlimm kommen wird. In Zwangslagen, die schier ausweglos scheinen, soll der Blick voraus zuversichtlich stimmen. Wer über kürzliche Verluste und Trennungen nicht hinwegzukommen meint, »sieht« sich Jahre später frei von Schmerz, erfüllt von neuen Bindungen und Aufgaben; nun »weiß« er schon, daß er es schaffen wird – und schafft es um so besser. Den verstorbenen Eltern, denen gegenüber noch unbewältigte Schuld- und Haßgefühle, Verletzungen und Verbitterungen drücken, kann man nun schon einmal im Jenseits begegnen – und jene Aussöhnung vorwegnehmen, zu der es eh bald kommen wird. Der Selbstmordgefährdete »erlebt«, daß sich kein wirklicher Schlußstrich ziehen läßt, das Leben danach in neuen Leibern weitergeht, mit denselben unbewältigten Aufgaben, vor denen er sich durch den Suizid drücken will. Einer panischen Angst vor dem Sterben sollen »Vorausführungen« die »wichtige Erfahrung« entgegensetzen, »daß der Tod etwas sehr Angenehmes, Erleichterndes ist« (Tepperwein).[155] Wer an der Ungerechtigkeit der Welt verzweifelt, mit seinem Schicksal hadert und sein Leben verpfuscht findet, sieht »progrediert«, wie reichlich ihn sein nächstes Leben für mancherlei Entbehrungen entschädigt. Wen Glaubenskrisen plagen, dem wird neues Gottvertrauen durch tiefe, unmittelbare religiöse Erfahrungen versprochen. Wer etwa bei Gruppenrückführungen des umstrittenen christlichen »Meditationslehrers« Pastor Johannes Böckel mitmachen will, »der muß auch bereit sein, mit mir in die Zukunft zu gehen, und zwar bis zu seinem Todeserlebnis. Er wird dann sehen: Wenn die Kräfte mich verlassen, dann ist da... ein Vertrauensuntergrund, ... der mich trägt und auffängt. Man kann diesen Urgrund auch Gott nennen...«[156]

Was »Vorausführungen« als psychotherapeutisches Hilfsmittel anlangt, so können sich esoterische Zeitreiseführer anscheinend immerhin auf eine anerkannte Autorität berufen: den amerikanischen Psychotherapeuten Milton H. Erickson (1901–1980) aus Phoenix/Arizona, der mit einer speziellen Form der Hypnosetherapie schulbildend wurde. Zu Ericksons bekanntesten deutschen Schülern, die Klienten gelegentlich »vorausführen«, gehört der Münchener Diplom-Psychologe, Gesprächs- und Hypnotherapeut Burkhard Peter. (Peter leitet das »Institut für Integrierte Therapie« in München und ist Vorsitzender der »Milton Erickson Gesellschaft für klinische Hypnose«.) So berichtet Peter von einem 38jährigen Arbeitspsychologen, einem »sehr intelligenten und empfindungsfähigen« Mann, der ihn in tiefer Depression aufgesucht habe: »Er haderte mit seiner Ehe, mit seinen Kindern und seinem Beruf«, gefangen in einem »schier endlosen Zirkel von ›Wenn dies, dann...‹«. Peter entschloß sich zu einer »Progression«:[157]

»So forderte ich ihn in Trance auf... in die Zukunft zu gehen, Jahr um Jahr weiter, und erst an einem Punkt anzuhalten, den ihm sein Unbewußtes zeigen werde. Dieser Punkt war ein sanfter Bergsattel, auf dem er sich wiederfand als älterer Mann. Auf seinen Stock gestützt und geschützt durch einen weiten grünen Umhang, blickte er ins Tal, wo junge Menschen ihrer täglichen Arbeit nachgingen, gehetzt und unzufrieden zum Teil, aber auch zum Teil zufrieden, bemüht und ernsthaft. Sehr lange, bedächtig und sorgsam betrachtete er das Treiben aus der Entfernung seines Alters und von seinem Berg herab, so daß ich mich selbst in Schwierigkeiten sah, seine abgeklärte Gelassenheit nachzuempfinden; aber auch meine Unfähigkeit, bedingt durch mein noch junges Alter, konnte er mit gelassenem Wohlwollen betrachten und mir mitteilen, daß es für viele Menschen normal sei, durch eine Phase der Ruhelosigkeit, der Konflikte und Sorgen zu gehen, um daraus hervorgehen zu können mit Erfahrung und Sinn für das Wesentliche des menschlichen Daseins.

Aus seiner Zukunft und der Trance zurückgekehrt, war er sehr verändert, sehr ernsthaft, gefaßt und beinahe heiter. Seine Situation veränderte er in der Folgezeit nur in sehr kleinen Bereichen; er wurde zufriedener und sowohl in seiner Ehe wie auch in seinem Beruf selbstbewußter, ohne daß großartige oder dramatische Veränderungen stattgefunden hätten.«

Das Hauptproblem solcher »Vorausführungen« in ein rosiges Übermorgen läßt Peter freilich unerwähnt: Therapeutisch hilfreich sind sie nur in dem Maße, in dem der Klient *glaubt*, sie würden ihm Ausblicke auf etwas verschaffen, was sein *wird* – oder sein *kann*, sofern er seinen Teil dazu beiträgt. Übersehen, verdrängen muß der Klient dabei, daß ihm mit ebensogroßer Wahrscheinlichkeit Unfall, Krankheit und Tod Verluste und Fehlschläge bevorstehen. Soweit »Progressionen« überhaupt Bevorstehendes offenbaren, zeigen sie zwangsläufig auch dessen Schattenseiten.
Solche Vorführungen sind keine Therapie – schlimmstenfalls erfordern sie überhaupt erst eine. »Ich persönlich würde wohl kaum je eine Vorausführung durchführen«, selbst wenn sie möglich wäre, sperrt sich der Schweizer Reinkarnationstherapeut Bruno Meier aus Herznach.[158] Denn »solchem Wissen wäre praktisch kein Mensch gewachsen, es würde sein Leben enorm komplizieren und belasten«. Deshalb sei »eine Vorausführung nicht zu verantworten«. Mit Voraussagen drohender Krankheiten, Unfälle, Verluste und Sterbetermine haben schon viele Wahrsager und Astrologen gutgläubige Kunden in tiefe Verzweiflung, Resignation, Erfüllungszwänge, ja Selbstmord getrieben;[159] wieviel ernster werden böse Vorzeichen genommen, wenn sie gar aus den Tiefen der eigenen Seele kommen? Wäre uns vorauszusehen bestimmt, was aus uns wird – das Schicksal würde es schwerlich davon abhängig machen, ob wir bereit sind, zu horrenden Gebühren Zeitreisen bei professionellen »Führern« zu buchen.

III
Reinkarnation aus der Sicht der Parapsychologie

Milan Ryzl

Warum ich »Erinnerungen an frühere Leben« mißtraue

Prof. Dr. Milan Ryzl, geboren am 22. Mai 1928 in Prag, studierte an der dortigen Karls-Universität, wo er 1951 in Physik und Chemie promovierte. Während er noch als Biochemiker am Prager Institut für Biologie der Tschechoslowakischen Akademie der Wissenschaften arbeitete, begann er mit der Erforschung von Trainingsprogrammen für Außersinnliche Wahrnehmung (ASW), mit denen er international Aufsehen erregte. 1963 erhielt er dafür den »McDougall-Preis für Außerordentliche Leistungen in Parapsychologie«. 1967 verließ er die CSSR aus politischen Gründen, wanderte in die USA aus und ließ sich in San José, Kalifornien nieder. An der John F. Kennedy-Universität in Orinda, Kalifornien, erhielt er einen Lehrstuhl.

Ryzl gilt als einer der großen Pionierforscher der Parapsychologie: Als erster veröffentlichte er wissenschaftliches Material über die moderne Psi-Forschung in den kommunistischen Ländern Osteuropas. Als erster wies er experimentell nach, daß sich ASW unter streng kontrollierten Laborbedingungen wiederholt hervorrufen läßt; daß ASW verlorenes Sehvermögen ersetzen kann; daß ASW als zuverlässiges Kommunikationsmittel einsetzbar ist.

Seine ausgedehnte Forschungs- und Lehrtätigkeit führte Ryzl, der vier Sprachen fließend beherrscht, in die Sowjetunion (an die Universitäten von Moskau und Leningrad), aber auch nach Indien, durch Europa und zu über fünfzig Universitäten und Colleges in den USA. Ryzl ist Autor von über hundert Forschungsberichten in Fachzeitschriften sowie von neun Monographien über Parapsychologie – darunter drei Lehrbüchern –, die in neun Sprachen erschienen sind, darunter *Parapsychology: A scientific approach* (1970), *How to Develop ESP* (1972), *ESP Experiments Which Succeed* (1978), *Hypnosis and ESP* (1972), *ESP in the Modern World* (1972),

Biblical Miracles, Jesus and ESP (1972).[160] In all seinen Schriften betont Ryzl die Notwendigkeit experimenteller Evidenz und kritischer Bewertung der Daten – in seinen Worten ein »down-to-earth«-Ansatz, »der den Weg weist, auf dem die Tatsachen der Parapsychologie in das wissenschaftliche Weltbild integriert werden können«.

Gelegentlich, vor allem in Ländern wie Indien, wo der Glaube an Reinkarnation Bestandteil der religiösen Überlieferung ist, werden solche Fälle berichtet: Eine Person (oft ein Kind) entwickelt plötzlich das Gefühl, sich an ein früheres Leben zu erinnern.[161]
Die Schilderungen solcher *Spontanfälle* implizieren ein logisches Argument: Wenn man die Reinkarnation beweisen kann, wenn man eine aufeinanderfolgende Kette von Leben einer einzigen Person beweisen kann, so bedeutet dies, daß es ein *individuelles* Weiterleben nach dem Tod gibt (ein »Geist« muß am Leben bleiben, wenn später eine Reinkarnation erfolgen soll). Aber wie läßt sich die Reinkarnation beweisen? Auf diese Frage wird folgende Antwort gegeben: Der Beweis, daß der Mensch Erinnerungen an seine früheren Leben hat, ist gleichzeitig ein Beweis für den Fortbestand der individuellen Persönlichkeit, die weiterlebt und reinkarniert.
Normalerweise würden wir solche Fälle als reine Phantasien abtun, doch manchmal enthalten die Erinnerungen ein Wissen, das der erlebende Mensch nicht besaß und das charakteristisch für die andere Persönlichkeit – die »frühere Inkarnation« – zu sein scheint.
Als Beispiel kann der Fall des japanischen Jungen Katsogoro dienen, der sich mit acht Jahren »erinnert«, daß er in seinem früheren Leben Tozo geheißen hatte und der Sohn eines Bauern namens Kjubei in dem Dorf Hodokubo gewesen war. Er sagte, seine Mutter habe ein zweites Mal geheiratet, und er sei ein Jahr nach dem Tod seines Vaters im Alter von sechs Jahren gestorben. Die von ihm genannten Personen hatten in dem Dorf gelebt, und ihre Geschichte stimmte mit seiner Beschreibung überein. Auch andere Aussagen des Jungen waren richtig. Sein Verhalten wirkte sehr überzeugend und lebensecht. Als man ihn in das Dorf brachte, führte er seine Begleiter ohne Zögern zu dem Haus, in dem seine »früheren Eltern« gewohnt hatten. Unterwegs zeigte er auf ein Geschäft und einen danebenstehenden Baum und bemerkte, beides sei damals nicht dagewesen, was auch stimmte.

Es herrscht der verbreitete Glaube, daß solche demonstrierten Kenntnisse echte Erinnerungen an frühere Leben darstellen. Doch diese Schlußfolgerung ist nicht zwingend. Zunächst einmal müssen wir uns darüber klar sein, daß viele diesbezügliche Berichte ganz oder teilweise gefälscht sein können. Tatsächlich ist es sehr schwer, solche Berichte zu untersuchen. Gewöhnlich hat der Forscher mit eher ungebildeten, unkritischen Menschen zu tun, die oft nur Aufmerksamkeit erregen, bekannt werden und etwas verdienen wollen; und er muß sich in einer Fremdsprache verständigen. Befindet er sich gar in einem Land, dessen Sprache er nicht beherrscht, ist er praktisch wehrlos gegen absichtliches Geflunker.

Dazu kommt, daß in keinem der Fälle, die dem Forscher vorgetragen werden, ideale Bedingungen herrschten. Wir würden uns wünschen, daß das Kind seine Geschichte in einer einzigen Sitzung erzählt, daß alles aufgezeichnet und die Geschichte anschließend verifiziert wird. Im wirklichen Leben jedoch »erinnert« sich das Kind nur an einige Einzelheiten, die dann verifiziert werden, und während der Verifikation erfährt das Kind weitere Einzelheiten – auf normalem Weg. Wird schließlich ein wissenschaftlicher Beobachter auf den Fall aufmerksam, sind die auf normalem Weg erfahrenen Fakten der Geschichte längst einverleibt; das Kind kann sogar vergessen haben, wie und wo es sie erfuhr, und »erinnert« sich an sie genauso wie an den Rest der Geschichte. Niemals läßt sich genau verifizieren, was das Kind auf normalem Weg erfahren haben kann und was nicht. Sogar ein Analphabet kann aus Gesprächen mit anderen Menschen, aus dem Radio usw. eine Menge erfahren. Dazu kommt noch, daß die Geschichte in der Erinnerung von Zeugen oft weiter geschönt und ausgeschmückt wird.

Doch für unsere Erörterung hier dürfen wir diese Schwierigkeiten ruhig außer acht lassen und annehmen, das Kind »erinnert« sich wirklich (das heißt, es erzähle, als erinnere es sich) an Einzelheiten, von Ereignissen, die in ferner Vergangenheit geschahen, die es normalerweise nicht wissen konnte, die später verifiziert und für richtig befunden wurden.

Solches Wissen beweist jedoch die individuelle Erinnerung nicht – genausowenig, wie es die weiterlebende Erinnerung von »Geistern« beweisen könnte. Tatsächlich lassen sich alle diese Fälle vom gleichen Prinzip aus erklären: Die Persönlichkeitsveränderung, wie sie normalerweise im Trancezustand vorkommt oder durch Hypnose hervorgerufen wird, erfolgt hier mehr oder minder spontan und ist weniger vollständig: Die jeweilige Person hat nicht das Gefühl, eine andere Persönlichkeit zu sein, sondern »erinnert« sich nur, früher eine gewesen zu sein. Die andere Persönlichkeit ist eine unterbewußte Dramatisierung, die auf dem vorherrschenden religiösen Glauben beruht. Bei Spiritisten wird sie durch den Glauben an Geister verursacht, die vom Körper Besitz nehmen, hier vom Glauben an Reinkarnation. Die mittels ASW erhaltenen Informationen werden in Übereinstimmung mit der vorherrschenden Glaubensüberzeugung dramatisiert. In dem Zusammenhang können wir unser Beispiel vom Einsatz der ASW zum Aufspüren einer Wasserquelle anführen. Die ASW-Information: »Hier ist Wasser!« wird auf verschiedene Arten erfahren. Wenn Sie Spiritist sind, können Sie einen Geist sehen, der Ihnen die Information gibt. Begeistern Sie sich für Ufos, können Sie ein Wesen von einem anderen Planeten sehen. Glauben Sie fest an die Reinkarnation, können sie genausogut die Erfahrung machen: »Ich erinnere mich an mein früheres Leben, und wir hatten hier, an der Stelle, einen Brunnen.«

Für diese Theorie sprechen einige besondere Merkmale, die wir in vielen derartigen Erfahrungen finden. So »erinnerte« sich beispielsweise Katsogoro an Einzelheiten diverser Ereignisse, die sich während seiner Beerdigung zutrugen. (Sollte dies bedeuten, daß das vollkommen wache, beobachtende Bewußtsein und die Erinnerung auch im körperlosen Zustand vorhanden sind? Das Bewußtsein ist doch untrennbar mit der Hirntätigkeit verbunden!) In einem anderen berühmten Fall »erinnerte« sich ein junges Mädchen namens Shanti Devi[162] an ihr früheres Leben in einem fernen Dorf. Sie nannte zahlreiche Einzelheiten über die Familie und das Haus, in dem sie angeblich gewohnt hatte, die sich alle bestätigten. Unter anderem gab sie an, daß sie vor ihrem Tod gespartes Geld unter dem Boden des Hauses versteckt habe. Ihr angeblicher früherer Mann fand wirklich das Geld nach dem Tod seiner Frau (die Shanti Devi in ihrem früheren Leben gewesen zu sein glaubte).

Solche Fälle lassen sich viel leichter mit ASW als durch Reinkarnation erklären. Was ist einfacher, als mittels ASW die Information zu erhalten, »daß unter dem Boden dieses Zimmers Geld versteckt ist (oder war)«? Die Information wird dann in der phantastischen Verzerrung so erlebt: »Ich erinnere mich, daß ich in meinem früheren Leben Geld dorthin gab.«

In jüngerer Zeit widmete vor allem Ian Stevenson[163] Fällen dieses Typs besondere Aufmerksamkeit. Einige der von ihm gesammelten Fälle zeichnen sich nicht nur durch den Erhalt speziellen Wissens aus, sondern auch durch ein weiteres eigenartiges Merkmal: Die betreffende Person hatte am Körper Markierungen oder Verunstaltungen, die einem charakteristischen Detail aus der Geschichte über das »frühere Leben« entsprachen. Die folgenden Beispiele mögen als Illustration dienen:

Ein Junge hatte am Körper Markierungen, die wie Schußnarben aussahen. Er behauptete, sich zu erinnern, daß er in seinem früheren Leben, während des Ersten Weltkriegs, gefallen sei. Stevenson berichtet auch von einer Person, die sich »erinnerte«, daß sie in ihrem früheren Leben einen Messerstich in den Rücken erhalten hatte. Am nächsten Tag wurde bei der Person ein Erythem (Rötung der Haut) an der Körperstelle gefunden, wo sie angeblich die Stichverletzung erlitten hatte. Dieser Fall ist besonders interessant, weil er zeigt, daß nicht nur ASW, sondern auch psychosomatische Phänomene (denken Sie an Stigmen!) für verblüffende Übereinstimmungen zwischen der Reinkarnationserfahrung und der somatischen Wirklichkeit verantwortlich sein können.

Das nächste unserer Beispiele weist eine interessante Verbindung zum Spiritismus auf. Solche Erfahrungen kommen im täglichen Leben tatsächlich vor, und die daran beteiligten Menschen sind selbst komplexe Wesen mit mannigfaltigen Kombinationen von Interessen, psychologischen Abläufen und sogar seelischen Störungen. Kein Wunder, daß die Phänomene eine Vielfalt ineinander verwobener Merkmale und Beziehungen aufweisen.

Während einer spiritistischen Séance, die im Hause von Dr. M. D. stattfand, nahm ein neuer »Geist« Verbindung mit den Teilnehmern auf. Er behauptete, Felix F. zu sein, ein ehemaliger Diener der Familie, der vor längerer Zeit gestorben war. Felix hatte zu Lebzeiten ein deformiertes rechtes Ohr gehabt. Jetzt behauptete der »Geist«, er werde in einer bestimmten Familie wiedergeboren werden, und als Beweis für seine Identität führte er an, das Kind werde dieselbe Mißbildung aufweisen. Anhand seiner Aussagen identifizierte man die Familie, und dort kam ein Junge zur Welt, der eine leichte Mißbildung am rechten Ohr hatte.

Solche Fälle werden als besonders starker Beweis für die Reinkarnation hingestellt. Auftretende objektive Merkmale wirken viel verblüffender als bloßes subjektives Wissen. Leider können jedoch auch objektive Körpermarkierungen solchen Phantasien über eine Wiedergeburt keine Beweiskraft verleihen. Wir finden für derartige Fälle mühelos eine ASW-Erklärung, die mit dem gesicherten Wissen über ASW und mit unseren Erklärungen ähnlicher Phänomene voll und ganz übereinstimmt. Für den geschilderten Fall können wir die einfache Erklärung bieten: Das Medium machte durch ASW (Präkognition) ein Baby mit einem mißgebildeten Ohr ausfindig und dramatisierte diese Feststellung unbewußt zu einer seinem Glauben entsprechenden, aufregenden Reinkarnationsgeschichte. Man darf sich durch die scheinbare Kompliziertheit solcher Fälle nicht täuschen lassen. Die Aufgabe, eine Person zu finden, deren Lebenslauf so ist, daß eine bestimmte existierende Mißbildung hineinpaßt, erscheint nur als kompliziert, wenn man sie vom Standpunkt der Eingeengtheit unserer normalen Sinne betrachtet. Tatsächlich wäre es eine schwierige Aufgabe, müßte man sie mit den normalen Sinnen lösen und vielleicht mehrere Millionen menschliche Lebensgeschichten durchforsten. Doch mit ASW ist sie beim Vorhandensein einer besonderen Motivation einfach. Im vorliegenden Fall beispielsweise kann man von einem Medium, das Beweise für Reinkarnation erbringen möchte, sehr wohl erwarten, daß es eben solche Informationen liefert.

Für solche Fälle gibt es tatsächlich zwei mögliche Erklärungen, und die Hauptmerkmale jedes einzelnen Falles sind ausschlaggebend dafür, welche der beiden die zutreffende ist (je nachdem, ob sich einige der erhaltenen Informationen als richtig erweisen oder nicht und ob sie normalerweise der erlebenden Person unzugänglich waren): Erstens, die Person ist sich natürlich ihrer körperlichen Kennzeichen bewußt und gestaltet einfach in ihrer Phantasie ein völlig fiktives Leben, so daß dieses auf dramatische Weise den Merkmalen entspricht. Oder, zweitens, ASW wird dazu benutzt, irgendwo in der Vergangenheit eine Person zu finden, deren Leben eine dramatische Beziehung zu den vorhandenen körperlichen Merkmalen hat; die in Phantasie gehüllte und vom vorherrschenden Glauben an Reinkarnation beeinflußte ASW-Feststellung bewirkt eine subjektive Erfahrung: »Ich erinnere mich, dies war mein früheres Leben.«

Daß ein solcher Dramatisierungsprozeß wirklich stattfinden kann, läßt sich an einem Fall demonstrieren, der dadurch gekennzeichnet ist, daß ein normales, teilweise vergessenes Sinneserlebnis (ganz

ohne ASW) zu einem Déjà-vu-Erlebnis führte, also zum Gefühl, etwas bzw. eine Situation bereits gesehen zu haben, und dieses mit einer Reinkarnationsphantasie kombiniert wurde.
Ein englischer Armeeoffizier und seine Frau reisten durch das Land und kamen an einen unweit der Straße gelegenen Teich, den sie beide gleichzeitig erkannten. Sie waren überzeugt, ihn bereits gesehen zu haben, wußten aber auch, daß sie noch nie in diesem Teil Großbritanniens gewesen waren. Sie folgerten, daß sie in ihrem früheren Leben hier gewohnt haben müßten. Das erschien ihnen sehr einleuchtend: Wenn sie einander bereits aus einem früheren Leben kannten, war es nur natürlich, daß sie sich auch in diesem Leben ineinander verliebt und geheiratet hatten. Wieder in London, besuchten sie jedoch eine Kunstgalerie, in der sie kurz vor ihrer Reise gewesen waren. Dort entdeckten sie ein Gemälde von dem Teich, das sie auch bei ihrem ersten Besuch der Galerie gesehen, aber vergessen hatten. Als sie zu dem wirklichen Ort gekommen waren, hatten sie nur noch ein Gefühl der Vertrautheit im Gedächtnis gehabt – das gerade stark genug gewesen war, um sie glauben zu machen, sie hätten den Teich in ihrem früheren Leben gesehen.[164]

Im Gegensatz zu diesen spontanen Fällen können »Erinnerungen an frühere Inkarnationen« auch künstlich hervorgerufen werden, und zwar durch *hypnotische Regression* ...
Manche Hypnotiseure versetzten ihre Patienten in den Augenblick der Geburt (aufgrund der Theorie, daß das Geburtstrauma die Ursache späterer Phobien und anderer neurotischer Symptome sein kann), führten sie ins intra-uterine Leben zurück, zum Augenblick der Empfängnis – und darüber hinaus. Wenn wir so in der Zeit rückwärtsgehen, kommt schließlich die Frage nach dem »früheren Leben der Person« (wir sollten hinzufügen, »falls es eines gibt«, aber die Hypnotiseure bemühen sich in solchen Experimenten gewöhnlich kaum um Objektivität und methodische Präzision; sie implizieren vielmehr, daß die Versuchsperson tatsächlich ein früheres Leben hatte).
Die hypnotisierte Versuchsperson, die an Reinkarnation glaubt oder stillschweigend annimmt, daß der Hypnotiseur wünscht, sie solle eine Reinkarnationsepisode erleben, gehorcht dem ausdrücklichen oder stummen Befehl des Hypnotiseurs. Sie fühlt, was der Hypnotiseur sie zu fühlen auffordert. Wollte er einen »Geist« ha-

ben, bekäme er ihn. Dieses Mal jedoch verlangt das suggestive Pathos der Szene nach einer Reinkarnationserinnerung. Die Versuchsperson wird sie auch prompt liefern, und wenn der Hypnotiseur ihr nicht genügend Hinweise auf die von ihm gewünschte Persönlichkeit gibt, wird sie ihr Bestes tun, eine zu erfinden.
Der Psychiater E. S. Zolik führte seinem Bericht im *Journal of Clinical Psychology* (1958) zufolge mit seinen Patienten viele solche Hypnosesitzungen durch und stellte fest, daß sie bereitwillig eine »frühere Inkarnation« phantasierten. Doch die neue Persönlichkeit – das angebliche »frühere Leben« – war nicht unabhängig von der hypnotisierten Versuchsperson. Im Gegenteil, das Denken der Versuchsperson kam in der Regel darin, mehr oder weniger verhüllt, zum Ausdruck. Was als »frühere Inkarnation« dargeboten wurde, war Phantasie, künstlich beschworen durch die Suggestion, die Versuchsperson solle »ihr vergangenes Leben noch einmal durchleben«.
Die neue so geschaffene Persönlichkeit wies laut Zolik folgende Merkmale auf:

1. Historisches Wissen der Versuchsperson über den Ort, an dem sie in ihrem angeblichen früheren Leben gewohnt, und über die Periode, in der sich diese sogenannte vergangene Inkarnation abgespielt hatte;
2. ausgewählte Merkmale von Helden aus Romanen oder Filmen, welche die Versuchsperson kannte, oder von Persönlichkeiten, die sie bewunderte;
3. Dramatisierungen von Elementen der Persönlichkeit und des Denkens der Versuchsperson selbst: ihrer Charaktereigenschaften, Ängste, Wünsche, Tagträume usw.

Zolik folgerte, daß die Reinkarnations-Phantasiefigur keine neue Persönlichkeit ist, sondern nur ein verzerrtes Bild dessen bietet, was die Versuchsperson bewußt und unbewußt weiß und denkt.

Wir stellen fest, daß hier wieder der gleiche Prozeß abläuft wie im Mediumismus, wo die »Geister« angeblich den Körper des Mediums »besitzen«. Dort kommen in den Zügen und dem Verhalten der angeblichen »Geister« das Wissen, das Denken, die Persönlichkeit des Mediums und sogar die Launen seines Unterbewußtseins zum Ausdruck.
Wären alle Reinkarnationserinnerungen nichts anderes als Phanta-

sie, könnten wir sie einfach *ad acta* legen, weil sie unsere Aufmerksamkeit nicht verdienten. Doch sie enthalten etwas, das für unsere Untersuchung hier bedeutsam ist, und zwar ein Merkmal, das wir ebenso in mediumistischen Phänomenen, außerkörperlichen Erfahrungen und Sterbebettvisionen fanden. Ein Merkmal, das uns so vertraut ist, weil es uns durch unsere ganze bisherige Untersuchung begleitete. Wir wissen jetzt auch, wie es zu erklären ist.
Einige Autoren berichteten, daß die hpynotisierte Versuchsperson beim Durchleben der angeblichen früheren Inkarnation sich an Dinge »erinnerte«, die ihr selbst und dem Hypnotiseur unbekannt waren, sich aber dennoch später als historisch richtig erwiesen.[165]
Wir wissen bereits, daß dieses Merkmal die Reinkarnation nicht beweisen kann. Es erfordert lediglich, daß wir Zoliks Liste einen weiteren Punkt anfügen:

4. Mittels ASW erhaltene Informationen werden dramatisch in die neue Persönlichkeit integriert und als »Erinnerungen« erlebt.

Tatsächlich fördert ja der hypnotische Zustand, in dem solche Experimente durchgeführt werden, das Wirken von ASW entscheidend.

In jüngster Zeit wurde die Regression in frühere Leben überaus populär. Verschiedene Hypnotiseure nutzten dieses Interesse weidlich aus, und gelang es ihnen nicht, ihre Versuchspersonen in hypnotische Trance zu versetzen, unterließen sie die Hypnose einfach. Sie brachten die Versuchspersonen lediglich in einen Zustand der Entspannung und steuerten dann deren Phantasie. Die Versuchspersonen, die natürlich frühere Inkarnationen durchleben wollten, waren willfährig und behaupteten, sich an »frühere Leben« zu erinnern. Unternehmungslustige Medien und Hellseher spezialisierten sich darauf, gegen eine Gebühr Sitzungen zu veranstalten, indem sie »frühere Leben« ihrer Kunden beschrieben. Ein Kommentar erübrigt sich.
Wir sollten hier auch die Versuche erwähnen, das Reinkarnationskonzept zu therapeutischen Zwecken einzusetzen. Mehrere Autoren (D. Sutphen, E. Fiore und andere) sowie diverse pseudoreligiöse Bewegungen (beispielsweise die Scientology-Organisation) behaupten, daß traumatische Spuren früherer Inkarnationen die Ursache von Problemen im gegenwärtigen Leben sein könnten.
Tatsächlich warteten Patienten, wenn man sie in Hypnose in ihre

»früheren Leben« rückversetzte, mit »Erinnerungen« auf, die ihre Probleme erklärten. Ihre Erlebnisse hörten sich in den Aufzeichnungen der Séancen aufregend dramatisch an und müssen im wirklichen Leben noch weit dramatischer und unterhaltsamer gewesen sein. Doch die gebotenen Erklärungen sind von wahrhaft naiver Einfachheit.

- In einem Fall wurde das mangelnde Interesse einer Frau an der politischen Tätigkeit ihres Mannes so erklärt: In ihrem vergangenen Leben war ihr Liebhaber bei einem politischen Aufstand umgekommen (Sutphen).
- Der Fall einer frigiden Frau, die an Kopfschmerzen litt: Im vergangenen Leben war sie mit einem Knüppel angegriffen, auf den Kopf geschlagen und vergewaltigt worden (Fiore).
- Der Fall eines Mannes mit Übergewicht und einer Allergie gegen Hühnerfedern: Im früheren Leben war er Matrose gewesen; als das Schiff sich einmal auf einer langen Reise befunden und die ganze Besatzung Hunger gelitten hatte, hatte er ein Huhn, das den Offizieren gehörte, gestohlen und verspeist, wofür er hart bestraft worden war (Fiore).
- Eine Frau mit Gewichtsproblemen war im früheren Leben sehr arm gewesen und Hungers gestorben (Fiore).
- Ein Fall von sexueller Unverträglichkeit zwischen Ehemann und Ehefrau: In einem früheren Leben, als den beiden die gleichen Rollen zugeteilt gewesen waren, hatte der Mann seine Frau geschändet und auch ihren Tod verursacht (Sutphen).

Ergebnisse von Experimenten dieser Art sind fast immer reine Phantasien. Die vom Hypnotiseur ermutigten Patienten erfanden eine Rolle, die ihr »Problem« erklärte. Und von den gelegentlich erwähnten richtigen historischen Fakten kann ein großer Teil mit der im Hypnosezustand geschärften Erinnerung erklärt werden; umgekehrt ist es praktisch unmöglich zu *beweisen*, daß ein Mensch *nie im Leben* Zugang zu einer gewissen Information hatte. Für den Rest der richtigen Informationen lautet die wahrscheinlichste Erklärung: ASW.

Aber selbst wenn diese Experimente nur Phantasieprodukte erbringen, so können sie doch vom rein utilitaristischen, praktischen Standpunkt einigen Wert haben. Sofern der Patient fest an Reinkarnation glaubt und diese für den Ursprung seiner Symptome hält, ist denkbar, daß eine auf Reinkarnation abgestellte Beratung ihm hilft. Nach dem derzeitigen Stand unseres Wissens liegt der Wert eines solchen Verfahrens natürlich nur in seiner Suggestivkraft; es ist ähnlich wie die Verabreichung von Placebos in der Medizin.

Reinkarnationserfahrungen sind als eine Art außerkörperlicher Erfahrungen zu verstehen, in denen die Projektion nicht nur an einen anderen Punkt im Raum, sondern auch an einen anderen Punkt *in der Zeit* erfolgt. Bei einer solchen Projektion können natürlich auch ASW-Informationen über vergangene Ereignisse erlangt werden.

Genaugenommen findet bei Reinkarnationserlebnissen keine vollständige außerkörperliche Erfahrung statt. Wäre sie vollständig, hätte die betreffende Person das Gefühl, sich selbst anderswo in Raum und Zeit zu befinden und die Ereignisse dort zu beobachten (solche Erfahrungen lassen sich in Experimenten mit reisendem Hellsehen durch hypnotische Suggestion auslösen, indem die Versuchsperson die Anweisung erhält, sich in eine andere zeitliche Periode zu begeben). In der Reinkarnationserfahrung dagegen hat die Person zwar das Gefühl, sich anderswo in Raum und Zeit zu befinden, aber eine eigenartige Verbindung zur eigenen Person bleibt bestehen: das Empfinden, daß es immer noch *sie* sei, die sich dort befindet, nicht etwa nur als ASW-Beobachterin, sondern als wirkliche Teilnehmerin an Ereignissen – trotz anderen physischen Aussehens und anderen Namens unter aufrechterhaltener persönlicher Identität.

Die Reinkarnationserfahrung läßt sich durchaus mit einer mediumistischen Erfahrung vergleichen. Hier wie dort handelt es sich um eine Persönlichkeitsveränderung infolge Autosuggestion oder Heterosuggestion, und hier wie dort wird die so entstehende Persönlichkeit von der psychologischen Verfassung, von vergangenen Erfahrungen und von den Glaubensüberzeugungen der betreffenden Person bestimmt. Der einzige Unterschied liegt im Grad der Verzerrung der Depersonalisationserfahrung: Das Medium hat das Gefühl, eine völlig andere Persönlichkeit habe die Kontrolle über seinen Körper übernommen, während in der Reinkarnationsphantasie keine vollständige Persönlichkeitsveränderung stattfindet und – wie gesagt – ein gewisses enges Band zur ursprünglichen Persönlichkeit bestehen bleibt: Der betreffende Mensch glaubt, das *gleiche* Individuum zu sein, wenn auch während eines anderen Lebens in der Vergangenheit und an einem anderen Ort.

Wir haben es also mit *eng verwandten Erfahrungen* zu tun, die sich wie folgt kennzeichnen lassen:

1. Das Gefühl, die gleiche Persönlichkeit an einem anderen Ort zu sein. Das trifft bei außerkörperlichen Erfahrungen und in Experimenten mit reisendem Hellsehen zu.
2. Das Gefühl, eine andere Persönlichkeit am gleichen Ort zu sein, das heißt im gleichen Körper. Das ist der Fall bei mediumistischen Erfahrungen und bei Besessenheit.
3. Das Gefühl, eine andere – und doch identische – Persönlichkeit an einem anderen Ort und in einer anderen Zeit zu sein. Das trifft bei Reinkarnationserfahrungen zu.

Alle diese Erfahrungen treten in einer Art Trancezustand auf und spiegeln die Persönlichkeit der betreffenden Person mit ihren sämtlichen psychologischen Merkmalen wider. Obwohl die Erfahrungen eher unüblich sind und manchmal eigentümliche Launen des Unbewußten der betreffenden Person sichtbar werden lassen, kann man sie als normale, wenn auch bizarre Äußerungen der menschlichen Psyche betrachten. Sie lassen sich mit lebhaften Träumen eines gesunden Menschen vergleichen – ein solcher Mensch kann natürlich bisweilen einen Traum haben, in dem er ein anderer Mensch ist.

Werner Schiebeler

Das persönliche Überleben des Todes und die Möglichkeit einer späteren irdischen Wiederverkörperung

Werner Schiebeler, Diplomphysiker, Prof. Dr. rer. nat., wurde 1923 in Bremen geboren. Er studierte Physik in Göttingen, wo er 1955 mit einer Arbeit am Max-Planck-Institut für Strömungsforschung promovierte. Von 1955 bis 1965 war er bei einem Großunternehmen der Elektroindustrie in Pforzheim tätig, davon sieben Jahre als Leiter einer Entwicklungsabteilung für elektronische Fernschreibtechnik. 1965 wurde er Dozent für Physik und Elektronik an der damaligen Staatlichen Ingenieurschule in Ravensburg, der heutigen Fachhochschule Ravensburg-Weingarten. 1971 zum Professor ernannt, trat er 1983 in den Ruhestand. Neben den naturwissenschaftlich-technischen Lehrfächern hielt er seit 1969 regelmäßige Vorlesungen und Vorträge an der FH Ravensburg-Weingarten und im ganzen deutschsprachigen Raum über das Gebiet der Parapsychologie und Parapsychophysik, auch nach seinem Eintritt in den Ruhestand. Neben zahlreichen Zeitschriftenartikeln und Broschüren veröffentlichte er die Bücher *Wir überleben den Tod. Erfahrungsbeweise für ein Weiterleben* (Freiburg 1983), *Wirkungen und Erscheinungen der jenseitigen Welt. Der Bericht eines Physikers* (Freiburg 1984), *Der Tod, die Brücke zu neuem Leben* (Melsbach/Neuwied 1988), *Zeugnis für die jenseitige Welt. Eine Darstellung der Erfahrungsbeweise* (Melsbach/Neuwied 1989), *Leben nach dem irdischen Tod – Die Erfahrungen von Verstorbenen. Der Bericht eines Physikers* (Melsbach/Neuwied 1989).

Wenn vom Tod und seinem Überleben die Rede ist, muß zuerst einmal erörtert werden, was unter dem Leben und dem Tod überhaupt zu verstehen ist. Die Biologie versteht unter Leben – das tierische und pflanzliche eingeschlossen – etwa folgendes:

Ein Organismus lebt:
1. wenn er einen autonomen Stoffwechsel hat (Ernährung, Ausscheidung, Atmung),
2. wenn er reizempfindlich ist und auf Reize zielstrebig, d. h. sinnvoll antwortet,
3. wenn er die Eigenschaften des Wachstums, der Fortpflanzung und der Vererbung aufweist.

Die aufgezählten Eigenschaften des Lebens sind im Sinne unserer heutigen Biologie an die uns bekannte Materie gebunden. Der materielle Tod tritt ein, wenn diese Eigenschaften erlöschen, wenn also beispielsweise der Stoffwechsel zum Stillstand kommt (Atmung und Herztätigkeit aufhören) und auf Reize nicht mehr sinnvoll geantwortet wird.

Diese biologische Definition des Lebens wird man aber für das menschliche Leben als offensichtlich unzureichend ansehen. Für den menschlichen Lebensbegriff sind der Stoffwechsel, das biologische Wachstum, die Fortpflanzung und die Vererbung von untergeordneter Bedeutung, so wichtig sie biologisch gesehen auch sein mögen.

Der eigentliche Hauptbestandteil des menschlichen Lebens ist dagegen das sogenannte geistige Leben. Volkstümlich ausgedrückt kann man darunter folgendes verstehen:

Das geistige Leben besteht aus:
1. dem Ichbewußtsein,
2. der Fähigkeit zum Denken und gemäß dem Denken nach einer freien Willensentscheidung zu handeln,
3. der Möglichkeit, vermittels der Sinnesorgane Erfahrungen zu sammeln und zu lernen,
4. dem Ansammeln von Erinnerungen und der Fähigkeit, sie bei Vorgängen des logischen Denkens und der Auslösung von Gemütsbewegungen beliebig zu verwenden,
5. den Gemütsbewegungen, wobei die Freude eine besonders wichtige Rolle spielt.

Was bedeutet aber das geistige Leben in der Sicht der Naturwissenschaften, insbesondere der Physik und ihrer Unterwissenschaft der Kybernetik? Feststellbar ist heute, daß das geistige Leben innerhalb unseres materiellen Körpers durch das Zentralnervensystem, insbesondere das Gehirn, ermöglicht und aufrechterhalten wird, wobei die Verbindung mit der Umwelt vermittels der Sinnesorgane über

das periphere Nervensystem erfolgt. Nach den Erkenntnissen der heutigen Physik und Kybernetik besteht das geistige Leben in der Aufnahme, Speicherung, Verarbeitung und Weitergabe von Informationen oder Signalen.
Diese bislang gewonnenen Erkenntnisse lassen den Schluß zu, daß für die Fortführung unseres geistigen Lebens auf dieser Erde die Funktionstüchtigkeit unseres Zentralnervensystems erforderlich ist, oder noch einschränkender gesagt, es muß die Möglichkeit zur Informationsaufnahme, Informationsspeicherung, Informationsverarbeitung und Informationsabgabe bestehen. Die Unversehrtheit des ganzen materiellen Körpers ist zum Fortleben in diesem Sinne nicht unbedingt notwendig. Einen Menschen, dem Arme und Beine amputiert wurden, werden wir immer noch als lebend ansehen. Selbst wenn wir nur den Kopf eines Lebewesens ohne den eigenen Körper funktionsfähig erhalten, so daß es noch denken und sprechen kann und sein Gedächtnis behält, so daß wir es an seiner spezifischen Ausdrucksweise und an seinen Kenntnissen erkennen können, werden wir sagen müssen, daß das Lebewesen lebt.
Bei der Definition des Lebens und Fortlebens müssen wir sogar noch einen Schritt weitergehen: Angenommen, es wäre möglich, die gespeicherten Informationen eines Menschen aus seinem Gedächtnis in ein anderes Gedächtnis, also einen anderen Informationsspeicher zu übertragen; angenommen ferner, bei dieser Informationsübertragung bleiben die spezifischen Eigenschaften und das Ichbewußtsein, seine Persönlichkeitsstruktur also, erhalten. Dann müssen wir von einem Fortleben sprechen, auch wenn der alte Körper und das bisherige Gehirn materiell vernichtet sind. Von einem Tod, das heißt von einem Auslöschen der geistigen, der persönlichen Existenz, können wir erst dann sprechen, wenn die wesentlichen, im Lauf des Lebens gespeicherten Informationen, die Erinnerung, unwiderruflich gelöscht, das heißt aus der Welt geschafft sind. Sind die Informationen noch vorhanden und ist nur die Informationsaufnahme und Informationsverarbeitung unterbunden, so wird man von einem Schlafzustand des Individuums sprechen.
Hier treten übrigens bereits die ersten Schwierigkeiten bei der Frage auf, wie man denn die Fortexistenz oder das Fortleben eines Menschen sowohl auf dieser Erde als auch nach seinem Tode feststellen kann, insbesondere dann, wenn man ihn längere Zeit nicht gesehen hat. Als Erkennungszeichen kann man ja nur seine Persönlichkeits-

struktur, seine Fähigkeiten und sein Wissen, das heißt seine Speicherinhalte, verwenden. Alles wandelt sich aber ständig, wenn der Mensch lebt, da er ja ständig neue Informationen aufnimmt, das heißt neue Erfahrungen sammelt, die seine Persönlichkeitsstruktur wandeln. Das mag vielleicht in Tagen und Wochen kaum in Erscheinung treten, kann innerhalb von Jahrzehnten jedoch sehr stark sein, so stark, daß es einem Menschen, der nach dreißig Jahren aus einer Gefangenschaft heimkommt, schwerfällt, seine Identität nachzuweisen. Es gibt in dieser Beziehung tragische Beispiele.
Wenn es nun schon auf dieser Erde schwer sein kann, die menschliche Fortexistenz nachzuweisen, um wieviel schwerer ist es erst, nach dem Ereignis des biologischen Todes ein Fortleben der menschlichen Persönlichkeit nachzuweisen. Man ist da weitgehend auf Indizien angewiesen, auf die man auch im täglichen Leben und in der Rechtsprechung ständig zurückgreift. Auch im täglichen Leben ist es unmöglich, das Fortleben eines Menschen ständig zu überwachen. Kaum einer wird aber an der Fortexistenz eines Verwandten oder Freundes ernsthaft zweifeln, nur weil er ihn drei Jahre nicht mehr gesehen hat, beim Wiedersehen aber »einwandfrei« wiedererkennt. Dieses Wiedererkennen ist aber bestimmt kein zwingender und unumstößlicher Beweis. Es gibt ja schließlich zum Verwechseln ähnlich aussehende Doppelgänger, Ausweise können gefälscht sein usw. Wenn man aber in jedem Fall absolut sichergehen und unumstößliche Beweise verlangen wollte, müßte man erkennen, daß solches nicht möglich ist und bei Beharren auf diesem Standpunkt ein menschliches Zusammenleben nicht durchführbar wäre.
Wir werden daher bei dem Suchen nach »Beweisen« für das Fortleben nach dem irdischen Tod auch nicht strengere Maßstäbe anlegen dürfen, als wir es im täglichen Leben tun. Wir müssen uns also mit Indizien zufriedengeben und nach einer möglichst großen Anzahl dieser Indizien suchen, die sich gegenseitig stützen. Daraus läßt sich dann ein »Beweis« konstruieren, den man in der Rechtsprechung »Indizienbeweis« und in der Physik »Erfahrungsbeweis« nennt.
Die Speicherung der menschlichen Gedächtnisinhalte und der Persönlichkeitsstruktur muß nicht notwendigerweise ständig an unsere irdische Materie und an ein funktionsfähiges materielles Zentralnervensystem gebunden sein, wenn sie auch im irdischen Leben durch sie in Erscheinung treten. Nehmen wir einmal an, daß parallel

zu unserem irdischen, materiellen Gedächtnis ein irgendwie geartetes Gedächtnis, also ein Informationsspeicher mit einem Informationsverarbeitungssystem vorhanden sei, das nicht an unsere irdische Materie gebunden ist. Nehmen wir weiter an, daß dieses System entweder in unserem irdischen Leben schon parallel zu unserem materiellen Gedächtnis die Informationen speichert oder aber sie im Augenblick des irdischen Ablebens übernimmt und daß nach diesem Ableben eine weitere Informationsverarbeitung vielleicht in einer anders strukturierten Welt möglich ist. Wenn dabei die Eigenheiten der Persönlichkeitsstruktur weitgehend erhalten bleiben, müssen wir von einem persönlichen Überleben des irdischen, biologischen Todes reden, ganz gleich in welcher Art das Weiterleben und in welcher Umgebung es stattfindet.

Was hat nun die Parapsychologie zu diesen zunächst hypothetischen Überlegungen zu sagen? Trägt sie zur Klärung der aufgeworfenen Fragen bei, ob und in welcher Form ein persönliches, geistiges Überleben des irdischen, biologischen Todes stattfindet?

Die paranormale Erscheinung, über die zunächst gesprochen werden soll, hat den Namen »Austritt des Astralleibes« erhalten. Dieses Phänomen tritt manchmal auf, wenn bei gesunden, kranken oder geschwächten Personen das normale Bewußtsein beispielsweise durch Gehirnerschütterung, Narkose, körperliche Erschöpfung oder Drosselung der Luftzufuhr (beim Ertrinken) ausgeschaltet wurde. Manchmal wird das Phänomen auch im Zustand des sogenannten klinischen Todes (vorübergehender Herzstillstand) oder auch im Schlaf beobachtet. Wenige Personen können es sogar absichtlich herbeiführen.

Bei solchen Zuständen wird von den betroffenen Menschen beobachtet und berichtet, daß sich im Augenblick des Eintritts der körperlichen Bewußtlosigkeit aus dem materiellen, irdischen Körper ein gleichartig oder ähnlich gestalteter, manchmal auch nicht bestimmbarer Körper löst, der aus einer uns unbekannten, unsichtbaren und physikalisch bisher nicht nachweisbaren Substanz besteht. Dieser Körper wird gewöhnlich mit dem Wort *»Astralleib«* bezeichnet. Während des Austritts hat das »Ich« des betreffenden Menschen in dem *Astralleib* das volle Bewußtsein. Es kann durch die »Sinnesorgane« des *Astralleibes* die Umgebung wahrnehmen und den bewußtlosen, eigenen, materiellen, fleischlichen Körper als fremden Gegenstand liegen sehen. Es kann denken und beispielsweise seine besondere Lage erfassen, ist jedoch meist nicht imstande, sich seiner materiellen Umwelt irgendwie bemerkbar zu machen. In gewissem Umfang kann der *Astralleib* seinen Standort willkürlich verändern. Zu dem normalen, materiellen, jetzt bewußtlosen Körper besteht lediglich eine vom Kopf ausgehende Verbindung über einen dehnbaren, oft silbrig glänzenden, etwa fingerdicken Strang, der wegen seines Aussehens meist *»silberne Schnur«* genannt wird. Die Kenntnis dieses Stranges ist sehr alt. Er wird vermutlich als *»silberne Schnur«* bereits in der Bibel (Pred. 12,6) erwähnt. Allerdings wird dieser Strang von vielen dem Austritt unterworfenen Personen nicht wahrgenommen, da sie auf das Ereignis im allgemeinen nicht vorbereitet sind, die ganze Angelegenheit meist in relativ kurzer Zeit vorübergeht und sie daher auf diese Einzelheit nicht ausreichend achtgegeben haben.

Entsprechende Berichte werden sowohl in der älteren parapsychologischen Literatur[166] als auch in der neueren parapsychologischen und medizinischen Literatur[167] in großer Anzahl aufgeführt.

Das für unsere Betrachtungen Wesentliche an diesem Phänomen ist nun, daß die Person durch den ausgetretenen *Astralleib* Informationen aufnehmen, verarbeiten und als Erinnerung in den materiellen Körper nach der Wiedervereinigung zurückbringen kann, obwohl das Gehirn und die materiellen, fleischlichen Sinnesorgane ausgeschaltet sind. Und selbst wenn diese nicht ausgeschaltet wären, könnten diese Information von dem Standort des materiellen Körpers aus meist gar nicht gewonnen werden.

Es scheint mir unberechtigt, die vielen von den unterschiedlichsten Autoren berichteten Erlebnisse als reine Halluzination, gekoppelt mit Außersinnlicher Wahrnehmung und Psychokinese, abzutun und ihnen einen tatsächlichen Hintergrund abzusprechen. Man muß diese Erlebnisse als Indiz für die Hypothese ansehen, daß es parallel zu unserem irdischen, materiellen Körper einen zweiten Leib aus einer noch unerforschten Substanz gibt, in dem auch das menschliche Bewußtsein lokalisiert sein kann und in dem auch Informationsverarbeitungsvorgänge stattfinden können.

Normalerweise besteht eine Bewußtseinssperre zwischen diesem zweiten Leib und unserem normalen Körper. In den geschilderten Sonderfällen kann diese Bewußtseinssperre jedoch gelegentlich aufgehoben sein. Wir haben in diesem zweiten Leib, dem *Astralleib*, den zunächst spekulativ geforderten weiteren Informations-

speicher vor uns, in dem auch die Persönlichkeitsstruktur gespeichert sein kann. Dieser *Astralleib* braucht nicht unbedingt dem materiellen Tod des physischen Körpers, in den er während des irdischen Lebens normalerweise eingeschachtelt ist, mitunterworfen zu sein. Da er offensichtlich aus einer anderen Substanz besteht, könnte er den materiellen Tod überdauern, das heißt überleben. Suchen wir also nach weiteren Indizien für diese Hypothese.
In der parapsychologischen Literatur wird berichtet, daß beim Ablauf des irdischen Todes der *Astralleib* ebenfalls aus dem materiellen Körper austritt, sich von ihm löst, diesmal aber zerreißt das Verbindungsband, *die silberne Schnur*. Der Tod oder das Ableben soll dann irreversibel geworden sein.[168]
Das Austreten und Lösen des *Astralleibes* in der Phase des Todes kann hin und wieder von einzelnen, insbesondere anwesenden »hellsichtigen« Personen mehr oder weniger deutlich beobachtet werden. Fälle dieser Art wurden vielfach beschrieben.[169]
Weiter kann beobachtet werden, daß der Sterbende von Wesenheiten aus dem Jenseits, insbesondere von bereits verstorbenen Verwandten oder Freunden, empfangen und abgeholt wird. Diese Verwandten und Freunde sieht auch gelegentlich der Sterbende selbst schon kurz vor seinem Tode und berichtet davon den Umstehenden. Im allgemeinen pflegt man derartige Wahrnehmungen (auch schöne Musik wird gehört) und Äußerungen Sterbender als Imaginationen oder Halluzinationen im Delirium anzusehen. Der ganze paranormale Zusammenhang legt aber die Auffassung nahe, daß es sich hier nicht um Halluzinationen, also Produktionen des eigenen Geistes, sondern um Visionen mit einem realen Geschehen als Ursache und Hintergrund handelt. Eine Vielzahl von Berichten dieser Art werden von den Doktoren Osis und Haradsson vorgelegt.[170]
Die beim Todesvorgang ausgetretenen Astralkörper verschwinden nicht immer auf Nimmerwiedersehen in einer unbekannten Region. Es gibt zahlreiche Berichte darüber, daß Verstorbene kurz nach ihrem Tode einzelnen Freunden oder Verwandten »sichtbar« erscheinen, um auf ihren Tod aufmerksam zu machen. Besonders in Kriegszeiten wird derartiges beobachtet. Oft treten die Erscheinungen, man nennt sie Phantome, in ihrer Soldatenuniform auf, in der sie gefallen sind und deuten auf ihre Verwundung. Es bleibt hierbei aber in den meisten Fällen unklar, ob es sich um eine induzierte Halluzination handelt, ob eine echte Vision im Sinne einer paranor-

malen Wahrnehmung vorliegt oder ob der Astralkörper des Verstorbenen sich so verdichtet (man sagt materialisiert) hat, daß er normal sichtbar und damit im Prinzip auch photographierbar wird.
Es gibt aber Fälle, in denen die Gestalt oder das Phantom verstorbener Personen mehrfach einer größeren Zahl von lebenden Menschen sichtbar erscheint, so daß man kaum noch Halluzinationen oder Visionen vermuten kann.
Bei einem großen Teil der Spukvorgänge treten jenseitige Wesenheiten, verstorbene Menschen, paranormal in Erscheinung. Sie sind durch unglückliche Erinnerungen gebunden und können von sich aus, oft für lange Zeit, nicht die Kraft aufbringen, sich dem Netz der damit verbundenen geistigen Verstrickungen zu entwinden. Sie verbleiben dann in der Erdsphäre und versuchen, sich den hier lebenden Menschen bemerkbar zu machen.
Für jedermann sichtbare Erscheinungen von den »Körpern« verstorbener Menschen können in gewisser Weise auch absichtlich hervorgerufen werden. Es wird dazu allerdings eine entsprechend veranlagte Versuchsperson, ein sogenanntes *Materialisationsmedium*, benötigt. Berichte über Versuche dieser Art liegen in großer Anzahl vor, zum Beispiel in dem Buch[171] von Aksákow in dem Kapitel »Die Identität der Persönlichkeit eines Verstorbenen, bestätigt durch die Erscheinung der irdischen Gestalt« und in Bd. II des Werkes von Mattiesen in den Kapiteln über »Vollphantome der Experimentalsitzung«.[172]
Die beiden bedeutendsten bekanntgewordenen Materialisationsmedien waren Carlos Mirabelli (1889–1951) in Brasilien und Einer Nielsen (1894–1965) in Kopenhagen. Beide wurden (wie auch viele andere Medien dieser Art) wegen ihrer staunenswerten Eigenschaften während ihres Lebens erheblich angefeindet und der Täuschung verdächtigt. Dr. Hans Gerloff (1887–1965) hat in zwei Büchern[173] eine Rechtfertigung dieser Medien vorgenommen und ihre Phänomene eingehend geschildert. Dabei hat er Einer Nielsen über einen längeren Zeitraum selbst eingehend beobachtet und untersucht. Bei ihm traten bei etwa 1700 Materialisationssitzungen in der Zeit von 1914 bis 1961 etwa 17000 vollmaterialisierte (das heißt vollkommen ausgebildet im Sinne der irdischen Materie) Gestalten auf, die sich meist als verstorbene Verwandte oder Freunde der anwesenden Personen ausgaben und von diesen als solche auch erkannt und anerkannt wurden.

Diese und andere mediale Versuche zeigten, daß die Informationen und die Persönlichkeitsstruktur einzelner Verstorbener offenbar weiterbestehen, aber nicht »leblos« wie in einem Buch abgedruckt, sondern kommunikations- und aufnahmefähig mit allen Merkmalen der früheren Persönlichkeit. Nach Definition im physikalisch-nachrichtentechnischen Sinn ist das dann Fortleben, ganz gleich, wo man die Fortexistenz annimmt. Diese Auffassung ist unter dem Namen »Spiritistische Hypothese« oder »Spiritistische Theorie« bekannt geworden.

Es ist weiter zu bemerken, daß das Erfahrungsmaterial der Parapsychologie keinerlei Hinweise gibt auf etwas, was wir »Unsterblichkeit« nennen. Fortleben nach dem irdischen Tod und Unsterblichkeit sind zwei verschiedene Dinge. Die Erfahrungen der Parapsychologie reichen nur in den unmittelbaren Bereich nach dem Tod hinein.

Aber trotz allem ist die Überlebenshypothese wichtig. Ohne einen ausreichenden Vorrat von Hypothesen verarmt jede Wissenschaft. Hypothesen sollen einer Forschung den Weg weisen. Sie sollen zum sinnvollen Suchen anregen, sie sollen uns Richtlinien geben, die in die Zukunft weisen. So soll uns auch die Überlebenshypothese, wie das Trägheitsprinzip in der Physik, in die Lage versetzen, uns auf künftige Situationen einzustellen, und zwar auf Situationen unseres nachtodlichen Lebens. Das Trägheitsprinzip gibt, obwohl nicht exakt beweisbar, aber unzählige Male in seinen Schlußfolgerungen bestätigt, Richtlinien für physikalisch sinnvolles Handeln. Die Überlebenstheorie kann uns, wenn wir sie annehmen, Verhaltensrichtlinien für unser Leben geben. Sie kann uns Einblicke in Zusammenhänge geben, die wir sonst nicht durchschauen, die uns sonst sinnlos erscheinen.

Wenn wir das an Erkenntnis annehmen, was uns aus der Welt angeboten wird, in die wir nach unserem Tod eintreten, wenn wir es sorgfältig prüfen und verwerten und die Richtschnur unseres Handelns darauf entsprechend ausrichten, können wir Menschen mit mehr Ruhe und Gelassenheit durch das Leben gehen. Auch Schicksalsschläge werden uns, wenn wir das irdische Leben nur als Durchgangsstation zu einem nachtodlichen Leben ansehen, nicht in dem Maße umwerfen, wie sie es tun, wenn der Tod für uns unwiderrufliche Endstation ist.

Wenn man nun davon ausgeht, daß der irdische Tod nicht das Ende

des Lebens ist, stellt sich natürlich die Frage, was dann weiterhin alles geschieht. Über die unterschiedlichen nachtodlichen Schicksale gibt es durch die Verbindung besonders veranlagter Menschen, sogenannter Medien, mit der jenseitigen Welt seit 150 Jahren umfangreiche Schilderungen. Eine Auswahl davon habe ich in dem Buch *Leben nach dem irdischen Tod. Die Erfahrungen von Verstorbenen* dargestellt. Doch ergibt sich die weitere Frage: Ist die irdische Geburt überhaupt der Beginn unseres Daseins, und wie und von wem wird unser Verhalten auf dieser Erde beurteilt? Sind Wohlverhalten oder begangene Verbrechen völlig folgenlos?
Über diese Fragen haben sich die Menschen schon sehr früh, bereits vor Jahrtausenden, Gedanken gemacht, die dann auch in die jeweiligen religiösen Vorstellungen eingegangen sind. Diese waren derart, daß das menschliche Dasein durch einen Schöpfungsakt der Gottheit in Erscheinung getreten ist. Die den Menschen mitgegebene Willensfreiheit führte aber dazu, daß die Geschöpfe nicht immer nach den Wünschen und Gesetzen des Gottes oder der Götter ihr Leben verbrachten. Begangene Vergehen oder Untaten erforderten aber gemäß dem Gerechtigkeitssinn der Menschen eine Bestrafung, Wiedergutmachung und Reue. Wo und wie aber sollte oder konnte das erfolgen?
Die Bestrafung oder Belohnung wurde in manchen religiösen Systemen (auch im christlichen) im Jenseits, in Himmel, Fegefeuer und Hölle angesiedelt. Im Himmel oder Paradies erfolgt die ewige Belohnung, im Fegefeuer eine zeitlich befristete Freiheitsstrafe mit anschließender Begnadigung und in der Hölle oder Tartarus die »lebenslängliche« Freiheitsstrafe unter erschwerten Bedingungen mit eingeschalteten Folterungen durch Feuertorturen. Hier war Reue zwecklos und Umkehr unmöglich. In diesem System hatten Einsicht in begangenen Fehler, der Wille und die Möglichkeit zur Wiedergutmachung und die Rückgliederung auch des Schwerverbrechers, wenn er erst einmal gestorben war, keinen Platz. Außerdem sollte die jenseitige Einstufung nicht nur vom irdischen Lebenswandel des Verstorbenen, sondern in starkem Maße auch von der Wirksamkeit priesterlicher Zeremonien und bestimmter Opferriten abhängen.
Eine solche Regelung widersprach dem Gerechtigkeitsempfinden vieler Menschen und dem Glauben an eine liebende Gottheit. Aus diesem Grund entwickelte sich schon sehr früh eine andere Anschauung, nämlich die, daß das menschliche Erdenleben nicht ein-

malig und unwiederholbar ist. Je nach moralischem Erfolg oder Mißerfolg eines beendeten Erdenlebens wird ein Verstorbener entweder sofort oder nach einer mehr oder weniger langen Übergangszeit im Jenseits in ein neues Erdenleben hineingeboren. Man spricht von Wiedergeburt, Reinkarnation, Metempsychose oder Seelenwanderung, wobei den verschiedenen Bezeichnungen oft etwas unterschiedliche Bedeutung zugemessen wird. Die Form der Wiedereinverleibung, z.B. in den Körper eines Tieres (im Hinduismus möglich) oder den eines hoch- oder tiefgestellten Menschen mit mehr oder weniger schwerem Schicksal, hängt von der Vorbelastung des Verstorbenen bzw. Neugeborenen ab. Man spricht von »*Karma*«. Das Wort kommt aus dem Sanskrit und heißt zunächst »Tat, Werk, Handlung«, bedeutet dann aber auch die Frucht oder Folge der Tat. Unter *Karma* versteht man eine Kette von Auswirkungen früherer, in anderen Existenzen begangener Taten. *Karma* ist die gute oder böse Vergeltungskraft moralischer oder unmoralischer Handlungen, ein Prinzip allgemeiner Ursächlichkeit, das unser gegenwärtiges Schicksal aus den guten Taten oder Verfehlungen früherer Existenzen auf dieser Erde oder in der jenseitigen Welt herleitet.

Diese Auffassung begann sich, soweit man das heute historisch noch nachweisen oder erschließen kann, zu Beginn des ersten vorchristlichen Jahrtausends in etwas unterschiedlichen Formen auszubilden und war um 500 v. Chr. voll entwickelt. Bedeutende Vertreter dieser Lehre waren der Religionsstifter *Siddhartha Gautama*, genannt *Buddha* (um 560–480 v. Chr.), der griechische Philosoph und Mathematiker *Pythagoras* (580–500 v. Chr.) und seine Schule und der griechische Philosoph *Platon* (427–347 v. Chr.). Zur Zeit Christi war der Glaube an die Reinkarnation in allen damaligen Kulturvölkern bekannt, so im ganzen römischen Reich, einschließlich Palästina und Griechenland, in Ägypten, Persien und Indien. Das bedeutet allerdings nicht, daß alle Menschen dieser Völker auch daran glaubten oder daß er Bestandteil der jeweiligen Staatsreligionen war. Z. B. ist in der überlieferten Mosaischen Religion von Reinkarnation keine ausdrückliche Rede. Doch hielten die Juden es zumindest für möglich, daß jemand, der schon einmal als Mensch auf dieser Erde gelebt hatte, in einer neuen Menschengestalt wiederkehren könne.

Nun werden Kritiker der Wiedergeburtslehre sofort einwenden, das seien ja alles, wie der Gottesglaube überhaupt, nur menschliche Hilfskonstruktionen, also reines Wunschdenken. Dagegen haben die zahlreichen Jenseitskontakte, die zu allen Zeiten erfolgten, die besonders aber in den letzten 140 Jahren durch Parapsychologie und Spiritualismus (die religiöse Ausprägung des Spiritismus) zustande kamen, gezeigt, daß tatsächlich eine jenseitige Welt und eine göttliche Ordnung vorhanden sind. Insofern ist es auch gut möglich, daß bereits im Altertum in Indien und Griechenland die Mitteilungen über eine mögliche mehrfache irdische Wiedereinverleibung über Jenseitskontakte erfolgten und nicht rein menschliche Erfindung sind.

Für das frühe Christentum wird von dem Kirchenvater Origenes (um 185–254) und seiner Schule überliefert, daß sie die Reinkarnationslehre vertreten haben. Origenes war der erste bedeutende frühchristliche Theologe des griechischen Ostens. Ein Hauptwerk des Origenes waren die vier Bücher »*Peri archon*« (»Über die Ursprünge« oder »Über die ersten Dinge«), in denen er den ersten Versuch einer systematisch angelegten Darstellung des christlichen Glaubens unternahm. Dieses Werk ist in seiner vollständigen griechischen Urform nicht erhalten geblieben. Es ist uns nur in der im Jahre 398 in Italien von Rufin (oder Rufinus aus Aquileia) angefertigten lateinischen Übersetzung überliefert. Sie trägt den Titel *De principiis*. Leider handelt es sich dabei nicht um eine wortgetreue Übersetzung, sondern schon um eine im »orthodoxen« Sinn erfolgte Überarbeitung, bei der besonders anstößige Stellen bereits entfernt wurden.[174]

Rufinus sagt selbst in dem Vorwort zu seiner Übersetzung:[175] »Wo wir deshalb in seinen Büchern etwas fanden, was seinen eigenen rechtgläubigen Lehraussagen über die Trinität widersprach, die er an den übrigen Stellen gegeben hatte, so haben wir das als verfälscht und unzugehörig entweder ausgelassen oder nach der Vorschrift dargestellt, die wir bei ihm selbst vielfach bekräftigt fanden.«

Insofern kann man heute nur bedingt sagen, in welchem Umfang Origenes eine Wiedergeburtslehre in dem bisher beschriebenen Sinn vertreten hat. Doch deutet die schriftliche Begründung des Ediktes von Kaiser Justinian gegen Origenes darauf hin, daß dieser mehrfache Erdenleben des Menschen in Betracht gezogen hat.[176]

Origenes vertrat die Lehre von der *Präexistenz*, die besagt: Die Menschen auf dieser Erde sind nicht erst durch ihre irdische Geburt in das Leben getreten, sondern haben als Geschöpfe Gottes schon ein langes Dasein hinter sich. Einst waren sie Mitbewohner des Reiches Gottes, das von ihm zusammen mit einer Schar hoher Engel gelenkt wurde. An deren Spitze stand Gottes erster Sohn, der als späterer Mensch den Namen Jesus der Christus trug.

Weiter war nach dieser Lehre der Christus nachfolgende Engelfürst ein Wesen, das bei uns Menschen unter dem Namen »Luzifer = Lichtträger oder Lichtbringer« bekannt ist. Dieser litt darunter, daß er Christus nachgeordnet war, und versuchte daher, einen Aufstand gegen ihn vorzubereiten. Dazu brachte er einen Teil der anderen Geisterfürsten und sonstigen Wesenheiten auf seine Seite. Als diese Umtriebe zu offener Rebellion ausarteten, gab Gott dem Erzengel Michael als Anführer der Himmlischen Heerscharen den Befehl, Luzifer mit seinem aufständischen Anhang aus dem himmlischen Reich zu vertreiben.[177] Es ereignete sich das, was wir den »Engelsturz« nennen, der an einigen Stellen im Alten und Neuen Testament erwähnt wird.[178] Christus sagt dazu (Luk. 10, 18): »Ich habe den Satan wie ein Blitz aus dem Himmel herabgestürzt gesehen.« Und in der Offenbarung des Johannes (12,7) heißt es: »Es erhob sich dann ein Kampf im Himmel: Michael und seine Engel kämpften mit dem Drachen; auch der Drache und seine Engel kämpften, doch gewannen sie den Sieg nicht, und ihres Bleibens war nicht länger im Himmel. So wurde denn der große Drache, die alte Schlange, die da ›Teufel‹ und ›Satan‹ heißt, der Verführer des ganzen Erdkreises, auf die Erde hinabgestürzt, und seine Engel wurden mit ihm hinabgestürzt.«

Diese abgefallenen Wesen sollten nun nicht für ewig aus Gottes Reich ausgeschlossen bleiben, sondern es sollte ihnen die Möglichkeit der Rückkehr eröffnet werden. Daher wurden für sie von Gott oder in Gottes Auftrag Besserungs- und Aufstiegsstufen geschaffen, worunter sich auch unsere materielle Erde befand und befindet. Nach dieser Lehre sind die Menschen auf unserem Planeten die Inkarnationen jener gefallenen Engel, die hier eine Bewährungs- und Besserungsphase durchlaufen, d. h. geprüft werden, ob sie in Zukunft wieder Gott und Christus untertan sein wollen und können.

Diese Lehre des Origenes erregte bei seinen Gegnern schon zu seinen Lebzeiten und in steigendem Maße in den folgenden Jahrhunderten lebhaften Widerspruch. Er führte schließlich zu den sogenannten »origenistischen Streitigkeiten«, die im sechsten Jahrhundert ihren Höhepunkt erreichten. Sie wurden äußerlich erst durch das Eingreifen des oströmischen Kaisers Justinian (um 483–565) beendet.

Diesem auf Ordnung und Einheitlichkeit bedachten und religiös interessierten Kaiser waren theologische Streitigkeiten in seinem Reich völlig zuwider. Als daher antiorigenistische Gruppen ihm eine Klageschrift, versehen mit Auszügen aus *De prinicipiis*, einreichten, griff er höchstpersönlich ein.[179] Im Januar des Jahres 543 erließ er ein Edikt gegen Origenes und seine Lehren, die in zehn Verfluchungen (*Anathematismen*) gipfelten.[180] Die vier wesentlichen davon lauten:

»1. Wenn jemand sagt oder meint, die Seelen der Menschen präexistieren, sie seien nämlich zuvor Geister und heilige Kräfte gewesen, haben dann aber, der göttlichen Anschauung überdrüssig, sich zum Schlimmeren gewendet, und seien, weil dadurch die göttliche Liebe in ihnen erkaltet sei, Seelen genannt und zur Strafe in Leiber herniedergeschickt worden, so sei er Anathema (*verflucht*).

2. Wenn jemand sagt oder meint, daß die Seele des Herrn präexistiert habe und vor der Menschwerdung und der Geburt aus der Jungfrau mit dem Gott Logos vereinigt gewesen sei, so sei er Anathema.

9. Wenn jemand sagt oder meint, die Strafe der Dämonen und der gottlosen Menschen sei eine zeitliche und werde einmal ein Ende haben, mit anderen Worten, es werde ein Apokatastasis (*griech. = Wiederherstellung. Gemeint ist damit die Rückkehr aller zu Gott*) der Dämonen oder der gottlosen Menschen eintreten, so sei er Anathema.

10. Anathema (*Fluch*) auch dem Origenes, der auch Adamantios heißt, der dieses gelehrt hat, samt seinen abscheulichen, verfluchten und lasterhaften Dogmen, und jeder Person, die dieses denkt oder verteidigt oder überhaupt auf irgendeine Art zu irgendwelcher Zeit hierfür einzutreten wagt.«

Zusätzlich zu seinem eigenen Edikt verlangte Justinian von dem Patriarchen Menas die Einberufung einer (lokalen) Synode in Konstantinopel[181], welche die Verfluchungen des Kaisers zu bestätigen hatte. Die Synode wurde noch im Jahre 543 abgehalten. Alle Teil-

nehmer, sowie später weitere Patriarchen und Bischöfe, unterschrieben das Edikt.[182] Außerdem wurde die Zustimmung des römischen Papstes Vigilius (537–555) eingeholt. Es kam also eine Verdammung des Origenes und seiner Lehren durch die Gesamtkirche zustande, wenn auch nicht durch ein ökumenisches Konzil. Auch mag manche Unterschrift unfreiwillig geleistet worden sein.[183]
Dieses Edikt wurde im Jahre 553 vor Beginn des fünften ökumenischen Konzils in Konstantinopel von Justinian in etwas erweiterter Form nochmals wiederholt und von den Konzilsvätern bestätigt.
Damit war für die (damals noch vereinte) christlich-katholische Kirche das Thema »Präexistenz« und »Wiedergeburt« abgeschlossen. Erst der Mitte des 19. Jahrhunderts aufkommende neuzeitliche Spiritismus und Spiritualismus belebte für Christen das Thema erneut.
Von Nordamerika ausgehend, breiteten sich spiritistische Praktiken in wenigen Jahren über die ganze Kulturwelt aus. Darunter ist zu verstehen, daß über besonders veranlagte Menschen, sogenannte Medien, Verbindung zur jenseitigen Welt aufgenommen wurde. Eines dieser Medien war die Französin Célina Bêquet. Vom Jahre 1846 an empfing sie mediale Mitteilungen über die Reinkarnationslehre, die von ihrem verstorbenen Großvater (einem ehemaligen Arzt), der heiligen Theresia und anderen Geisteswesen stammen sollten. Ab 1849 bildete sich um Célina Bêquet ein aus insgesamt neun Personen bestehender spiritistischer Kreis. 1856 gesellte sich zu ihm ein Herr Denizard Rivail (1804–1869), der später den Namen *Allan Kardec* führte. Rivail bzw. Kardec nahm sich alsbald der inzwischen zahlreichen medialen Schriften Célinas an, sichtete die vorhandenen Themen, stellte selbst an die durchgebenden Geistwesen eine Anzahl Fragen[184] und fügte alles in eine systematische Ordnung ein. Daraus entstand zunächst das am 18. April 1857 in Paris veröffentlichte Buch *Le livre des Esprits*, zu deutsch *Das Buch der Geister*.[185]
Die Lehre Kardecs ist gemäß der von den Geistern übermittelten Durchgaben in Auszügen folgende:[186]

»Gott ist ewig, unwandelbar, unmateriell, einig, allmächtig, allgerecht und allgütig. Er hat das Weltall erschaffen, das alle belebten und unbelebten Wesen, materielle und immaterielle, umfaßt. Die materiellen Wesen bilden die sichtbare Welt, die Körperwelt, die immateriellen Wesen die unsichtbare Welt, die Geisterwelt. Die geistige Welt ist die normale, ursprüngliche und ewige Welt, die vor allem physischen Sein war und alles Materielle überdauern wird. Die Körperwelt ist von untergeordneter Bedeutung. Sie könnte in ihrer Existenz aufhören und brauchte nie existiert zu haben, ohne die Wesenheit der geistigen Welt zu verändern. Die Geister legen für gewisse Zeit eine vergängliche, materielle Hülle an, deren Zerstörung, für gewöhnlich Tod genannt, sie wieder in Freiheit setzt. Unter den vielerlei Arten körperlicher Wesen ist die Ordnung ›Mensch‹ zur Verkörperung solcher Geister bestimmt, die eine gewisse Entwicklungsstufe erreicht haben. Dies bedingt sittliche und intellektuelle Überlegenheit über die anderen Ordnungen. Die menschliche Seele ist ein verkörperter Geist, der Körper ist des Geistes Hülle. Der Mensch besteht aus drei Teilen:

1. Aus dem Körper, dem materiellen Wesen, das dem Tier entspricht und durch das nämliche Lebensprinzip belebt wird.
2. Aus der Seele, dem immateriellen Wesen, dem in den Körper inkarnierten Geiste.
3. Aus dem Bande, das Seele und Körper eint, dem zwischen Materie und Geist vermittelnden Prinzip.

Somit hat der Mensch zwei Naturen: Durch den Körper nimmt er an der Natur der Tiere teil, deren Instinkte er besitzt, und mit seiner Seele nimmt er an der Natur der Geister teil.
Das Band, der *Perisprit*, das Körper und Geist verbindet, ist eine Art halbmaterieller Hülle. Mit *Tod* bezeichnen wir die Zerstörung der gröbsten Hülle, der Geist besitzt aber noch eine zweite, die für ihn einen ätherischen Körper bildet. Im normalen Zustande ist er uns unsichtbar, bei Geistererscheinungen aber kann er sichtbar und sogar fühlbar gemacht werden.«

Über die irdische Einverleibung der Geister schreibt Kardec:[187]

132. Was ist der Zweck der Inkarnation der Geister?
»Gott will die Geister dadurch zur Vollendung führen. Für die einen ist sie Sendung, für die anderen wieder Sühne. Um aber zur Vollendung zu gelangen, müssen sie alle Wechselfälle der leiblichen Existenz durchmachen. Hierin liegt die Sühne. Durch die Inkarnation soll der Geist auch befähigt werden, für seinen Teil zum Schöpfungswerk beizutragen. Zu diesem Zweck nimmt er auf jeder Welt eine zum Stoff derselben stimmende Ausrüstung an, um dort die Befehle

Gottes auszuführen. So schreitet er selbst fort, während er zum allgemeinen Fortschritt beiträgt.«
133. Bedürfen jene Geister, die von Anbeginn den Weg des Guten beschritten, auch der Inkarnation?
»Alle werden einfach und unwissend geschaffen. In Kämpfen und Trübsalen des leiblichen Lebens bilden sie sich heran. Der gerechte Gott konnte nicht die einen ohne Mühe, Arbeit und eigenen Verdienst glücklich werden lassen. Durch die Leiden körperlichen Lebens gelangen sie schneller zum Ziel. Manchmal sind auch die Leiden des Lebens Folgen der Unvollkommenheit des Geistes. Je weniger er deren hat, desto weniger Qualen hat er.«
167. Was ist der Zweck der Wiedereinverleibung?
»Die Sühne, die fortschreitende Besserung der Menschheit.«

Bei allen Schilderungen Kardecs muß man bedenken, daß es sich hierbei nicht um unfehlbare göttliche Offenbarungen handelt, sondern um Berichte Jenseitiger, die entweder ihrem Wissensstand oder ihrer persönlichen Meinung entsprachen. Neben wahren Kerninhalten können daher auch durchaus eigene Mutmaßungen eingeflochten sein. Außerdem weiß man nicht, wie Kardec selbst die Durchgaben noch überarbeitet hat.
Die Lehren Kardecs und seiner jenseitigen Informanten fanden im romanischen Sprachbereich durch riesige Buchauflagen größte Verbreitung. Ihre Anhänger zählen in Brasilien nach vielen Millionen. Dagegen wurde im angelsächsischen Sprachbereich in manchen Jenseitsdurchgaben die Möglichkeit einer irdischen Wiedergeburt heftig bestritten. Das kann natürlich darauf beruhen, daß diese Jenseitigen darüber noch nicht unterrichtet waren und sie außerdem über keine eigenen erinnerbaren Erfahrungen verfügten. Kardec erhielt zu seiner Frage:[188]
331. Beschäftigen sich alle Geister mit ihrer Reinkarnation?
Die Antwort:
»Es gibt welche, die gar nicht an dieselbe denken, und andere, die sie nicht begreifen. Das hängt vom Fortschritt ihres Wesens ab. Einigen dient ihre Ungewißheit über ihre Zukunft als Strafe.«
Die Lehre des Origenes über die Präexistenz mit Engelsturz und Geisterfall wird bei Kardec nicht erwähnt. Sie spielt aber in der nachfolgenden Lehre die ausschlaggebende Rolle. Diese wurde durch den damals katholischen Priester Johannes Greber (1874–1944) begrün-

det, einem Pfarrer in der kleinen Gemeinde Kell bei Andernach. Es war im Spätsommer 1923, als er mit dem Spiritismus in Berührung kam. Zu ihm kam eines Tages ein Mann aus seiner Gemeinde und fragte ihn nach seiner Ansicht über den Spiritismus. Zugleich forderte er ihn auf, sich sein Urteil nach eigener Anschauung zu bilden. Greber nahm darauf an Sitzungen in Form spiritistischer Gottesdienste einer kleinen Gruppe in Kell teil.
Greber lernte in den folgenden Wochen und Monaten die verschiedenen Formen des Jenseitsverkehrs und die unterschiedlichsten Geistwesen kennen. Er berichtet darüber:[189]

»Das Auftreten der verschiedenartigen Geister und das, was sich dabei zutrug, hatte seine tiefe Bedeutung. Von den hohen Geistern empfingen wir wertvolle Unterweisungen, manchmal auch ernste Zurechtweisungen und Tadel, so daß nicht selten bei dem einen oder anderen der Teilnehmer die Tränen kamen. Mehr als einmal wurden die geheimsten Gedanken der Anwesenden offenbart, jedoch stets so, daß keiner vor den übrigen beschämt wurde. Es ist überhaupt eine Eigentümlichkeit der guten Geisterwelt, daß sie ihren Tadel und ihre Zurechtweisungen immer in Formen kleidet, die nie verletzen, sondern mit dem Hinweis auf die Verfehlung der Menschen stets Worte des Trostes, der Ermunterung und der Liebe verbinden. Sie brechen nie das geknickte Rohr und löschen den glimmenden Docht nicht aus. Mit zarten Händen behandeln sie die Wunden an den Herzen ihrer Pflegebefohlenen.«

Nach dieser Anfangs- und Lernphase erhielt Greber umfangreiche weitere Belehrungen, die ihn naturgemäß sehr erregten. Er sagte dem leitenden Geistwesen:[190]

»Meine Gedanken wirbeln durcheinander. Ich weiß nicht, was ich von alledem halten soll. Ich bitte dich, belehre mich über alles und sage mir vor allem, wer du bist und wie es möglich ist, daß du durch diesen Jungen redest.«

Die Antwort lautete:

»Du hast recht, daß du mich zunächst fragst, wer ich bin. Denn ihr sollt die Geister, die zu euch reden, vor allem prüfen, ob sie von Gott sind, damit ihr nicht die Opfer böser Geister werdet, die euch leiblich und geistig zugrunde richten, euch nicht die Wahrheit sagen,

sondern die Lüge, und dadurch euren Lebensweg zum Abgrund führen. – Ich schwöre es dir bei Gott, daß ich ein guter Geist Gottes bin, und zwar einer der höchsten. Meinen Namen behalte für dich!«
Nun nannte er seinen Namen.
»Ich bin es, der dich hierher geführt hat. Ich will dich im Auftrage Gottes lehren, und du hinwiederum lehre deine Mitmenschen!«

Die weiteren Belehrungen ergaben ein umfassendes Bild über Gott, seine Persönlichkeit, seine Schöpfung und ihr Schicksal, über den Abfall eines Teils der Geisterwelt und seine Vertreibung aus Gottes Reich. Über den anschließenden Erlösungsplan wurde Greber folgendermaßen belehrt:[191]

»Nach dem Abfall eines großen Teiles der Geisterwelt legte Gott den Plan fest, nach dem er die in die Tiefe gesunkenen unglücklichen Wesen retten und zu seinem Reiche wieder zurückführen wollte.
Sein Erbarmen galt zunächst den weniger Schuldigen. Das waren die unermeßlichen Scharen, die bei der erneuten Prüfung in der Sphäre des Paradieses die Sünde des endgültigen Abfalles begangen hatten. Erst wenn sie Rettung gefunden, sollten ihre Verführer – Luzifer und seine Miträdelsführer – zur Rückkehr ins Vaterhaus Gottes gelangen.
Gott ist gerecht. Bei den Verführten lag die Sünde der Schwachheit vor, bei den Verführern die Sünde der Bosheit. Wie die Sünde wesentlich verschieden war, so auch die Strafe und der Weg der Rückkehr aus der Tiefe.
Der erste Schritt zur Rettung bestand darin, daß Gott Besserungssphären schuf, und zwar stufenweise, nach euch unbegreiflichen Gesetzen, wie sie nur die Weisheit Gottes zu ersinnen vermag. Auf diesen Stufen des Emporsteigens der gefallenen Geister aus der Tiefe der Finsternis hinauf zu Gott weist Paulus in seinem Brief an die Epheser hin, indem er von Entwicklungsstufen spricht, die Gott angeordnet habe, um seinen Ratschluß auszuführen, nach dem er alles wieder mit dem Sohne vereinigen wolle. An dieser Stelle gebraucht der Urtext das Bild von dem Bau eines Hauses mit verschiedenen Stockwerken. Nimm dieses Bild geistig, dann wird dir die Lehre von den ›Besserungssphären‹ der gefallenen Geister leichter verständlich sein.
Das, was ihr ›Hölle‹ nennt, ist die tiefste Stufe, in welche alle gefalle-

nen Geister kamen. Aber auch die Hölle enthält eine Anzahl Besserungssphären, durch die ein Geist durch Besserung seiner Gesinnung sich emporarbeiten kann bis zur ersten der *irdischen* Sphären.«

»Ein Zurücksinken eines Geistes aus einer höheren Besserungsstufe in eine tiefere gibt es nicht. Wohl ein Stillstehen in derselben Stufe. Wie ich dir bereits gesagt habe, muß ein Geistwesen, das bei seinem irdischen Tode in der betreffenden Stufe seiner Verkörperung nicht weitergekommen ist, so oft in derselben Stufe wiederverkörpert werden, bis es für die nächst höhere Stufe reif ist. Das gilt auch vom Menschen. Hat sich sein Geist im irdischen Leben auf dem Wege zu Gott nicht vervollkommnet, so wird er wieder Mensch. Jedes Leben ist ein Examen. Wer durchfällt, muß es so oft machen, bis er es besteht. Das sind göttliche Gesetze, die für die ganze Schöpfung gleichmäßig Geltung haben. Bei Gott gibt es keine Willkür.«[192]

Im Laufe der Zeit wurde Pfarrer Greber zur Belehrung auch mehrfach mit Geistwesen der verschiedenen Besserungsstufen durch seine Medien in Verbindung gebracht. Zusammenfassend wurde ihm dazu mitgeteilt:[193]

»Die meisten Menschengeister müssen wiederholt zur Erde zurück. Denn der Abschluß ihres diesseitigen Lebens ist immer wieder ein ungünstiger und führt sie in die tiefsten Geistersphären zurück, anstatt sie für die höheren Stufen des Jenseits reif zu machen. – Betrachte dir das Leben der meisten Menschen! Ist nicht ihr ganzes Sinnen und Trachten auf das Irdische eingestellt? Wieviele denken überhaupt an Gott und glauben fest an ihn und tun das Gute? Seitdem die bösen Mächte das Geld unter die Menschen gebracht, haben sie ein Mittel, durch das sie eine unumschränkte Herrschaft über den größten Teil der Menschheit ausüben.

Die Zeit, welche die Geister der tieferen Sphären im Jenseits zubringen müssen, bis sie als Menschen wiederverkörpert werden, ist bei jedem Geist verschieden. Sie richtet sich auch nach dem, was der einzelne als Strafe für sein letztes irdisches Leben zu verbüßen hat. Gott ist gerecht, und jedes Vergehen erheischt seine Sühne. Doch Gott ist auch gütig und straft nie so hart, wie seine Geschöpfe es verdienen.«

Greber wurde eine Gesamtschau über die Entstehung der Welt und über die Entstehung der Bibel sowie ihren Inhalt und ihre Bedeutung vermittelt. Alles, was dem heutigen Menschen seltsam, unverständlich und widersprüchlich erscheint, wurde ihm erläutert und verstehbar gemacht. Auf diese Weise kann auch ein moderner Mensch im Zeitalter der Technik nachvollziehen, was durch die Bibel ausgesagt werden soll. Wer an religiösen Fragen und dem Schicksal der Welt interessiert ist, sollte das Grebersche Buch *Der Verkehr mit der Geisterwelt Gottes, seine Gesetze und sein Zweck*[194] unbedingt einmal lesen. Es wird in deutscher und englischer Sprache in immer neuen Auflagen von der *Greber Memorial Foundation* in den USA verbreitet. In dem Buch wird keine neue Heilslehre verkündet, die dem Anhänger einen sicheren Platz im Himmel garantiert. Es werden keine Weltuntergangsprophezeiungen verbreitet wie bei manchen anderen spiritistischen Gruppierungen. Es wird auch nicht in süßlich frömmelndem Ton gepredigt, sondern in sachlicher Sprache werden die Zusammenhänge geschildert, so daß auch einem nüchtern eingestellten Leser die Lektüre zuzumuten ist.
Nun wird mancher einwenden: Wenn das, was Origenes, Allan Kardec, Johannes Greber und jenseitige Geistwesen mitteilen, wirklich wahr sein sollte, dann hätte doch auch Christus schon zu irdischen Lebzeiten darüber ausführlich gesprochen und die Apostel hätten darüber berichtet. Dazu ist zu sagen: Vom Geisterfall, von Satan, dem Vater der Lüge und dem Menschenmörder von Anfang an (Joh. 8,44), welcher der Fürst (also Beherrscher) dieser Welt ist (Joh. 12,13; 16,11), sprach Christus ausdrücklich. Nur glaubt das heute fast keiner mehr. Daß Christus die menschliche Präexistenz und die unter Umständen mehrfache irdische Wiedergeburt nicht ausführlich besprochen hat, liegt wahrscheinlich daran, daß ihm sonst die Verkündigung seiner Lehre noch schwerer gefallen wäre, als es so schon der Fall war. Dann hätte er wahrscheinlich noch früher Schwierigkeiten mit der jüdischen Geistlichkeit bekommen, und vielleicht hätten ihm nicht einmal seine zwölf Jünger geglaubt, geschweige denn die anderen. So hat er diesen Teil, der für den Anfang und den Hauptteil seiner Lehre nicht so wesentlich war, einfach ausgespart. Für die Ausrichtung des persönlichen Lebens und den Glauben an Gott, d. h. das Vertrauen zu ihm und den Dienst für ihn, ist es unwesentlich, ob man an die Reinkarnation glaubt oder nicht.

Heutzutage aber, wo die Menschen kritischer geworden sind als vor 300 oder 2000 Jahren, führt das Wissen oder das Für-möglich-Halten von Reinkarnation für manche Menschen zu einer Bereicherung oder Klärung und Festigung der religiösen Einstellung. Denn was bieten die christlichen Kirchen sonst für Lehren über die Zeit nach dem irdischen Tod an, und warum sind die meisten Theologen Gegner des Reinkarnationsglaubens? Sie sagen, der Glaube an ein Fortleben nach dem Tode (was sie als Unsterblichkeitsglaube bezeichnen) und an die Reinkarnation sei griechisches Gedankengut und somit heidnisch und zu verwerfen. Als ob nicht auch andere Religionen Teile der Wahrheit enthalten können? Statt dessen bieten sie die »Ganztodtheorie« an. Diese besagt, daß der Mensch im irdischen Tod mit Leib und Seele stirbt. Der Tod ist die völlige Vernichtung der menschlichen Existenz durch Gott. Nach sehr langer Zeit, am Tage des *Jüngsten Gerichts*, findet eine Neuschöpfung der Menschheit statt. Nach den alten Bauplänen werden Menschen neu geschaffen und anschließend die Nachfolger für die Sünden ihrer Vorgänger gerichtet. Das heißt, sie werden entweder zum Rösten auf ewig in die Hölle geschickt oder kommen in den Himmel. Aber was können die armen Kerle in der Hölle dafür, wenn ihre Vorgänger gesündigt haben? Sie sind ja nur äußerlich die gleichen wie ihre Vorgänger, denn die sind ja ausdrücklich durch den Tod ausgelöscht worden. Eine sehr seltsame Vorstellung.
Der evangelische Professor für Kirchen- und Dogmengeschichte an der Universität Marburg Ernst Benz (1907–1978) drückt diese Auffassung folgendermaßen aus:[195]

»Im Protestantismus hat sich die kümmerlichste aller Jenseitsvorstellungen durchgesetzt, nämlich, daß der Mensch, wenn er stirbt, mausetot ist, und dann vielleicht nach einem Zeitraum von unbestimmter Länge am Jüngsten Tag, an den auch niemand mehr glaubt, wieder durch einen Akt der Neuschöpfung auferweckt wird, um dann gerichtet zu werden. Das ist alles so absurd wie nur möglich und verkennt schon die Tatsache, daß zum persönlichen Leben die Kontinuität der Persönlichkeit und die lebendige Entwicklung gehört. In der katholischen Kirche war dieser Gedanke der Kontinuität der Persönlichkeit und ihrer Entwicklung wenigstens noch durch die Lehre vom Fegfeuer gewahrt, aber die Katholiken glauben ja auch nicht mehr ans Fegfeuer. Die Kirche ist offenbar weitgehend den Angriffen der zweiten Aufklärung erlegen. Sie hält noch immer die materialistische und positivistische Wissenschaft des 19. Jahrhunderts für den höchsten Stand der Wissenschaftlichkeit und hat übersehen, daß die führenden Männer der heutigen Naturwissenschaft das stolze Selbstbewußtsein Haeckels, die Welträtsel gelöst zu haben, hinter sich gelassen haben und daß sich an der Spitze der wissenschaftlichen Entwicklung bereits ein ganz neues Verständnis des Verhältnisses von Glaube und wissenschaftlicher Erkenntnis abzeichnet. Bei dieser Absage der Kirchen an das Jenseits spielt auch der Schreck über die massive Polemik des Marxismus gegen die Kirche eine Rolle.«

Ein anderes theologisches Argument gegen die Reinkarnation ist, daß sie eine »Selbsterlösung« sei, und die gebe es im Christentum nicht. Man könne sich nicht durch gute Taten oder nachtodliche Läuterung die Seligkeit verdienen, sondern nur durch den Glauben und die Gnade Gottes, die er uns durch den Sühnetod seines Sohnes (gestorben für unsere Sünden) zukommen läßt. Der evangelische Theologe Dr. Reinhard Hummel drückt das so aus:[196]

»Gott ist es, der das Geschöpf läutert, nicht der Mensch sich selbst. Damit sind alle Hoffnungen, das eigene jenseitige Geschick durch nachtodliche Leistungen entscheidend verbessern zu können, ausgeschlossen. Christliche Hoffnung gründet sich auf die Gewißheit, daß Gott in der Auferstehung aus dem Bruchstückhaften des Menschenlebens etwas Rundes und Ganzes machen kann. An dem so verstandenen Prinzip Gnade scheitern die Versuche, der Reinkarnationslehre einen legitimen Platz im Bereich des Strebens nach christlicher Heiligkeit und Vollkommenheit zu verschaffen.«

Aber wäre ein solches Verfahren aus Gottes Sicht sinnvoll? Da begnadigt er sündhafte Menschen, eventuell Übeltäter schlimmster Sorte, nur weil sie kurz vor dem Tode aus Angst noch einmal gebeichtet und die Absolution empfangen haben. Und wenn sie dann im Jenseits, im Himmel sind, brechen die alten Triebe wieder durch. Wer schützt dann Gott davor, daß nicht eines Tages erneut ein Aufstand gegen ihn ausbricht, den er anschließend mit militärischer Gewalt, wie schon einmal, niederschlagen muß?
Da erscheint mir das System der vielfachen Prüfung der Menschen, möglicherweise durch mehrfache irdische Wiedergeburten, sehr

viel sinnvoller und der Liebe Gottes für seine Geschöpfe angemessener zu sein. Hier wird niemand auf ewig verworfen, aber die Rückkehr muß er sich durch Wiedergutmachung, wiederholte Prüfungen und echten Gesinnungswandel verdienen.
Pfarrer Greber wurde durch seinen Engel belehrt:[197]

»Ferner lehrt ihr einen ewig strafenden Gott. Ihr lehrt eine ewige Hölle. Die Hölle ist nicht ewig. Gott ist die Liebe. Er verstößt kein Geschöpf für immer. Alle, die durch eigene Schuld von ihm abgewichen sind, kehren auch wieder zu ihm zurück. Das ist die Wahrheit, für die ich ein anderes Mal den Beweis liefern werde.«

Ein manchmal gegen die Wiedergeburtslehre vorgebrachtes theologisches Argument ist, daß der Mensch ja zumindest wissen müßte, warum er hier wieder auf die Erde geschickt und wofür er eigentlich bestraft wird. Der evangelische Theologe Professor Adolf Köberle (1898–1990) drückt das so aus:[198]

»Wenn die moralische Verrechnung hartes Geschick erklären und einseitig machen will, dann wäre allererste Voraussetzung, daß wir Erinnerung an das vergangene Erdenleben und seine Unterlassungsfehler besäßen. Nur bei bestehendem Identitätsbewußtsein zwischen damals und heute könnte begangene Schuld erkannt, bereut und angenommen werden.«

Bei dieser Auffassung wird unterstellt, daß bei Reinkarnation das neue Erdenleben Strafcharakter im irdischen Sinn habe. Der Dieb hat gestohlen und kommt dafür ins Gefängnis. Dort geht es ihm schlecht, und er weiß warum. Nach der Wiedergeburtslehre, wie ich sie hier nach verschiedenen Quellen dargestellt habe, hat das irdische Leben aber mehr Prüfungs- und Wiedergutmachungs-Charakter, und dabei ist es wichtig, daß man seine Vergangenheit nicht kennt, daß man innerlich unbelastet einen neuen Anfang machen kann und nicht mit völliger Sicherheit über alle Folgen unterrichtet ist. Das, was man vielleicht »Strafe« nennen könnte, die zur inneren Einsicht führen soll, findet im Anschluß an den irdischen Tod im Jenseits statt. Vielfältige Berichte aus dem Jenseits deuten darauf hin. Dort, in der jenseitigen Welt, soll oder kann der Mensch unter dem Eindruck und den Folgen seines vergangenen Lebens seine Einstellung ändern. Was davon dann in seiner Seele zutiefst haften geblieben ist, wird, falls es für ihn dazu kommt, in einem neuen

Erdenleben geprüft, und zwar ohne daß er so ganz genau weiß, wann, wo und wie er geprüft wird. Jeder Mensch kann sagen oder hoffen: Einen Gott gibt es nicht, an ein Leben nach dem Tod und an eine ausgleichende Gerechtigkeit glaube ich nicht und an eine irdische Wiedergeburt schon überhaupt nicht. Hier auf Erden ist es nur wichtig, sich nicht erwischen zu lassen. Das aus solcher Einstellung resultierende Leben ist für Gott ein gewichtigeres Zeugnis für die innere Einstellung eines Menschen, als wenn dieser nur aus Furcht vor Strafe das Böse unterläßt. Am Abschluß des ganzen Prüfungsverfahrens muß natürlich die durchgehende Erinnerung, das Identitätsbewußtsein für alle Existenzen wiederhergestellt werden, damit der Mensch erkennt, warum alles so abgelaufen ist.

Nun wird mancher vielleicht einwenden, daß das ja alles nur religiöse Theorie sei, und fragen, ob denn dafür Beweise beigebracht werden können oder wenigstens Indizien vorhanden sind. Darauf ist zu antworten, daß es zwingende wissenschaftliche Beweise nicht gibt, wohl aber Indizien, wenn auch nicht so stark und zahlreich wie die Indizien für das persönliche Fortleben nach dem irdischen Tod.

Es kommt vor, daß kleine Kinder, wenn sie im Alter von anderthalb bis zwei Jahren anfangen zu sprechen, behaupten, daß sie eigentlich ein ganz anderer seien, daß sie andere Eltern hätten und ganz woanders zu Hause seien. Zunächst drücken sie sich dabei noch unbeholfen und nur in kurzen Sätzen aus, sprechen Worte falsch aus und benutzen Gesten, um das zu unterstützen, was sie sagen wollen.[199] Je älter sie aber werden und je umfangreicher ihr Wortschatz wird, desto genauer werden die Schilderungen der von ihnen empfundenen früheren Lebensläufe. Diese Kinder berichten in ausgeprägten Fällen ihre früheren Namen, die ihrer Eltern und sonstiger Anverwandten und ihren früheren Lebensverlauf mit Todesart ganz genau. Sie schildern ihre damalige Umgebung in vielen Einzelheiten und geben oftmals Orts- und Straßennamen exakt an. Die Kinder verlangen meist, zu ihren früheren Eltern gebracht zu werden oder zumindest die ehemalige Umgebung einmal wiederzusehen. Und was besonders seltsam ist: Es kommt hin und wieder vor, daß ein solches Kind, das behauptet, in einem früheren Leben gewaltsam zu Tode gekommen zu sein, beispielsweise durch Unfall oder Mord, in seinem neuen Leben ein auffälliges Muttermal an der Körperstelle aufweist, an der die frühere Verwundung stattge-

funden haben soll. Und derartige Fälle sind nachprüfbar und nachgeprüft worden.[200] Beispielsweise bemerkte die Mutter des indischen Knaben Ravi Shankar 1951, als er drei oder vier Monate alt war, an seinem Hals erstmals ein Muttermal, das einer Narbe von einer Verletzung mit einem langen Messer sehr ähnlich sah.[201] Als der Knabe größer geworden war und sprechen konnte, behauptete er, in einem früheren Leben Sohn eines Friseurs Sri Jageshwar Prasad im Distrikt Chhipatti der Stadt Kanauj in der Nähe von Kampur gewesen zu sein. Als Sechsjähriger sei er von zwei Männern, die er genau beschrieb und deren Namen er angab, mit einem Messer ermordet worden. Es konnte später festgestellt werden, daß tatsächlich sechs Monate vor der Geburt des Ravi Shankar der sechs Jahre alte Sohn des Friseurs Sri Jageshwar Prasad Kanauj am 19. Januar 1951 ermordet worden war, wobei ihm die Mörder mit einem Messer den Kopf abgeschnitten und den Leichnam verbrannt hatten. Der verstümmelte Kopf wurde später gefunden. Auch die sonstigen Angaben Ravis erwiesen sich als zutreffend.
Der amerikanische Psychiater Professor Jan Stevenson hat zusammen mit Kollegen etwa 200 derartige Fälle untersucht und daraus einen repräsentativen Querschnitt von 20 Berichten, die er aus erster Hand erforscht hat, 1973 in zweiter Auflage[202] veröffentlicht. Er sagt, daß in der von ihm bis 1973 aufgestellten internationalen Statistik sich nahezu 600 Fälle befinden, die für die Reinkarnationshypothese sprechen. Etwa die Hälfte von diesen stammt aus Südostasien, aus Indien, Ceylon, Thailand und Burma, also aus Ländern, wo der Glaube an die Reinkarnation verbreitet ist. Die andere Hälfte der Fälle entstammt größtenteils der Türkei, Syrien, Libanon, Europa, Brasilien und Alaska, also Ländern wo (ausgenommen Brasilien) der Glaube an die Reinkarnation nicht Allgemeingut ist. Nur wenige Fälle kommen aus den USA und Kanada.[203]
Stevenson beurteilt die von ihm untersuchten Fälle derart, daß sie die Reinkarnation nahelegen, aber nicht beweisen.[204] Andere Erklärungsmöglichkeiten wären die der außersinnlichen Wahrnehmung, verbunden mit Personifizierung oder der Besessenheit.
Professor C. J. Ducasse, emeritierter Professor der Philosophie an der Brown University auf Rhode Island und Vorsitzender des Publikationsausschusses der *American Society für Psychical Research*, der das Geleitwort zu Stevensons Buch über die Reinkarnation geschrieben hat, sagt:[205]

»Wenn man dann fragt, was ein echter Beweis für die Wiederverkörperung sein würde, ist die einzig mögliche Antwort wohl die gleiche wie auf die Frage, wie einer von uns denn jetzt wissen könne, daß er schon einige Tage, Monate oder Jahre vorher gelebt hat. Die Antwort lautet, daß er sich jetzt noch erinnert, zu einer früheren Zeit an dem und dem Ort und unter diesen oder jenen Umständen gelebt, damals gewisse Dinge getan und gewisse Erlebnisse gehabt zu haben.
Aber behauptet denn jemand heute, er erinnere sich in ähnlicher Weise daran, daß er auf Erden ein Leben vor seinem jetzigen geführt habe?
Obwohl Berichte über solche Behauptungen selten sind, gibt es sie. Die Person, die eine solche Behauptung aufstellt, ist fast immer ein kleines Kind, aus dessen Gedächtnis diese Erinnerungen nach einigen Jahren wieder verschwinden. Und wenn es fähig ist, detaillierte Tatsachen aus seinem früheren Leben anzugeben, von denen es versichert, es könne sich daran erinnern und die durch Nachforschungen als richtig bestätigt werden, von denen es aber auf normalem Wege in seinem gegenwärtigen Leben keine Kenntnis erhalten konnte, dann werden wir mit der Frage konfrontiert, ob wir uns die Richtigkeit seiner Erinnerungen anders erklären können als durch die Annahme, daß es tatsächlich das frühere Leben geführt hatte, an das es sich erinnert.«

Es gibt nun weiterhin Experimentatoren, die davon ausgehen, daß das Wissen und die Erinnerung an frühere Existenzen auf dieser Erde auch bei vielen anderen Menschen, vielleicht sogar bei allen, vorhanden ist. Nach deren Meinung ist es im Unterbewußtsein verborgen und kann durch geeignete Techniken vorübergehend in das Tagesbewußtsein heraufgeholt werden. Das hierfür hauptsächlich angewandte Verfahren ist die Alters-Regressionstechnik. Dabei wird ein Mensch im hypnotischen oder im entspannten Zustand durch Einrede (Suggestion) des Experimentators in ein früheres Lebensalter, beispielweise von acht Jahren, zurückgeführt. In diesem Zustand empfindet die betreffende Versuchsperson, als wenn sie acht Jahre alt wäre, hat das längst »vergessene« Wissen dieser Zeit und hat auf der anderen Seite alles »vergessen«, was sie im späteren Leben gelernt hat. Sie benimmt sich also, als wenn sie acht Jahre alt wäre, und kann sich, wenn es sich um eine geeignete Versuchsper-

son handelt, an alle längst »vergessenen« Namen der damaligen Zeit erinnern.
Dieses Regressionsverfahren läßt das Bewußtsein der augenblicklichen Lebensphase weiter zurückverlagern, in eine Zeit bis kurz nach oder kurz vor der Geburt oder auch in ein früheres Leben, so hat es jedenfalls den Anschein. Bereits um die Jahrhundertwende wurde die Altersregression benutzt und beschrieben, z. B. von dem französischen Oberst Albert de Rochas (1837–1914) in seinem Buch *Die aufeinanderfolgenden Leben.*[206] Heute ist das Verfahren sehr verbreitet, zwar nicht so sehr unter Wissenschaftlern und Ärzten, als vielmehr bei sogenannten *Reinkarnationstherapeuten*. Unter ihnen ist der in München lebende Diplompsychologe Thorwald Dethlefsen besonders bekannt geworden.
Es stellt sich nun die Frage, woher diese »Erinnerungen« im hypnotischen oder hypnoseähnlichen Zustand kommen. Seit Ende der sechziger Jahre hat der finnische Psychiater Dr. Reima Kampman, damals von der Universität Oulu, jetzt Universität Tampere, aufschlußreiche Versuche in dieser Richtung vorgenommen. Er führte finnische Schulkinder und erwachsene Patienten in Hypnose zu »früheren Leben« zurück und erhielt bei etwa zwei Fünfteln von ihnen tatsächlich Auskünfte, die solchen Erinnerungen entsprachen. Als er diese Rückerinnerungsfähigen später wiederum unter Hypnose befragte, woher die Einzelheiten ihres vermeintlichen »Vorlebens« denn in Wirklichkeit stammten, insbesondere wenn Lebensläufe mit vielen Einzelheiten und genauen Namens- und Datumsangaben hervorgebracht waren, erlebte er eine große Überraschung. Diese Versuchspersonen konnten genau und nachprüfbar angeben, aus welchen Büchern oder anderen irdischen Bezugsquellen ihr vorgeburtliches Wissen stammte. Eine 19jährige Studentin z. B. hatte in einer durchgehenden chronologischen Abfolge acht frühere Inkarnationen vom alten China bis in die Zeit des finnischen Winterkrieges geschildert, wo sie als Kaarin Bergstrom 1939 bei einem Luftangriff ums Leben gekommen sein wollte. Eine der Inkarnationen sollte im 13. Jahrhundert in England als Tochter eines Gastwirts stattgefunden haben. Die Studentin schilderte eingehend die Einzelheiten des Lebens im England jener Epoche[207] und konnte sogar ein Volkslied in Mittel-Englisch aus jener Zeit vorsingen. Dieses Lied wurde auf Tonband aufgenommen. Als die Studentin in einer späteren Hypnosesitzung nach der Quelle ihres »vorge-

burtlichen« Wissens gefragt wurde, gab sie dazu einige Bücher an. In bezug auf das mittel-englische Lied »erinnerte« sie sich, wie sie im 13. Lebensjahr in einer Bibliothek zufällig ein Buch in die Hand genommen und nur darin geblättert hatte. Sie konnte auch die Autoren nennen: *Benjamin Britten* und *Imogene Holst* und war fähig, die genaue Stelle in dem Buch anzugeben, wo das Lied gestanden hatte. Dr. Kampman konnte tatsächlich das Lied in dem angegebenen Buch ausfindig machen, in der gleichen Art, wie sie es in einer vorangegangenen Sitzung vorgetragen hatte. Auch der »Tod im Winterkrieg« ließ sich aus der Lektüre eines Buches und dazugefügten eigenen Abänderungen rekonstruieren.
Nicht in allen Fällen läßt sich auf derart »einfache« Art nachweisen, woher das Wissen aus »früheren Leben« stammt und wie und aus welchem Grund es von einem phantasievollen Unterbewußtsein zu einem kunstvollen »Roman« zusammengesetzt wurde. Kampman meint, daß vielfach traumatische Erlebnisse dieses Lebens mit oder ohne Suggestion eines Hypnotiseurs als »Reinkarnationserinnerungen« getarnt werden, weil die unmittelbare Auseinandersetzung mit dem irdischen Erlebnis für einen Patienten viel zu unangenehm wäre.
Professor Stevenson beurteilt die Lage folgendermaßen:[208]

»Die bei hypnotisch induzierten Regressionen gewöhnlich evozierten (*hervorgerufenen*) ›Persönlichkeiten‹ scheinen eine Mischung verschiedener Bestandteile zu enthalten. Zu diesen können die gegenwärtige Persönlichkeit des Versuchssubjektes gehören, seine Erwartungen von dem, was der Hypnotiseur wünscht, seine Phantasien darüber, wie sein früheres Leben nach seiner Meinung hätte sein müssen, und schließlich paranormal erlangte Elemente.
Wenn wir annehmen dürfen, daß wir eindeutig paranormale Elemente in der unter hypnotischer Regression evozierten ›früheren Persönlichkeit‹ identifiziert haben, müssen wir noch entscheiden, wenn wir das können, ob wir diese am besten mit unseren Begriffen von Telepathie oder Hellsehen erklären oder mit dem Einfluß einer entkörperten ›Persönlichkeit‹ oder Reinkarnation. (Diese Entscheidung ist auch zu treffen bei spontanen Fällen unter Kindern.) Daß Benehmen und Verhaltensweisen der evozierten ›Persönlichkeit‹ echt wirken, gibt keinen sicheren Hinweis auf deren Ursprung oder

die Herkunft ihrer verschiedenen Komponenten. Zudem erleben wir, abgesehen von sehr kleinen Kindern oder dem Fall der Mitteilung von Information nur wenig bekannter Art, größte Schwierigkeiten beim Ausschließen normaler Informationsquellen für den Inhalt des ›früheren Lebens‹. Nichtsdestoweniger enthalten einige der unter Hypnose entwickelten Fälle Material und Verhaltenszüge, die wir nicht leicht anders als durch eine paranormale Hypothese erklären können. Ich habe selbst einen Fall dieser Art untersucht, in dem die Versuchsperson eine fremde Sprache sprach, die sie ganz offenkundig auf normalem Wege nicht gelernt haben konnte. Auch können künftige Experimente, insbesondere mit Kindern und resultierend in der Darstellung ungewöhnlicher und unerlernter Befähigungen wie z. B. fremder Sprachen, einen wertvollen Beitrag zu diesem Gegenstand leisten.
Inzwischen scheint das vielversprechende Beweismaterial für Reinkarnation in den spontanen Fällen zu liegen, insbesondere bei Kindern. Allerdings ist die Untersuchung und Auswertung solcher Fälle ebenso schwierig wie bei anderen Arten spontaner Fälle in der parapsychologischen Forschung und zwangsläufig der gleichen Kritik ausgesetzt.«

Abschließend läßt sich zur Wiederverkörperungshypothese sagen: Es gibt eindeutige und vielfältige Jenseitsmitteilungen (z. B. in dem Buch *Der Verkehr mit der Geisterwelt Gottes, seine Gesetze und sein Zweck* von Johannes Greber), die auf ein mögliches mehrfaches Erdenleben für viele Menschen hinweisen, unterbrochen jeweils durch kürzere oder meist längere Zwischenaufenthalte in einer jenseitigen Welt. Weiterhin gibt es dafür stützende Indizien von dieser Erde. Es gibt aber keine die Mehrheit der Menschen überzeugende oder zwingende Beweise. So bleibt es dem einzelnen überlassen, ob er eine mögliche Reinkarnation in Erwägung zieht, darin eine sinnvolle Einrichtung seines Schöpfers sieht und sie als Gnade und Gerechtigkeit empfindet. Oder ist es ihm lieber, an die Ganztodtheorie mit Neuschöpfung von Nachfolgern zu glauben oder an die sofortige Aufnahme in den Himmel oder in die Ewige Verdammnis oder an andere theologische Konstruktionen? Für alle diese Anschauungen gibt es jedoch noch nicht einmal Indizien.
Bequemer und angenehmer ist natürlich der Glaube an die gnaden-

hafte automatische Vergebung aller Sünden gemäß mancher kirchlichen Verkündigungen und an die sofortige Aufnahme in den Himmel. Das erspart unnötige irdische Anstrengungen. – Aber hätten wir das wirklich verdient, und geht es nur nach unseren Wünschen und Vorstellungen?

IV

»Auferstanden von den Toten...« – Reinkarnation als Herausforderung für das Christentum

Geddes MacGregor

Das Ego und das Selbst – ihre Natur und Funktion in einer christlich-reinkarnationistischen Vorstellung vom Leben nach dem Tod

Geddes MacGregor, am 13. November 1909 in Glasgow (Schottland) geboren, studierte an den Universitäten von Edinburgh, Oxford, Heidelberg sowie der Pariser Sorbonne, wo er 1951 promovierte. Als erster Inhaber des Rufus-Jones-Lehrstuhls in Bryn Mawr kam er 1949 in die Vereinigten Staaten. Von 1960 bis zu seiner Emeritierung 1975 lehrte er als Professor für Philosophie an der Universität von Südkalifornien, Los Angeles. 1968 zum anglikanischen Priester geweiht, war er bis 1974 Kanonikus der Paulskathedrale in Los Angeles. Er predigte unter anderem in London (Paulskathedrale 1969, Westminster Abbey 1970), Edinburgh (1941 und 1985) und mehrfach in Princeton. Als Theologe, Priester und Buchautor – er schrieb dreißig Bücher, darunter das zweibändige *Reinkarnation und Karma im Christentum* Grafing/München 1985) – wurden ihm zahlreiche Literaturpreise, Ehrenmitgliedschaften und andere Auszeichnungen zuteil. Gastprofessuren und Forschungsreisen führten ihn nach Asien, Nordafrika, Kanada, die DDR und die meisten Länder Westeuropas.

Seit den fünfziger Jahren würdigen ihn, als einen der wenigen lebenden Theologen, regelmäßig *Who's Who* (London) und *Who's Who in America*. Mit seiner Frau Elizabeth, die er 1941 heiratete, hat er zwei erwachsene Kinder, eine Tochter und einen Sohn. Seit Jahrzehnten setzt sich Geddes MacGregor mit Karma und Wiedergeburt aus christlicher Sicht auseinander. Nach seiner Überzeugung besaß die Reinkarnationslehre im frühen Christentum eine breite Basis; ihre Verbannung aus dem kirchlichen Lehrgut hält er für einen historischen Irrtum, die von der biblischen Überlieferung her nicht begründbar sei. Neben zahlreichen Beiträgen in Enzyklopädien, Anthologien und Fachzeitschriften veröffentlichte Geddes MacGregor unter anderen folgende Bücher:

Aesthetic Experience in Religion (1947), *Christian Doubt* (1951), *Les Frontieres de la Morale et de la Religion* (1952), *From a Christian Ghetto* (1954), *The Vatican Revolution* (1957), *Thundering Scot* (1957), *Corpus Christi: The Doctrine of the Church in the Reformed Tradition* (1959), *The Bible in the Making* (1959), *Introduction to Religious Philosophy* (1959), *The Coming Reformation* (1960), *The Hemlock and the Cross* (1963), *God Beyond Doubt* (1966), *The Sense of Absence* (1967), *A Literary History of the Bible* (1970), *So Help Me God* (1970), *Philosophical Issues in Religious Thought* (1973), *The Rhythm of God* (1974), *He Who Lets Us Be* (1975), *Reincarnation as a Christian Hope* (1982), *The Christening of Karma* (1984), *Immortality and Human Destiny* (Hrsg., 1986), *Apostles Extraordinary* (1986), *Angels* (1987).

Wenn wir uns umgangssprachlich auf das Selbst beziehen, so stellen wir uns dabei gewöhnlich eine Wesenheit vor, die irgendwie fortbesteht, unbeschadet aller Einflüsse von außen. Das kommt in Sätzen zum Ausdruck wie: »Was mich anlangt, so werde *ich* einen solchen Eingriff niemals dulden.« Wer einen Hang zur Religion hat, der wird dieser »Selbstheit« eine dauerhaftere Qualität zuschreiben, die sich über den Tod hinaus auf ein künftiges Leben erstreckt; Christen, die einer traditionellen Eschatologie anhängen, symbolisieren dieses Leben in Bildern wie Himmel und Hölle, beide unendlich.

Ein wenig Nachdenken muß uns jedoch zeigen, daß eine derart simple Auffassung vom Selbst nicht ausreicht, allein schon deshalb, weil dasjenige, was ich »ich selbst« nenne, sich fortwährend wandelt und entwickelt. Mein »Säuglings-Selbst« macht meinem »jugendlichen« Selbst Platz, dieses wiederum meinem »erwachsenen« Selbst. Damit nicht genug: Meine Persönlichkeit, die auf dieser Ebene der Reflexion häufig mit meinem Selbst (oder meiner Seele oder einer anderen mutmaßlich fortdauernden Wesenheit) gleichgesetzt wird, ist immerzu in Fluß. Manchmal verändert sich die eigene Persönlichkeit im Laufe eines einzigen Jahrzehnts – vielleicht infolge eines traumatischen Erlebnisses, eines radikalen Einstellungswandels oder einer religiösen Bekehrung – so dramatisch, daß Augenzeugen kaum noch die Identität erkennen können oder zumindest Schwierigkeiten haben, sie wahrzunehmen. In extremen Fällen kann der einzelne sogar den Kontakt zu seinem »früheren« Selbst verlieren; er schiebt es mit all seinen Erfahrungen ins Reich des Unbewußten.

Was ist nun dieses Selbst – sofern es eines gibt –, das all diese Wechselfälle transzendiert? Die großen Weltreligionen bieten uns eine Vielzahl von Wegen an, diese Frage anzugehen. Alle jedoch, jede auf ihre eigene Weise, erkennen eine Spannung zwischen dem Fließenden und dem Dauerhaften. Wie diese Unterscheidung getroffen wird, hängt natürlich von den ontologischen und theologischen Lehrmeinungen der jeweiligen Religion ab. In Carl Gustav Jungs Analytischer Psychologie ist die Unterscheidung zwischen dem Ego und dem Selbst entscheidend; doch wie bei allen anderen Elementen seines Denksystems geht es ihm hierbei um die Beschreibung der Psyche und anderer psychologischer Wirklichkeiten; was ontologische oder theologische Belange angeht, so ist Jung agnostisch.

Das Problem des Selbst wird in besonderer Weise akut, wenn wir es im Kontext der traditionellen christlichen Lehre angehen, im Lichte eines evolutionären Verständnisses des Universums und eines Reinkarnationsmodells, wie ich es an anderer Stelle entworfen habe.[209] Ein solches Reinkarnationsmodell erweitert das Problem, wobei es weder, im Stile des traditionellen Christentums, eine tiefe Kluft zwischen dem Hier-und-Jetzt und dem Danach aufreißt noch das individuelle Selbst in einem Großen Selbst versinken läßt, wie in den vielerlei Religionen, die von den Upanishaden aus der Taufe gehoben wurden.

Wie entsteht, wie entwickelt sich die bewußte Erfahrung des einzelnen? Mein kindliches Bewußtsein beginnt damit, daß ich mich selbst als »fremd und furchtsam in einer Welt« vorfinde, »die ich nie gestaltet habe«, wie es der englische Dichter A. E. Housman ausdrückte. Ich bin ego-zentrisch, unbewußt ich-zentriert, aber vor allem bin ich ein Individuum, ein *monogenes*, ein Ein-geborener. Mit dieser Einsicht kann ich auf vielerlei Weisen fertig werden. So mag ich beispielsweise nicht willens sein, die Einsamkeit auszuhalten, die mein Dasein mit sich bringt; sie versetzt mich in derartige Aufregung, daß ich mich eilends auf die fieberhafte Suche nach Gesellschaft mache, um das Gefühl von Einsamkeit, das in mir eine solche *Angst* ausgelöst hat, abzublocken und ins Unbewußte zu verdrängen. Wie rasend gebe ich meinem Herdentrieb nach, um alle Erfahrungen meiner selbst als eines Individuums zu vernichten. Dieses Vorgehen hat mancherlei Vorzüge, aber auf lange Sicht wiegen Nachteile schwerer, die bedrückend sein können. Denn auch wenn es meine enge Selbstzentriertheit verringern mag, die geradezu abstoßend sein kann, verhindert es doch die bewußte Auseinandersetzung mit mir selbst als einem Individuum und verleitet mich dazu, mich zu einem Extravertierten zu entwickeln, oberflächlich annehmbar und auf einer bestimmten sozialen Ebene möglicherweise hochbeliebt. Nachdem ich das Bewußtsein meiner Einsamkeit unterdrückt habe, finde ich mich als Gleichgesinnter bereitwillig akzeptiert; denn meiner Umgebung biete ich wenig oder gar keine »Reibungsflächen«, was in der Ausbildung und meine Karriere hindurch von beträchtlichem Nutzen sein kann. Mit Leuten »klarzukommen«, fällt mir ziemlich leicht.

Aber vielleicht habe ich das Bewußtsein meiner Einsamkeit voreilig weggeschoben. Über meine »Reibungslosigkeit« hinaus habe ich in Wahrheit eigentlich nicht viel zu geben. Aufmerksamen Beobachtern um mich herum muß früher oder später meine Oberflächlichkeit auffallen, mein Unvermögen, etwas für sie zu tun, und vor allem meine Unfähigkeit zu dauerhaften, hingebungsvollen Liebesbeziehungen.

Statt dessen kann ich auch einen anderen Weg einschlagen. Der Tatsache meiner Individualität, meiner Einsamkeit, mit all ihrer Qual, kann ich ins Auge sehen. Ein Einzelkind wird durch seine Lebensumstände mit größerer Wahrscheinlichkeit als andere dazu gezwungen, dies zu akzeptieren. Sein Übergang zu echter Anteilnahme am Schicksal anderer – und zu der Art von Beziehungen, die eine solche Anteilnahme begünstigt – wird sich wahrscheinlich schwieriger gestalten. Doch sobald dieser Übergang einmal vollzogen ist, wird das »erlöste« Individuum, das ein Leben in Innerlichkeit mit seinen Reichtümern erlangte, unendlich besser dafür geeignet sein, anderen zu helfen. Darin liegt der Grund, weshalb dem Thomas-Evangelium der christlichen Gnosis zufolge Jesus die Einsamen »selig« nannte, weil sie »das Königreich finden werden«: das innere Königreich oder – um mit der Heiligen Teresa zu sprechen – den »Wohnsitz der Seele«. Dieselbe uralte Schrift schreibt Jesus ebenfalls die Äußerung zu: Viele werde man vor der Tür stehen sehen, doch nur die Einsamen werden Eintritt in das Brautgemach erhalten. Dies ist die große Wahrheit, die so viele christliche Denker auf die eine oder andere Weise erfaßt haben. Klarer als die meisten anderen erkannte Kierkegaard, von welch unendlichem Wert das Individuum ist, obwohl es, vom Standpunkt des Kollektivs aus, bloß einer unter Millionen ist und insofern im Grunde ein Nichts. Kein anderer ist ihm gleich. Darüber hinaus entwickelt es sich in einer Weise, die seine Einzigartigkeit noch akzentuiert. In Kierkegaards Worten ist Gott selbst, der Schöpfer, »reine Subjektivität«: Was er schafft, sind nicht Kopien aus immer gleicher Gußform, sondern Wesen, von denen jedes einmalig ist und zumindest das Potential zu noch größerer Einmaligkeit in sich trägt.

Wenn nun der Prozeß der christlichen Erlösung, des Seelenheils in derartigen Begriffen beschrieben werden muß – alles in seiner Natur nach evolutionär, außer Gott –, so hebt ein reinkarnationistisches Verständnis dieses Prozesses lediglich dessen unvorstellbar lange Zeitdauer hervor. Das hinterläßt uns die grundlegende Frage: Worin besteht die Beziehung zwischen dem vorübergehenden, vergänglichen Ego und dem Selbst, das auf irgendeine Art fortdauert? Ja, was genau ist dieses Selbst?

In keiner christlichen Glaubensvorstellung kann das Selbst mit Gott, dem »Großen Selbst« oder dem »Absoluten« gleichgesetzt werden; am Anfang der Genesis wird dies deutlich als äußerste Verblendung herausgestellt. Daran liegt es, daß im Bild des Gartens Eden der Teufel, in seiner äußersten Arglist, Eva nichts Geringeres verheißt als Göttlichkeit (Genesis 3,5): eine verlockende Aussicht für jedes menschliche Wesen, das noch an sein Ego gefesselt ist und im Bemühen, das bislang unentdeckte Selbst zu fassen, nicht vorankam.

Der Prozeß, in das Selbst einzutreten und es in Besitz zu nehmen, vollzieht sich jenseits der Grenzen des Ego, ja ist dessen Widersacher (um diesen gebräuchlichen Symbolismus Jungs heranzuziehen). Mit Sicherheit läuft er nicht innerhalb einer einzigen Lebenszeit ab, selbst wenn sie tausend Jahre währen sollte. Denn dieser Prozeß bringt Tod und Auferstehung (*resurrection*) mit sich, immer und immer wieder, sowohl bildlich (»mein tägliches Sterben«) als auch biologisch gesehen. Innerhalb eines Lebens mögen wir viel oder wenig erreichen – niemals alles. Warum? Was ist dieses schier unfaßbare Selbst? Handelt es sich um eine voll realisierte Wesenheit – oder um ein Ziel? Genaugenommen ist es keines von beiden – und doch gewissermaßen beides.

Jedes Denkmodell, das diesen Prozeß in Begriffen von Evolution und Reinkarnation faßt – und dabei der theologischen Grundstruktur des Monotheismus treu bleibt, die das Christentum mit Judaismus und Islam teilt –, muß zuallererst eines sicherstellen: die Kontinuität zwischen den einzelnen Gliedern in der Kette der Wiedergeburten. Das Ego eignet sich nicht dafür; denn seiner Natur nach ist es, wie gesehen, in ständigem Fluß, ihm fehlt jegliche Stabilität, die es in die Lage versetzen könnte, sein gegenwärtiges Dasein zu überdauern. Das Selbst des Individuums jedoch, mit dem das Ego immerzu in Spannung steht, muß eine solche Stabilität aufweisen, um sie von einer Wiedergeburt auf die nächste zu übertragen. Das heißt aber nicht, daß das Selbst im Laufe seiner Reise an irgendeinem Punkt voll realisiert wäre; es bedeutet: Was sich reinkarniert, ist nicht das Ego, sondern das Selbst. (Dies entspricht dem Modell der Upanishaden, was im übrigen keineswegs heißen soll, daß das Selbst in unserem christlichen Verständnis mit dem Selbst im Buddhismus oder Hinduismus völlig austauschbar wäre.) Um eine Funktion zu erfüllen, wie sie in einer christlichen Reinkarnationsvorstellung notwendig ist, *braucht* das Selbst nicht vollständig realisiert zu sein; es ist das »Ich« in der Verbindung zwischen zwei Wiedergeburten, nicht mehr und nicht weniger.

Nach dieser Auffassung ist das Selbst das Individuum, soweit dieses echte Individualität erlangt hat. Beim Tod, oder innerhalb des Zeitraums bis zur Wiedergeburt, wird das Ego abgestreift, ebenso wie der Körper; es ist abgenutzt, verbraucht, wie der Körper. Was wiederaufersteht, ist das Selbst – mit einem Körper, der dem angemessen ist, was das Selbst als Ergebnis seines Konflikts mit und seines Triumphs über das Ego erreicht hat.

Es ist *agape*, die hingebungsvolle Liebe, von der das Neue Testament so oft spricht, die hierbei über das Ego und dessen selbstzerstörerische Gewalt triumphiert. Grundlegenden Lehren des Neuen Testaments gemäß hat Jesus Christus, durch seinen Opfertod, seine Auferstehung, seinen »Aufstieg« zum Himmel, die menschliche Fähigkeit zu einem solchen spirituellen Fortschritt unendlich gefördert. Indem er in eine »neue« Dimension des Seins »aufstieg«, ging er uns voraus, um uns in ein neues Zeitalter zu führen, in dem uns die Mächte des Bösen weniger behindern; in dem wir insofern leichter Fortschritte machen, als uns nunmehr Mittel zur Verfügung stehen, zu denen die Menschheit bis jetzt keinen Zugang hatte. Um einen Vergleich aus der Pädagogik heranzuziehen: Wir brauchen uns ebensowenig mehr gegen *agape* zu sperren wie gegen Mathematik oder Fremdsprachen. Das bedeutet nicht, daß wir nun schlagartig und wie magisch zu mathematischen Genies werden oder fähig werden, Sanskrit und Finnisch über Nacht zu beherrschen; es heißt, daß diejenigen Hindernisse beseitigt worden sind, die zuvor den Fortschritt arg erschwert hätten, den wir möglicherweise erreichen müssen. Das ist sicherlich Grund genug zur Freude. Ein Krebspatient, der für unheilbar erklärt wurde und nun erfährt, daß ein Heilmittel entdeckt worden ist, murrt letzten Endes nicht darüber, wie lange und beschwerlich seine Genesung verläuft. Ebenso ist es alles andere als beklagenswert, wenn ein Selbst findet, daß Christus den sichersten Weg weist, den Prozeß seines Wachstums zu beschleunigen – den Prozeß, in dem seine Erlösung besteht. Es freut sich, mit vielen Hallelujas. Die Freude ihrerseits fördert die Dankbarkeit, die den Kern der Liebe als *agape* ausmacht.

Wie auch immer wir es nennen mögen: Das Selbst ist sowohl jenes Konstante, das dem reinigenden Prozeß der Wiedergeburt unterliegt, als auch das Vehikel seiner eigenen Wanderung (*transmigration*). Es ist die einzige Entität, die ihr eigenes Wachstum sicherstellt, und zwar dadurch, daß sie sich fortwährend läutert, indem sie sich den Kräften der *agape* ergibt und sie zugleich bekämpft. Einen Aspekt dieses Fortschreitens symbolisiert Jakobs Ringen mit dem Engel, einen anderen Francis Thompsons Davonlaufen vor Gott,[210] während Thompson zugleich von der Macht der göttlichen Liebe unwiderstehlich gefangengenommen wird. Immer und immer wieder muß das Selbst »hinabfallen« in die Entfremdung von Gott, welche die Verkörperung mit sich bringt, auf daß es in Liebe wachsen kann, durch den Konflikt mit dem Egozentrismus, der zu einer solchen Verkörperung gehört. Jede aufeinanderfolgende Verkörperung hat ihre eigene, besondere Art von Egozentrismus, ihr eigenes *Genre* der Entfremdung. Erst nach einem langen Prozeß, in dem das Selbst mehreren verschiedenartigen Verkörperungen »ausgesetzt« ist, wird es fähig, sich jene Fähigkeiten zu eigen zu machen, mit denen Christus es versehen hat. Während dieses Prozesses ist ein »Gesetz« wie das karmische Prinzip am Werk; es bestimmt die Art und Weise, in welcher das Wachstum des Selbst erreicht wird.

Das Selbst wächst, indem es mit Hindernissen ringt und sie überwindet. Je größer die Vielfalt der Hindernisse, desto sicherer ist der Wachstumsprozeß. Die Wahrheit, die darin liegt, bringt wohl das Gefängnismotiv zum Ausdruck, das ein Großteil der existentialistischen Literatur des 20. Jahrhunderts bevorzugt hat. Die Umstände nehmen mich gefangen, sperren mich ein, doch meine Zelle, wie die eines Kriegsgefangenen, ist eine, die mich durch eine Pflicht zu fliehen herausfordert, so weit zu fliehen wie möglich. Manche Aspekte meiner Gefangenschaft sind »gegeben«; in Sartres Worten sind sie *jetés là, comme ça*, an mich ausgeteilt wie ein Kartenspiel. Meine Pflicht besteht darin, ein »Ausbruchskünstler« zu werden; doch diese Pflicht muß ich im Einklang mit den Regeln des karmischen Prinzips erfüllen. Indem ich dies wiederholt tue, Inkarnation auf Inkarnation, mache ich das Wirken des Heiligen Geistes, des Herrn und Lebensspenders zu meinem eigenen. So wachse ich im Format.

Mein Wachstum ist kein Ego-Wachstum. Im Gegenteil, es zu erreichen setzt voraus, das Ego zu töten. Weit entfernt von einer Vernichtung des Selbst, bedeutet dies die Entdeckung seiner wahren Natur: Ich lege mein Leben ab, um es zu finden, das heißt mein authentisches Leben zu finden, ein Leben, das der Natur Gottes entspricht. Wenn Gott, wie ich ihn in Anlehnung an Kierkegaard genannt habe, »reine Subjektivität« ist, dann werde ich mein authentisches Selbst, indem ich nicht weniger, sondern mehr ein Individuum werde: ein individuelles Selbst. Meine Bestimmung liegt darin, diese größere Individualität fortschreitend zu erlangen. Erreicht wird sie durch Kampf und Tränen, wie aus Christus' Aufforderung spricht, sein Kreuz aufzunehmen und ihm zu folgen (Markus 8,34). Indem ich nein sage zum Ego in mir, entwickle ich das authentische Selbst, dem Kreuzweg folgend.

Die Rolle des auferstandenen und emporgestiegenen Christus braucht nicht als die eines bloßen Modells oder Beispiels aufgefaßt zu werden. Sie könnte durchaus, wie ich persönlich dies bevorzuge, in viel »höheren« christologischen Begriffen verstanden werden: Christus hat uns in der Tat die Pforten zu ewigem Leben geöffnet. Die Straße, die uns von den Pforten aus zu ihrem Ziel führt, ist jedoch lang. Was an ihrem Ende liegt, kann niemand von uns wissen. Wir wissen bloß: Wenn wir Seinem Weg folgen, wird er uns nicht im Stich lassen, sondern uns zur nächsten Stufe hinaufführen, worin auch immer sie bestehen mag.

Die Vorstellung, ein Christ sei einer, der spirituell kastriert worden ist, geschwächt durch ständige Selbstverleugnung, ist in Wahrheit eine ungeheure Travestie der eigentlichen Bedeutung des Christlichen Wegs. Dieser Weg bringt ein Paradox mit sich: Es liegt in der Natur Gottes, daß darin, ihm zu dienen, vollkommene Freiheit liegt (*cui servire regnare est*). Es war vollkommener Dienst, durch den Christus fähig war, den Weg zu vollkommener Freiheit zu weisen – Freiheit in dem neuen Zeitalter, das er für uns begründet und in das er uns hineingeführt hat.

Ebenso könnte die Rolle von Jesus Christus bei der Erlösung eines Christen nicht unpassender karikiert werden als dergestalt, daß er uns derart reinwäscht, daß sich das Prinzip schöpferischer Liebe erübrigt und es für uns nichts weiter zu tun gibt, kein Opfer mehr zu bringen ist. Damit wird die Heilige Schrift doch eher noch schlimmer verzerrt als durch die Vorstellung, daß wir eins mit Gott als dem Großen oder Universellen Selbst werden, indem wir das Ego vernichten. Gott, der Vater unseres Herrn Jesus Christus, ist kein Feind der Individualität. Im Gegenteil, er ist ihr Schöpfer. Als einzigartiges Individuum besteht seine besondere Aufgabe darin, Individuen zu schaffen und ihnen in der Entwicklung ihrer Individualität beizustehen, nicht sie auszulöschen. Eine Theologie der Reinkarnation stellt die Mittel bereit, diesen lebenswichtigen Einsichten gerecht zu werden, die in der Heiligen Schrift offenbart und in einem Großteil der alten christlichen Liturgie und Tradition gepriesen wurden. Sie muß ihren Platz im künftigen, wenn nicht schon im heutigen Verständnis des christlichen Glaubens finden – in Begriffen, die auf dieser Stufe der menschlichen Evolution und der Entfaltung ewiger Wahrheit faßbar sind.

Andreas Resch

Katholischer Glaube und Reinkarnation

Der österreichische Theologe und Psychologe Prof. Dr. Dr. Andreas Resch wurde am 29. Oktober 1934 in Steinegg bei Bozen/Südtirol geboren. 1955 trat er in den Redemptoristenorden ein, 1961 erhielt er die Priesterweihe. An der Universität Graz promovierte er 1963 in Theologie; anschließend studierte er Psychologie an den Universitäten Freiburg und Innsbruck, wo er 1967 mit dem Doktorat der Philosophie (Psychologie und Volkskunde) abschloß. Im Anschluß an eine psychoanalytische und verhaltenstherapeutische Ausbildung in Innsbruck, München und London war er bis 1980 in psychotherapeutischer Praxis tätig.
Seit 1969 ist Resch Professor für klinische Psychologie und Paranormologie[211] an der Accademia Alfonsiana der Päpstlichen Lateranuniversität Rom. Er hielt Gastvorlesungen in den USA, in Japan, Frankreich und Australien. Seit 1980 ist Resch Direktor des von ihm gegründeten »Instituts für Grenzgebiete der Wissenschaft (IGW)«, seit 1966 Initiator und Leiter der »Imago-Mundi«[212]-Kongresse; Begründer (1970) und Präsident, seit 1989 Vizepräsident der »International Association of Behaviour Modification and Psychotherapy«, Innsbruck/Melbourne.
Resch ist Inhaber des Resch Verlages (Innsbruck) sowie Herausgeber der Zeitschrift »Grenzgebiete der Wissenschaft«, des Jahrbuches »Impulse aus Wissenschaft und Forschung« und der Buchreihen »Imago Mundi«, »Grenzfragen«, »Personation and Psychotherapy«, »Bibliographie zur Paranormologie«. Neben zahlreichen Veröffentlichungen in verschiedenen Zeitschriften und Sammelbänden schrieb er u.a. die Bücher: *Der Traum im Heilsplan Gottes* (1964), *Depression. Formen, Ursachen, Therapie* (1976), *Gerda Walther – Leben und Werk* (1979), *Kosmopathie. Der Mensch in den Wirkungsfeldern der Natur* (1981), *Geheime Mächte. Der Innen-*

raum des Menschen (1984), *Welt, Mensch und Wissenschaft morgen* (2. Aufl. 1984), *Psyche und Geist. Fühlen, Denken, Weisheit* (1986). Daneben trat er als Herausgeber zahlreicher Anthologien zu grenzwissenschaftlichen Themen auf, arbeitete an Fernseh- und Kinofilmen mit.

Spricht man von katholischer Theologie und Reinkarnation, so erweckt dies den Eindruck, daß hier zwei klar formulierte Lehren einander gegenübergestellt werden.
Dem ist aber nicht so. Im Gegensatz zur katholischen Lehre weist die Reinkarnationsidee so viele Richtungen und Interpretationen auf, die in keine grundlegende Lehre zusammengefaßt werden können, vor allem wenn man auch die zahlreichen westlichen Ausprägungen einbeziehen möchte. Ohne eine solche Gegenüberstellung ist das Thema jedoch nicht zu behandeln. Als einziger Ausweg, der allen Richtungen dienlich sein kann, bietet sich eine Gegenüberstellung von katholischer Lehre und der Reinkarnationslehre des Hinduismus an, ist doch die hinduistische Lehre die Urquelle der Reinkarnationsidee.

I. Katholischer Glaube

Sowohl das Alte als auch das Neue Testament enthalten Hinweise darauf, daß die Reinkarnationslehre bekannt war – eine alt- oder neutestamentliche Reinkarnationslehre gibt es jedoch nicht. Im Mittelpunkt der Bibel und des christlichen Glaubens stehen die Einmaligkeit Gottes und die Einmaligkeit jedes einzelnen Menschen.

1. Glaubensbekenntnis

Dies kommt besonders deutlich im Glaubensbekenntnis des Epiphanius um 374 zum Ausdruck. Es erweitert erklärend das Nizänische Glaubensbekenntnis von 325, das im Nizäno-Konstantinopolitanischen Glaubensbekenntnis von 381 zur bis heute in der Liturgie verwendeten Kurzfassung des katholischen Glaubens wurde. Für unser Thema enthält es folgende grundsätzliche Aussagen:

»Wir glauben an den einen Gott, den allmächtigen *Vater*, den Schöpfer aller sichtbaren und unsichtbaren Dinge, an den einen Herrn Jesus Christus, den *Sohn Gottes*... gleichen Wesens mit dem Vater... der Mensch geworden ist, das heißt, die vollkommene menschliche Natur angenommen hat, nämlich Seele, Leib und Geist... der im Fleisch gelitten hat und auferstanden ist und aufgefahren in den Himmel mit seinem Leibe und in der Herrlichkeit zur Rechten des Vaters sitzet und kommen wird mit demselben Leibe in Herrlichkeit zu richten die Lebenden und die Toten ... Wir glauben auch an den Heiligen Geist... In *dem* Sinne glauben wir an ihn, daß er ist der Heilige Geist, der Geist Gottes, der vollkommene Geist, der Tröstergeist, unerschaffen, ausgehend vom Vater und empfangen vom Sohne... Wir glauben... an die Auferstehung von den Toten, ein gerechtes Gericht für die Seelen und Leiber, ein himmlisches Reich und ein ewiges Leben.«[213]

So lehrt die katholische Kirche neben der *Leiblichkeit* vor allem die *Geistigkeit* des Menschen, aufgrund derer er Gott und seine Offenbarung überhaupt erst wahrnehmen kann. Sie lehrt die *Individualität* und Einzigkeit des Menschen und betont trotz der Lehre der Erbsünde die menschliche Freiheit, da der Mensch in freier, wenn auch unabwälzbarer Verantwortung sein ihm von Gott angebotenes Heil bewirken soll. Dabei gibt die Unsterblichkeit des Menschen der Freiheit ihre höchste Bedeutung.

2. Kirchliche Lehrentscheidungen

Die Kirche lehrt auch die unmittelbare Geschaffenheit der menschlichen Seele durch Gott; sie ist unsterblich und einzig für jeden Menschen. Eine Seele, die nicht selbst individuell wäre, könnte nach dem Tod des individuellen Körpers nicht fortexistieren. So wurde auf der allgemeinen Kirchenversammlung im Lateran[214] 1513 die Ansicht zurückgewiesen, die vernünftige Menschenseele sei sterblich oder sie sei nur eine einzige in allen Menschen.[215] Damit ist auch die in letzter Zeit selbst von Theologen vertretene »Ganztod-Theologie« – nach der nicht von Leib und Seele, sondern nur von der vollen Einheit der Person zu sprechen sei in dem Sinne, daß beim Tod des Körpers die ganze Person sterbe und dann von Gott neu geschaffen werde – mit dem katholischen Glauben nicht vereinbar.

Die Kongregation für die Glaubenslehre hat am 17. März 1979 in einem »Schreiben zu einigen Fragen der Eschatologie« auf die diesbezügliche Lehre der Kirche hingewiesen, die in folgenden Aussagen zusammengefaßt werden kann:

Die Kirche bejaht:
Die Auferstehung der Toten
Die Auferstehung des ganzen Menschen
Die Unsterblichkeit der Seele als geistiges Element des Menschen
Das Fürbittgebet für die Verstorbenen
Die Wiederkunft des Herrn, abgesetzt von der Situation des Menschen unmittelbar nach seinem Tod
Die Seligkeit der Gerechten
Die ewige Strafe des Sünders
Die Reinigung durch das Fegefeuer

Die Kirche verneint:
Die Sterblichkeit der Seele
Die Auferstehung nur des Geistes oder nur des Fleisches
Die Überflüssigkeit des Gebetes für die Verstorbenen
Die endgültige und ausschließliche Verklärung im Tode
Die Gleichsetzung der leiblichen Aufnahme Mariens in den Himmel mit der Verherrlichung aller übrigen Auserwählten
Die Leugnung des Fegefeuers und der ewigen Verdammnis[216]

3. Das Fegefeuer

Für das Thema »Katholischer Glaube und Reinkarnation« ist hier vor allem die katholische Lehre vom Fegefeuer bzw. dem Reinigungsort von Bedeutung. In der Schrift ist diese Lehre allerdings nur ansatzweise enthalten. Im Alten Testament finden wir einen Hinweis in 2 *Makkabäer* 12,42–45, wo berichtet wird, daß Judas den Toten durch ein Sühneopfer zu Hilfe kam: »Darum ließ er die Toten entsühnen, damit sie von der Sünde befreit werden.« Im Neuen Testament wird dieser Gedanke besonders bei Paulus im 3. *Korintherbrief* 10–15 angesprochen:

»10. Nach der mir von Gott verliehenen Gnade legte ich wie ein weiser Baumeister den Grund; ein anderer baut darauf weiter; doch sehe ein jeder, wie er weiterbaut.
11. Denn einen andern Grund kann niemand legen als den, der gelegt ist, das ist Jesus Christus.
12. Ob einer auf diesen Grund Gold baut oder Silber, Edelsteine, Holz, Heu oder Stroh,
13. eines jeden Werk wird sichtbar werden; denn der Tag (des Herrn) wird es erweisen, er offenbart sich ja im Feuer, und wie beschaffen das Werk des einzelnen ist – das Feuer wird es erproben.
14. Hält das Werk stand, das einer baute, wird er Lohn empfangen;
15. wessen Werk aber niederbrennt, der wird Schaden erleiden, er selbst aber wird gerettet werden, doch so wie durch Feuer hindurch.«

So lehrt das Konzil von Trient in seiner 25. Sitzung 1563:[217]

»Erleuchtet vom Heiligen Geiste, schöpfend aus der Heiligen Schrift und der alten Überlieferung der Väter, hat die katholische Kirche auf den heiligen Konzilien und zuletzt auf dieser Allgemeinen Versammlung gelehrt: Es gibt einen *Reinigungsort*, und die dort festgehaltenen Seelen finden eine Hilfe in den Fürbitten der Gläubigen, vor allem aber in dem Gott wohlgefälligen Opfer des Altares.
So ergeht die Vorschrift der heiligen Versammlung an die Bischöfe. Sie sollen eifrig sorgen, daß die gesunde Lehre vom Reinigungsort, so wie sie von den heiligen Vätern und Kirchenversammlungen überliefert ist, von den Christgläubigen geglaubt, festgehalten, gelehrt und überall gepredigt werde. Keinen Platz aber haben in den volkstümlichen Predigten vor dem ungebildeten Volk schwierige und spitzfindige Fragen, die die Erbauung nicht fördern und meist die Frömmigkeit nicht mehren. Gleicherweise sollen sie Unsicheres oder der Falschheit Verdächtiges nicht verbreiten und behandeln lassen. Was aber nur einer Art Neugierde dient oder dem Aberglauben oder nach schmählichem Gewinn aussieht, sollen sie verbieten als Ärgernis und Anstoß für die Gläubigen.«

4. *Vollendung*

Diese Hilfeleistung für die Verstorbenen erwächst aus dem Mysterium der göttlichen Heilsordnung, wonach die Lebenden und die Verstorbenen durch »übernatürliche Verwandtschaft miteinander verbunden sind. Dadurch schädigt die Sünde des einen auch die übrigen, wie die Heiligkeit des einen den übrigen zum Wohle gereicht. So helfen die Christgläubigen sich gegenseitig, das übernatürliche Ziel zu erreichen ...«[218]

Dieses Ziel besteht in seiner letzten Ausformung in der Anschauung Gottes und in der Aufnahme des an Leib und Seele verklärten Menschen als unverwechselbare Einzelperson in die Liebesgemeinschaft des Dreifaltigen Gottes.

II. Hinduistische Lehre der Reinkarnation

Wie bekannt, ist die Lehre von Karman und Wiedergeburt in der indischen Bevölkerung weit verbreitet, wenngleich auch im praktischen Leben nicht so, wie im Westen oft angenommen wird – hofft doch der Hindu in Erwartung eines Lebens nach dem Tode auf einen Aufenthalt im Himmel, ohne überhaupt an eine sofortige oder spätere Wiedergeburt zu denken. Ethnologische Untersuchungen haben eindeutig gezeigt, daß der Hindu die Überzeugung hegt, entweder dank seines moralisch einwandfreien Lebens oder auch dank der Gnade seines Gottes in eine Art Paradies versetzt zu werden. Daher begegnet man heute in Indien Ansichten über Karman und Wiedergeburt oft sogar recht skeptisch.

Was die Theorie von Karman und Wiedergeburt betrifft, so haben sich die Philosophen und Theologen in Indien sehr intensiv damit befaßt. Die Grundgedanken lassen sich in folgende Aussagen kurz zusammenfassen, wobei grundsätzlich zwischen *Wiedergeburt* und *Transmigration* zu unterscheiden ist.

1. *Wiedergeburt*

Wiedergeboren wird nicht der physische Körper, der verwest. Wiedergeboren wird auch nicht der eigentliche Lebenskern, das »Selbst«, denn das *atman* ist rein geistig, unveränderlich und ewig. Es bleibt immer gleich und bleibt im »Feinkörper« enthalten.

Wiedergeboren wird der *Tote* selber, der in der Form des Feinkörpers mit der »Person« des Menschen identisch ist, nur daß dabei die grobmateriellen Elemente entfallen. Durch Zeugung und Geburt erhält der feinmaterielle Leib einen grobmateriellen Körper, den er beim Sterben verliert.

2. *Karman*

Die zur Wiedergeburt treibende Energie ist das *Karman*, das Wirken im Sinne von Tun und Konsequenz. Das Karman ist nie entstanden, es ist immer schon dagewesen. Daher kann auch niemand sagen: »Ich habe mein Unglück durch mein Karman selbst verschuldet.«
Die Karmanenergie selbst besteht aus zwei Polen: dem *positiven*, der gute Bedingungen schafft (zum Beispiel als Glied einer hohen Kaste oder als Gott geboren zu werden), und dem *negativen*, der unangenehme Bedingungen und eine ungünstige Geburt (zum Beispiel als Tier oder Pflanze) verursacht. *Gutes Karman* ist identisch mit guten Taten und guten Auswirkungen, *schlechtes Karman* mit schlechten Taten und schlechten Auswirkungen.

a) Wirkung:
Die eigentliche Wirkung von Karman erfolgt auf zweifache Weise: Zum einen hinterläßt es in Form von Einwirkungen im Feinkörper Spuren oder Narben oder auch Schönheitsmale, welche die Art der Inkarnation bestimmen. Zum anderen besteht das Karman aus wirksamen Faktoren oder Wirkfaktoren, die den Übergang ins materielle Leben überhaupt verursachen.

b) Ursprung:
Zunächst ist das Karman als Karman-Masse, als »angehäuftes Karman«, im noch nicht im groben Körper der Materie geborenen Feinkörper vorhanden; es zwingt den Feinkörper zur Inkarnierung. Vor der Geburt trennt sich gewissermaßen ein Teil von dieser Masse ab und beginnt sich im individuellen Leben auszuwirken, indem es im Laufe des Lebens »zur Reife« kommt, das heißt aufgebraucht wird, während der Rest unangetastet bleibt. Durch die individuelle Handlung bewirkt das Individuum neues Karman, das zum »angehäuften Karman« dazukommt. In jedem Leben wird also ein Teil des Karman aufgebraucht, aber gleich wieder durch neues ersetzt.

c) Übertragung:
Das Karman kann auch durch andere Einwirkungen verändert werden, beispielsweise durch den Lebenswandel des Ehepartners. Zudem kann sich das Handeln der Eltern auf das Karman der Kinder übertragen. Ja, man kann das gute Karman, das man produziert, bewußt auf andere übertragen.

d) Befreiung:
Trotz dieser Anhäufung des Karman ist es dem Menschen möglich, sich vom Karman zu befreien, zwar niemals von dem bei der Geburt abgetrennten Karman, dem »begonnenen« Karman, das auf jeden Fall aufgebraucht werden muß, wohl aber vom latent vorhandenen »angehäuften« Karman. Die Befreiung erfolgt durch die sogenannte »Initiation« (*diksha*); diese besteht darin, daß der Guru mittels aktiver Imagination und unter Ausführung ganz bestimmter Handlungen, begleitet von bestimmten Formeln, den Mantras, alle vom »angehäuften«, noch nicht »angefangenen« Karman zu bewirkenden, zukünftigen Inkarnationen des Schülers rituell durchlebt und so die Karman-Masse aufbraucht. Hier muß besonders betont werden, daß es allein die Gnade und Energie Gottes ist, die dem Guru die Macht zur Initiation gibt. Diese Befreiung macht das eigentliche Wesen der hinduistischen Hochreligion aus.[219]
Wie tief der Wunsch nach einer Befreiung vom Karman und von der Wiedergeburt und die Hoffnung auf göttliche Hilfe, auf Gnade, ist, zeigt am eindrucksvollsten folgender Psalm des großen Dichters Tukaram, der von 1598 bis 1650 in der Nähe von Puna lebte. Heute noch werden seine Psalmen auf Wallfahrten gesungen, wie auch der folgende:

»Welche Leiden im Kreislauf des Lebens.
Vor der Empfängnis im Mutterschoß
wurde ich schon 8400000mal geboren.
Und nun bin ich hier, mittellos, ein Bettler.

Die Summe meiner Leben
hält mich wie ein Netz gefangen.
Der Ertrag meiner Taten, das Karman, fesselt mich.
Ich leide unter der Peitsche seiner Macht.

Nichts, um meinen Bauch zu füllen. Keine Ruhe.
Kein Platz im Dorf, der mir zugewiesen würde.
Ohne Kraft, ohne Hoffnung, so werde ich, mein Gott,
geschüttelt wie der Reis in der Pfanne.

Unzählige Zeitalter sahen mich in diesem Zustand,
ich weiß nicht, wie viele noch kommen
Kein Bleiben:
die unaufhaltsame Bewegung fängt von vorne an.
Selbst am Ende des Kreislaufs,
kein Wechsel für mich.

Wer wird mein Unglück tragen?
Wer nimmt meine Last auf sich?
Dein Name
ist der Fährmann auf dem Fluß des Lebens.
Du kommst dem zu Hilfe, der ihn anruft.

Es ist Zeit, daß Du herbeieilst.
Ich bin, o Narayana, ein Armer in Not.
Schau nicht auf meine Fehler;
Tuka bittet um Dein Erbarmen.«

Dieser Wunsch nach Befreiung darf also nicht dazu verleiten, daß der heutige Inder wie der Europäer vor allem gut leben will. Die Karman-Lehre ist ein Anreiz dazu.

III. Katholische Theologie und Wiedergeburt

Versucht man nun das Verständnis der Wiedergeburt im Hinduismus in der Abfolge der angeführten Aussagen der Lehre der katholischen Kirche gegenüberzustellen, so ergibt dies folgendes Bild:

Hinduistische Lehre	*Katholische Lehre*
Das *Selbst* des Menschen, sein Atman, ist rein geistig, unveränderlich, kann keine verschiedenen Formen annehmen und weder geboren noch wiedergebo-	Das Selbst des Menschen umfaßt den Leib und den geistigen Personkern. Unsterblich ist nur der geistige Personkern, der dem Leib die Form gibt, die von

ren werden, bleibt jedoch innerhalb des Feinkörpers erhalten, so daß man im Hinblick auf die Wiedergeburt eher von einer Transmigration des Selbst als von einer direkten Wiedergeburt des Selbst sprechen kann.	Gott geschaffen ist, nicht vom Menschen geboren wird. Diese Geistseele kommt in einer Art Transmigration, nämlich aus der Transzendenz, in die Gemeinschaft mit dem Körper. Die Geistseele, die aufgrund ihres nicht materiellen Ursprungs den Tod überdauert hat, bleibt auch nach dem Tod des Körpers auf den Körper ausgerichtet bis zu dessen Verklärung und Wiedervereinigung mit ihr.
Wiedergeburt des Feinstofflichen	Keine Aussage. Man könnte hier jedoch an eine Weitergabe persönlicher Lebensbilanz im Sinne einer Konditionierung der Erbsubstanz und sozialpsychologischer Bedingungen an die persönliche Nachkommenschaft denken, und zwar im Sinne der Vererbungslehre, nicht aber im Sinne der Weitergabe der eigenen Person; denn Träger der Person ist der geistige Personkern, der transzendenter Natur ist.
Das *Karman* bedingt als immer schon dagewesene positive oder negative Energie eine günstige oder ungünstige Geburt und wurde damit zur Grundlage des Kastenwesens.	Des Menschen Geburt liegt im Heilsplan Gottes, wobei von Geburt aus jeder Mensch seinem Wesenskern nach gleichwertig ist.
Abtrennung eines Teiles von der Karman-Masse vor der Geburt zur Auswirkung und zum Verbrauch im individuellen Leben.	Die Seele wird von Gott geschaffen und ist nicht ein Teil des göttlichen Wesens, sondern eine geistige, unvergängliche ge-

	schaffene Wesenheit, die in Gottes Schöpfungsplan immer schon vorhanden ist.
Übertragung von Karman auf Umgebung und Nachkommen.	Die guten wie die schlechten Werke haben eine Auswirkung auf die Umgebung und die Nachkommenschaft. Die guten Werke können auch den Verstorbenen zur Hilfe gereichen.
Befreiung vom Karman und von der Wiedergeburt durch «Initiation» bzw. durch die Gnade Gottes.	Auch die katholische Kirche kennt das stellvertretende Sühnegebet im Sinne von Gnadenvermittlung zur Vergebung von Sünden und Sündenstrafen, nicht aber im Sinne einer Vorwegnahme der Wiedergeburten auf dieser Erde. Zudem dient das Sakrament der Buße der Sündenvergebung, d. h. der Tilgung des persönlich angehäuften schlechten Karmans durch böse Taten. Die Sündenvergebung erfolgt durch Christus, der Mensch ist nur Vermittler. Die Vergebung geschieht also ebenfalls durch Gnade.

Diese kurze und sehr unvollständige Gegenüberstellung von hinduistischer und katholischer Lehre weist eine Reihe von Unterschieden und Entsprechungen auf.

Unvereinbar mit der katholischen Lehre sind:
- Wiedergeburt auch über fremde Erbträger und als Karmanbestimmung
- Karman als ewige und bestimmende Schicksalsmacht
- Günstige bzw. ungünstige Geburt im Sinne einer personalen Wertung
- Geburt als Gott
- Eingang ins Absolute als persönliche Vollendung

- Geringschätzung des Leibes und des irdischen Lebens
- Fehlen der Auferstehung des Fleisches, das heißt, Verklärung des Leibes

Vereinbar mit der katholischen Lehre sind:
- Unsterblichkeit des Menschen
- Vergebung der Sünden (schlechtes Karman)
- Gute und schlechte Werke
- Gnade Gottes
- Sühne und Gnadenhilfe für die anderen
- Himmlische Glückseligkeit
- Geistiger Personkern
- Reinigungsort und Vollendungswege nach dem Tode
- Persönliche Lebensverantwortung
- Forderung eines guten Lebenswandels als Grundvoraussetzung der eigenen Vollendung.

Was schließlich den tiefsten Sinn der Wiedergeburt betrifft, nämlich die persönliche Vollendung, so läßt sich dieser Gedanke einer nachtodlichen Vollendung am besten mit der katholischen Vorstellung vom *Reinigungsort* verbinden, und zwar in dem Sinne, daß die Wiedergeburt nicht über die Zeugung neuer Eltern in dieser Welt erfolgt, sondern als Weiterentwicklung und Vollendung in einem Zwischenreich, wobei der feinstoffliche Körper als Träger zeitlicher Prägungen fungieren könnte. Allerdings müßte als Träger des Feinkörpers und des Personkerns die individuelle Geistseele fungieren. So stellte etwa Karl Rahner in einem Aufsatz zur Fegefeuer-Lehre die Frage, ob die Aussagen des christlichen Glaubens über die ewige Vollendung des Menschen auf alle Menschen zu beziehen sind oder nur auf jene, die eine personale Entscheidung treffen konnten und treffen, während für die anderen, die in einem ersten irdischen Leben nicht zu einer freien Entscheidung kommen konnten, von der Fegefeuer-Lehre her eine Seelenwanderung denkbar sei.
Wenn wir also über unsere letzten Vollendungswege aus biblischen, kirchlichen und empirischen Quellen nicht viel Einzelnes wissen und sagen können, so ist damit nicht auch schon ausgeschlossen, daß es vielleicht Erkenntniswege und Aussagemöglichkeiten bezüglich der Zwischenbereiche gibt, die dem letzten Wesen der Vollendung vorausliegen.[220] So sagt Karl Rahner:

»Wenn christliche und außerchristliche Aussagen über Geschehnisse nach dem Tod, Seelenreisen, stufenweise Reinigung usw. gegeben sind, dann können sie eventuell nicht zu der streng verpflichtenden Lehre gehören. Müssen sie darum auch schon eines sinnvollen Inhaltes entbehren? Oder können sie zu einer legitimen, möglichen Ausfüllung der Leerräume dienen, die durch die abstrakten eschatologischen Aussagen frei gelassen werden?«[221]

Dies ist auch der Grund, warum es in der katholischen Kirche keine lehramtliche Entscheidung gegen die Wiedergeburt gibt. Bei der in diesem Zusammenhang immer wieder genannten »Lehräußerung« des Konzils von Konstantinopel im Jahre 553 nach Christus handelt es sich um die Bestätigung folgender Formulierung der Versammlung der Konstantinopolitanischen Kirchenprovinz von 543:

»Wer sagt oder daran festhält, die Menschenseelen hätten ein Vorleben gehabt, das heißt, sie seien zuvor Geister und heilige Gewalten gewesen, sie seien aber der göttlichen Anschauung satt geworden, hätten sich dem Bösen zugewandt, seien deswegen in der Liebe Gottes erkaltet, hätten so den Namen ›Seelen‹ (= die Kalten) bekommen und seien zur Strafe dafür in die Körper gebannt worden, der sei ausgeschlossen.«

Hier wurde die Ansicht der Schüler des Origenes (Origenes selbst vertrat keine Reinkarnationslehre) verurteilt, wonach Gott ursprünglich nur eine geistige Welt erschaffen hätte, eine Engelwelt. Als die Engel sündigten, kamen sie zur Strafe in einen Leib. Im Leib sollten sie die Sünden abbüßen, die sie vor der Erschaffung der leiblichen Welt getan hatten. Nach katholischer und ganz allgemein christlicher Lehre ist nämlich die Welt, wie dies im ersten Kapitel der Bibel (*Genesis* 1) so wunderbar zum Ausdruck kommt, nicht etwas Schlechtes und in keiner Weise eine Strafe, sondern Gottes gute Schöpfung:
»Und Gott sah, daß alles gut war.«

Adolf Holl

»Magna magnorum deliramenta doctorum« – Der Kampf des Aurelius Augustinus gegen die Lehre von der Wiederverkörperung der Seelen

Adolf Holl, geboren 1930 in Wien, Doktor der Theologie und Philosophie, lehrt als Dozent für Religionswissenschaft an der Universität Wien. Von 1953 bis 1972 arbeitete er als Kaplan und Religionslehrer. Konflikte mit der Kirchenbehörde wegen abweichender Lehrmeinungen bestanden seit 1968; 1973 wurde Holl daraufhin die kirchliche Lehrbefugnis entzogen, 1976 die Ausübung der priesterlichen Funktionen untersagt. Adolf Holl lebt als freier Schriftsteller und Publizist in Wien. Seit 1977 ist er auch als Moderator der Sendung »Club 2« des Österreichischen Fernsehens (ORF) bekanntgeworden. Seine bislang fünfzehn Buchveröffentlichungen erreichten eine Gesamtauflage von 410000 Exemplaren und wurden in neun Sprachen übersetzt. Eine Auswahl: *Jesus in schlechter Gesellschaft* (1971), *Tod und Teufel* (1973), *Mystik für Anfänger* (1977), *Der letzte Christ* (1979), *Religionen* (1981), *Mitleid im Winter* (1985), *Die Zweite Wirklichkeit* (als Herausgeber, 1987).

Die Geheimreligion, der sich ein junger Afrikaner im Jahr 374 zuwandte, existiert nicht mehr; ihre letzten Anhänger lebten in Fu-Kien (China), vor 700 Jahren. Der Afrikaner hieß Aurelius Augustinus und wurde zum wichtigsten Lehrer des westlichen Christentums. Die Geheimreligion war die des vornehmen Persers Mani (216–276), der sich als Vollender der Offenbarungen des Buddha, des Zoroaster und des Christus erlebte. Den römischen Behörden waren die Anhänger des Mani so verdächtig, daß sie mit Verboten gegen sie vorgingen. Die Manichäer mußten vorsichtig sein, auch in Karthago, wo Augustinus zu ihnen stieß.
So stark war die Kraft ihrer Gedanken, daß der junge Mann neun Jahre lang von ihnen fasziniert blieb. Hernach bekehrte er sich zum

Glauben der weltgeschichtlichen Sieger, wurde Christ, Priester und Bischof. Man weiß, daß er sich von den grundlegenden Intuitionen der Manichäer nie ganz zu lösen vermochte, obwohl er sie rastlos bekämpfte, in zahlreichen Streitschriften. Der unausgesetzte Konflikt zwischen dem Fürsten der Finsternis und dem Vater des Lichts, dem schwachen Fleisch und dem willigen Geist blieb das lebenslange Thema des Afrikaners, selbst im Kloster, das er für sich und seine Kleriker eingerichtet hatte.
Merkwürdig daran ist, daß die manichäische Weltsicht nicht nur den maßgebenden Kirchenvater des Okzidents prägte. Auch nach dem Verschwinden der Kirche des Mani tauchten die Prinzipien ihrer Weltverneinung immer wieder unter den Menschen auf – im ketzerischen, kabbalistischen, esoterischen Untergrund Europas. »Besonders in unseren Tagen einer verstärkten Propaganda für die Theorien der Reinkarnation gewinnen die Gedanken des größten Lehrers der Kirche an Aktualität.« So der Jesuit Aloys Bukowsky im Jahr 1931.[222]
Nach der peinlichen Unterbrechung des Geisteslebens zwischen 1933 und 1945 ist es jetzt offenbar wiederum an der Zeit, die verblaßten Farben einer Auseinandersetzung aufzufrischen, deren Kontrahenten längst zu Staub zerfallen sind. Oder doch vielleicht nicht so ganz, wie es scheint.

»Einer rief in die Welt hinab und sprach also: Gesegnet, wer seine Seele kennt.« Dieser Gruß aus dem Jenseits, formuliert in einem manichäischen Psalm aus der Zeit Augustinus, artikuliert das zentrale Problem der Sinnsuchenden im Mittelmeerraum des späten römischen Weltreichs. In den philosophischen Schriften, den Mysterienvereinen, den vornehmen Diskutierklubs der Epoche stand die Frage nach dem Wesen und der Bestimmung der Seelen im Mittelpunkt des Interesses. Die katastrophale Niederlage der kaiserlichen Truppen gegen die Goten im Jahr 378 bei Adrianopel hatte ein verbreitetes Gefühl für die Hinfälligkeit aller Dinge verstärkt, das damals unter denen verbreitet war, die über ihr Leben, über Gott und die Welt nachdachten. In den brüchig werdenden Verhältnissen wurde das Wunschgut der Dauerhaftigkeit immer stärker, und wann immer von der Seele die Rede ging, erklang von fern die Sphärenmusik der ewigen Gestirne, als Leitmotiv der innigsten Sehnsucht jener Menschen nach – Unsterblichkeit.

In Karthago, wo der zwanzigjährige Augustinus Grammatik und Rhetorik studierte, warben die manichäischen Prediger unter den Schülern der freien Künste mit der Lehre von einem kosmischen Christus, tiefsinniger als in den Basiliken der katholischen Kirche. Der manichäische Christus erweckte den alten Adam aus seiner schlaftrunkenen Verfallenheit an die Mächte der Finsternis, mit der erlösenden Botschaft, daß seine Seele göttlich sei.

Das gefiel dem jungen Mann aus der afrikanischen Provinz, der sein lüsternes Fleisch gründlich verachtete, und bald sah man Augustinus bei den Zusammenkünften der Manichäer. Dort durfte er während des festlichen Gottesdienstes den »Brief der Gründung« des erhabenen Mani vernehmen, damit gehörte er zu den »Hörern« der manichäischen Geheimkirche: So wurden jene genannt, denen zum strengen Lebenswandel der »Vollkommenen« und »Auserwählten« noch der Mut fehlte, nicht aber die Bereitschaft, ein theologisches System kennenzulernen, dessen Reiz in einer seltsamen Verbindung von wissenschaftlichem Anspruch und mystischen Aufschwüngen lag.

Die gnostische Mythe der Manichäer erzählte von einem »Reich des Lichts«, aus dem die Seelen der Menschen verbannt worden waren, abgetrennt von ihrer Heimat, wie in Gefangenschaft lebend. Schuld daran war eine uranfängliche Grundstörung, verursacht durch das Eindringen der finsteren Mächte in die friedliche Domäne des Lichts. Dessen ewiger Vater, gewaltlos von Hause aus, wußte sich nicht anders zu helfen, als die »Mutter des Lebens« aus sich zu entlassen, die hinwiederum den Urmenschen gebar, ausgestattet mit den Waffen der fünf reinen Elemente, als da sind das leichte Lüftchen, das Licht, der Sturm, die Erde, das Feuer, mit welchen er in die Schlacht zog und alsbald vernichtend geschlagen wurde. Zwar wurde er durch einen Lichtboten aus der Gewalt der Dämonen befreit, aber nur halbwegs. Schon hatten die Finsterlinge dem Weltmann die Lichtreserven entrissen, über die er gebot, und seitdem ist alles irdische Geschehen unter das Gesetz einer trüben Mischung gestellt.

»Das erste, was der Mensch zu tun hat«, hieß es im Katechismus der manichäischen Geheimkirche, »ist die Unterscheidung der Zwei Prinzipien. Wer unserer Religon zugehören will, muß wissen, daß die Zwei Prinzipien von absolut verschiedener Natur sind.«

Das aber hieß für die Gefolgschaft des Mani, in sich selbst jenes trübselige Gemenge aus Lichthaftigkeit und Düsternis zu entdekken, also die Einsperrung der göttlichen Seele ins Körpergefängnis, die Verfallenheit der guten und reinen Strebungen unter die Herrschaft der schlimmen Triebe, aufsteigend aus dem Inneren des Leibes, stets bereit zu Gewalttat und Lust.

Deshalb mieden die Auserwählten unter den Manichäern alles, was der Befreiung der Seele entgegenstand, durch die Beachtung der drei Siegel. Das Siegel der Hand untersagte jegliche Gewalt gegen Menschen, Tiere und Pflanzen, zum Beispiel das Fällen von Bäumen oder das Zerteilen einer Frucht mit dem Messer. Das Siegel des Mundes belegte alle Nahrungsmittel von tierischer Herkunft mit einem strengen Verbot, ebenso auch den Wein, dessen Herkunft aus der Galle des Teufels als sicher galt. Das Siegel des Mutterleibs sanktionierte den Verzicht auf den Liebesakt und die Fortpflanzung, wie bei den christlichen Mönchen und Nonnen.

Nur die Seelen der Reinen und Auserkorenen in der Gemeinde des Mani, die sich an die drei Siegel hielten, durften im Tod zu ihrem göttlichen Ursprung zurückkehren. Sie gelangten zum Mond und zur Sonne, auf denen sie wie auf Schiffen ins Lichtreich fuhren, heim zu Gott.

Die Hoffnung auf eine solch glückselige Bestimmung blieb dem jungen Augustinus allerdings so lange verwehrt, als er sich mit seiner Lebensgefährtin »in Fleisch und Blut wälzte«, wie er es ausgedrückt hat. Die Hausgemeinschaft mit einer *concubina* von einfacher Herkunft galt zwar als durchaus legal, verwehrte ihm aber den Zutritt in den inneren Kreis der Vollkommenen. Später hat Augustinus in seinen berühmten *»Bekenntnissen«*[223] den Seufzer notiert, den er als junger Mann öfter tat, als ein Gebet: »Ach verleihe mir Keuschheit, aber nicht sofort!«

Augustinus blieb also ein »Hörer« in der manichäischen Gemeinde. Er durfte allenfalls hoffen, daß seine Seele nach dem Tod im Leib eines Auserwählten ihre Wohnung nahm, oder auch in den bevorzugten Nahrungsmitteln der Heiligen, den Melonen und Gurken. Lediglich vor dem Geschick der völlig Unerleuchteten durfte sich der Afrikaner sicher fühlen, nämlich in Tierleibern fortleben zu müssen.

Ob Augustinus die feineren Details der manichäischen Lehre von der Reinkarnation jemals geglaubt hat, darf man bezweifeln. Bei der Stange gehalten wurde er durch ein Grundaxiom der Lehre des

Mani, das sein Gefühl, ständig befleckt zu sein, etwas milderte. Als Manichäer durfte er überzeugt sein, nicht er selber sei es, der sündigte, sondern das böse Nachtprinzip in seinem Körper, dem er unterworfen war. So konnte sich seine Selbstachtung, bedrängt von Schuldbewußtsein, Trauer und Angst, in einer innersten Oase sicher fühlen, in der Gefängniszelle, wo seine Seele ihrer Befreiung harrte.

Monika, Augustinus' Mutter, war entsetzt, als ihr Sohn als Manichäer nach Hause kam, in das Städtchen Tagaste (das heutige Souk Ahras in Algerien). Als fromme Christin betrachtete sie die Anhänger des Mani als Erzketzer sondergleichen, als Feinde der guten *Catholica*, deren Bischöfe in ganz Afrika amteten, in Eintracht mit dem Stuhl Petri in Rom. Sie verwies ihrem Sohn das Haus, und erst ein Wahrtraum, in dem sie den Abtrünnigen als künftigen Christen erblickte, versöhnte sie einigermaßen.

Augustinus dachte nicht daran, die Zwei Prinzipien Manis fallenzulassen. Für ihn und seine Freunde, die angehenden Rechtsanwälte und Universitätsprofessoren der afrikanischen Führungsschicht, galt die manichäische Lehre als esoterisches Christentum, akzeptabel für Intellektuelle, die sich über das schlechte Latein der Bibel lustig machten. Katholisch getauft war Augustinus ohnehin noch nicht. Er wartete mit diesem Schritt, wie damals üblich, auf seine gesetzteren Jahre, wie auch sein Vater Patricius, der erst auf dem Sterbebett den Christennamen empfangen hatte.

Der manichäische Christus hatte mit dem Heiland der katholischen Glaubensgemeinden nur den Namen gemeinsam. Im System Manis war die Jesusgestalt in mehreren Erscheinungsformen gedacht. Als »glänzender« Jesus residierte er im Lichtreich. Als irdischer Jesus trat er, zur Täuschung der Dämonen mit einem simulierten Manneskörper versehen, in die Welt, um die ewige Wahrheit zu künden. Als leidender Jesus lechzte er mit allen gefangenen Lichtpartikeln und Seelen nach Befreiung, angenagelt an das kosmische Kreuz. Das Konzept des »erlösten Erlösers«, wie es noch im »Parsifal« Richard Wagners anklingt, geht auf gnostische Gedankengänge zurück, aus denen Mani seine Inspirationen bezog.

Um »Gnosis«, also um höheres Wissen, ging es in der manichäischen Geheimreligion, die ihrerseits auf noch ältere Quellen zurückwies, auf esoterische Zirkel in Palästina, die um Christi Geburt bereits da waren. Um Gnosis, also um privilegierte Information, ging es auch dem jungen Professor, der im Alter von 22 Jahren bereits die hohe Kunst der freien Rede vorführte, in einem Hörsaal auf dem Forum von Karthago, nur durch einen Vorhang vom Lärm des Zentrums der Stadt getrennt. Augustinus stand am Beginn einer akademischen Karriere, die ihn später nach Rom und nach Mailand führte. In den Buchständen längs der Meerespromenade Karthagos fand Augustinus jahrhundertealte Texte gnostischer Autoren, in denen er abermals die Lehre von den Zwei Prinzipien fand.

Mit der Zeit allerdings kamen ihm gewisse Bedenken. Während der sieben Jahre, die Augustinus als Rhetorikprofessor in Karthago verlebte, setzte er seine philosophischen und naturwissenschaftlichen Studien fort, angefangen mit Aristoteles, den seine Kollegen nur vom Hörensagen kannten. Zu den Disziplinen der sogenannten »freien Künste«, in denen sich Augustinus weiterbildete, zählten nicht nur Grammatik, Rhetorik und Dialektik, sondern auch Arithmetik, Geometrie, Musik und Astronomie. Letztere war es, die ihn stutzig werden ließ. Was sie über die Vorausberechnungen der Sonnen- und Mondfinsternisse zu sagen hatte, war bewiesen, während das manichäische System reine Spekulation blieb, etwa mit der Behauptung, die Mondphasen seien durch den Zufluß befreiter Lichtpartikel verursacht.

Die Manichäer, denen Augustinus seine Fragen vortrug, gerieten in arge Bedrängnis. Er möge sich gedulden, bis das große Licht der manichäischen Kirche in Karthago erscheine, der hochberühmte Faustus von Mileve. Ihm möge Augustinus sich anvertrauen.

Als es schließlich so weit war und die beiden Männer im kleinen Kreis zusammenkamen, ließ sich die Blamage des manichäischen Weltweisen nicht lange vermeiden. »Da fand ich auf den ersten Blick«, schrieb Augustinus später, »einen Mann, der in den freien Künsten bloß in der Grammatik bewandert war, und selbst das nur in einem landläufigen Maß. Er war sich seiner Unwissenheit durchaus bewußt und wollte sich nicht blindlings im Gespräch in eine Lage bringen lassen, aus der ihm weder ein Ausgang noch ein Rückzug möglich gewesen wäre. So war mein ganzer Ehrgeiz, von den Manichäern zu lernen, nach der Bekanntschaft mit jenem Mann völlig erloschen, ohne daß ich mich freilich ganz von ihnen zurückzog. Ich blieb gleichsam dabei, weil ich eben dahingeraten war und nichts Besseres gefunden hatte.«

Das »Bessere« lernte Augustinus erst in Mailand kennen, dem damaligen Regierungszentrum des weströmischen Reiches, und zwar in Gestalt der Schriften Plotins, eines griechischen Philosophen des dritten Jahrhunderts. Christ war Plotin nicht, aber im Gegensatz zu den Gnostikern bejahte er den Kosmos als göttliches Werk. Gleich Plato, an den er anknüpfte, schrieb er den menschlichen Seelen eine vom Körper unabhängige Existenz zu, von Ewigkeit zu Ewigkeit. Ihr Schmachten im Gefängnis des Leibes ließ sich wie ein Absturz aus den Höhen des reinen Geistes denken. Je tiefer sie ins Materielle verstrickt war, desto schwieriger gestaltete sich ihre schließliche Heimkehr zu Gott. Eine mehrmalige Wanderung durch menschliche und selbst tierische Verkörperungen diente ihrer allmählichen Läuterung, bis sie schließlich den Weg zu den Sternen fand.
In den gebildeten Zirkeln Mailands war das Gedankengebäude der »Platoniker«, wie man die Schriften Plotins und seines Schülers Porphyrius nannte, der letzte Schrei. Der Übersetzer Plotins ins Lateinische, ein gewisser Marius Victorinus, hatte sich auf seine alten Tage taufen lassen, und so öffnete sich für so manchen vornehmen Mann, dem die Luft in der katholischen Basilika zu sehr nach armen Leuten roch, eine elegante Möglichkeit, mit dem christlichen Glauben zu sympathisieren, ohne der Philosophie Lebewohl sagen zu müssen.
Als Augustinus die Texte der Platoniker studierte, war er 32 Jahre alt. Zwischen der Zeit seiner Plotin-Lektüre und seiner endgültigen Hinwendung zum christlichen Glauben im Jahr 386 lagen nur wenige Monate. Über die Gründe dieser »Bekehrung« ist viel nachgedacht worden. Als sicher darf gelten, daß Augustinus über die platonische Brücke zur Taufe gewandert ist. Und es hat viel für sich, den entscheidenden gedanklichen Schritt in einer ganz bestimmten Klärung zu sehen, die der erhabene Plotin dem Grübelsinn des Afrikaners anbot. Bislang hatte Augustinus sich selbst und die Welt, unterm Einfluß der Manichäer, als recht trübe Mischung lichter und dunkler, guter und böser, materieller und geistiger Kräfte sehen gelernt. Mischungsverhältnisse aber können bedrohlich wirken, wie der Berliner Religionsphilosoph Klaus Heinrich gezeigt hat. Die geglückte Abwehr solcher Bedrohung wird dann zu einer Erleichterung, die das Leben eines Menschen – genauer gesagt: eines Mannes – von Grund auf verändert.
Das göttliche Selbst der Philosophie des Plotin war erstens souverän

gedacht, also dem Bösen in der Welt unendlich überlegen und nicht gleichgeordnet wie bei den Manichäern. Zweitens war die heilige Eins der Platoniker unangreifbar in der ewigen Welt der Ideen zu Hause, nicht kläglich in Gurken und Melonen versiegelt.
Von diesem theologischen Konzept war es nur ein Schritt zum allmächtigen, ewigen Gott der Bibel, dem der Teufel zu gehorchen hatte, wie ein Kettenhund seinem Herrn. Und weil der Afrikaner den Teufel ganz elementar zwischen seinen Schenkeln erlebte, tat er den Sprung ans rettende Ufer des christlichen Heils mit dem Gelöbnis, fortan keine Frau mehr zu berühren.
Im August seines Schicksalsjahres verzichtete Augustinus auf seine Professur. Im September war er bereits auf dem Landsitz eines Freundes in der Nähe des Comer Sees, als Privatmann, in der Gesellschaft einiger Schüler und Freunde, seiner Mutter und seines Sohnes, und dachte über seine Seele nach. »Gott und die Seele erkennen: das ist mein Wunsch« – so hat er die Sache damals formuliert, in einer kleinen Schrift, die er *Alleingespräche*[224] nannte. Im lateinischen Original steht *scire cupio*. Der Afrikaner wollte wissen, was es mit der Seele des Menschen auf sich hat; seine fiktive Gesprächspartnerin in den *Alleingesprächen* war – die Vernunft. Die Formel, die er für das Verhältnis des Glaubens zur Vernunft gefunden hat, klingt wie eine Aufforderung: *Crede ut intelligas* – überlaß dich dem Glauben, auf daß du zur Einsicht kommst. Seine Bekehrung zum christlichen Gott hat der Afrikaner als Voraussetzung für ein vernünftiges Weltbild erlebt, und deshalb verabschiedete er sich von den Lehren der Manichäer und der Platoniker über die Wanderung der Seelen. Sie stand im Widerspruch zum eigentlichen Ernst der Evangelien, in denen der Mensch zu einer einmaligen Entscheidung aufgerufen ist, für oder gegen Gott.

Die einzige Form der Reinkarnation, die der christlich gewordene Augustinus zuließ, war die Wiedervereinigung der Seelen mit ihren Leibern am Tag des Jüngsten Gerichts, ihre Wiedereinkörperung zur ewigen Seligkeit oder zur ewigen Pein. Aus der heutigen Distanz zur Glaubenswelt des Afrikaners ist die Frage erlaubt, ob die Vorstellung von der Auferstehung der Toten vor der Instanz der Vernunft eher zu bestehen vermag als die Lehre von der mehrmaligen Verkörperung der Seelen in verschiedenen Leibern. Aber die heutige Skepsis vermag den Kirchenvater deshalb nicht zu erreichen, weil er sozusagen auf zwei Kanzeln predigte. Auf der einen Kanzel lag die Bibel, auf der anderen die Bibliothek der anerkannten Gelehrsamkeit seiner Zeit. Immer dann, wenn Augustinus in seiner Polemik gegen die Manichäer und die platonischen Denker mit Vernunftgründen nicht weiterkam, bestieg er die andere Kanzel und legte seinen Finger auf eine Stelle der heiligen Schrift. Hatte nicht der heilige Paulus im *Römerbrief* (9,11–13) am Beispiel der beiden Söhne des Isaak deutlich gezeigt, daß das menschliche Schicksal von der göttlichen Gnadenwahl bestimmt werde und nicht von den Taten in früheren Existenzen? Hatte nicht der Herr Jesus vom Tod als von einer Nacht gesprochen, in der niemand mehr wirken kann?

Wenn der Bibelbeweis nicht reichte, appellierte der Kirchenvater an den gewöhnlichen Hausverstand. In einer ausführlichen Auseinandersetzung mit der Seelenwanderungslehre des Philosophen Porphyrius schrieb Augustinus: »Porphyrius war der Meinung, daß die menschlichen Seelen in menschliche Leiber zurückkehren, in andere, neue. Aber die Vorstellung, daß eine in ein junges Mädchen wieder eingekörperte Mutter ihren eigenen Sohn heiraten müßte, störte ihn nicht« (*De Civitate Dei* 10,30).

Auf die Reinkarnation kam Augustinus gelegentlich auch als predigender Bischof in seiner Basilika von Hippo Regius (in der Nähe des heutigen Annaba, Algerien) zu sprechen, vor der gläubigen Gemeinde. Dann bedurfte es keiner Beweise, dann wurde der berühmte Redner scharf und polemisch. Die Lehren von der Wiedereinkörperung der Seelen, rief Augustinus seinen Christen zu, seien nichts anderes als gewaltige Spinnereien einflußreicher Gelehrter (*magna magnorum deliramenta doctorum* – Sermo 242,6).

Damit war der Stab über die Lehre von der Reinkarnation gebrochen. Von den großen Kirchenversammlungen der imperialen *Catholica* ist sie zwar nie ausdrücklich verdammt worden, aber die Väter und Lehrer der abendländischen Christenheit ließen keinen Zweifel daran, daß die Zeit der Entscheidung für Gott auf das (einmalige) Erdenleben beschränkt sei. Auf der Synode von Konstantinopel im Jahr 543 wurde die Lehre des Origenes von der schlußendlichen Bekehrung der verdammten Engel und Menschen, der sogenannten *Apokatastasis*, verworfen. Den manichäischen Bischöfen drohte im oströmischen Reich ab 381 die Todesstrafe, den Vollmitgliedern der manichäischen Kirche die Verbannung. Und auch der Platonismus, die philosophische Heimat der Lehre von der Wanderung der Seelen durch verschiedene Leiber, durfte nur in christlich verwandelter Gestalt weiterleben. Mit der Schließung der Akademie Platos im Jahr 529 wurde eine neunhundertjährige Tradition freier Nachdenklichkeit amtlich für beendet erklärt. Für die nächsten tausend Jahre herrschte die vom Glauben erleuchtete Vernunft, so wie Augustinus es gewollt hatte, und in die Seelen der Menschen senkte sich der Schrecken der Höllenangst, die Furcht und das Zittern vor der Möglichkeit ewiger Verdammnis als Konsequenz eines unbußfertigen Lebens. Für die mittelalterliche Weltsicht, deren Beginn durch Augustinus angezeigt ist, blieb die Idee der Unsterblichkeit vom Gelächter der Hölle nachhaltig gestört.

Vor zweihundert Jahren haben sich die bürgerlichen Menschen Europas bekanntlich vom christlichen Mittelalter verabschiedet, das sie als finster empfanden. Danach war von der Seele allenfalls noch in den Poesie-Alben der höheren Töchter und in den Zirkeln der Spiritisten die Rede. In der wissenschaftlichen Psychologie kümmerte man sich um das Zustandekommen von Wahrnehmungen, und nur noch auf den theologischen Fakultäten konnte man lernen, daß die Seele die Wesensform des Körpers sei. Im industrialisierten Denken war für das, was Augustinus *anima* nannte, kein Platz.

Deshalb fällt es heute nicht leicht, sich im Kopf eines Mannes wie Augustinus zurechtzufinden, der von der Seele ebenso selbstverständlich reden konnte wie von der Beziehung zu seiner Mutter oder von seinen Gefühlen beim Tod seines besten Freundes. Für den Afrikaner war *anima* ein Hauptwort im Zentrum des Denkens, ebenso gewichtig wie die Rede von Gott. Die Wirklichkeit dessen, was mit *anima* bezeichnet wurde, war für Augustinus nie ein Gegenstand des Zweifels. Beschäftigt hat er sich mit Fragen, die damals diskutiert wurden, etwa mit dem Problem, ob die Seele von göttlicher Substanz sei oder nicht, ob sie vor ihrer Verkörperung bereits existiert habe, ob sie zusammengesetzt oder einfach, sterblich oder unsterblich, leibhaftig oder geistigen Wesens sei, ob sie mehrere Male in menschlicher oder auch tierischer Gestalt wiederzukehren imstande wäre.

Originell, ja epochal ist das seelenkundliche Denken des Afrikaners deshalb geworden, weil es in einer bislang unerhörten Weise introspektiv war. Die selbstanalytischen Passagen im achten Buch der *Bekenntnisse* muten erstaunlich modern an, sie lesen sich wie das literarische Protokoll der Krise eines sensiblen Mannes von heute, der mit sich und seiner Karriere nicht länger zufrieden sein kann und sich zum Ausstieg aus den Konventionen entschließt. Das, was der Afrikaner *anima* nannte, wäre dann aus heutiger Sicht jene Instanz, die einen Menschen unverwechselbar macht. Weder in der manichäischen Mythe noch im platonischen Diskurs hatte das, was wir Persönlichkeit nennen, einen reservierten Platz. Der Schlüssel zum Selbstbewußtsein jenes nervösen Mannes, der im August 430 starb, während ganz Nordafrika von den Vandalen überrannt wurde, liegt in einem Satz seiner »*Bekenntnisse*«: »Da wandte ich mich zu mir selbst« (10,6,9).

Was er dort, »noch weiter drinnen als in meinem Inneren«, schließlich fand, erlebte er als einmalige Ichgestalt, die zwischen Geburt und Tod ihren Weg zum Absoluten suchte.

Damit hat Augustinus die Metaphorik des Reisens, die allen Vorstellungen von Seelenwanderung eigen ist, insofern nuanciert, als er seine Pilgerschaft individuell auffaßte, als unwiederholbares Unternehmen, das nur ihn selber betraf. Die Einmaligkeit dessen, was er in seiner Bekehrung erlebte, im Zusammenspiel von eigenem Entschluß und göttlicher Führung, war nicht reproduzierbar, weder in diesem noch in einem anderen Leben. Was vorher war, lag im Dunkel, was nachher geschah, hatte sein Ziel im ewigen Licht.

Gleichwohl ist der Afrikaner in einem bestimmten Sinn ein Platoniker, auch ein Manichäer geblieben, und zwar insofern, als er sich zeit seines Lebens als Fremdling auf Erden gefühlt hat, vergleichbar einem Emigranten, den man aus der Heimat vertrieben hat. Deshalb hat er die Bewegungsrichtung seines Lebens gern als Umkehr oder Heimkehr bezeichnet. Das damit angestimmte Leitmotiv der Entfremdung steht auch heute noch auf dem Spielplan.[225]

Anmerkungen

Vorwort

1 Eine kurze Kritik der Reinkarnationstherapie enthält mein Buch *Zwischen Wissenschaft und Aberglaube. Grenzbereiche psychologischer Forschung*, Fischer: Frankfurt am Main 1989, Kap. 1: »Im Drüben fischen?« Ausführlich setze ich mich mit ihr auseinander in: *Zurück in frühere Leben? – Erfolge, Grenzen und Gefahren der Reinkarnationstherapie*, Kösel: München (i. V., vorgesehener Erscheinungstermin: Frühjahr 1991).

2 vgl. dazu Harald Wiesendanger, *Zurück in frühere Leben?*, aaO, Kap. VI: »Wiedergeburt – was sonst? Warum andere Erklärungen für ›Erinnerungen an frühere Leben‹ wenig überzeugen«.

3 Wiesendanger, *Zurück in frühere Leben?*, aaO, Kap. V: »Die Indizienkette schließt sich. Was außer bestätigten ›Rückführungen‹ sonst noch für Wiedergeburt spricht«.

4 ebda., Kap. VII: »Wiedergeburt – unmöglich? Gängige Einwände: Warum sie leerlaufen«.

5 Ernst Topitsch, »Seelenglaube und Seeleninterpretation«, in ders., *Sozialphilosophie zwischen Ideologie und Wissenschaft*, Luchterhand: Neuwied/Berlin 3. Aufl. 1971, S. 181–226, dort ib. S. 195f.; zuerst erschienen in *Archiv für Philosophie* 1959, S. 1–36.

Topper: Reinkarnationsvorstellungen in Europa

6 Max Raphael, *Wiedergeburtsmagie in der Altsteinzeit*, hrsg. v. S. Chesney und I. Hirschfeld, Frankfurt am Main 1979.

7 »Beobachtungen zur Kultur der Kalasch (Hindukusch)« in *Zeitschrift für Ethnologie* Bd. 102, Braunschweig 1977; die Monographie bezieht sich auf die Jahre 1962–1966. Ich wähle absichtlich Bräuche der Kalasch aus, weil sie ursprünglich und doch noch lebendig sind; außerdem stehen sie, wie die der arischen Inder, den frühеuropäischen Bräuchen nahe.

8 *Kinder- und Hausmärchen der Brüder Grimm*, Bd. 1, S. 47.

9 Lepenski Vir in Jugoslawien, Hacelar in der Türkei u. a. O.

10 Heinrich Wendel, »Eiszeitliche und altägyptische Sanktuare, gesehen als Orte einer Wiedergeburtsreligion«, in *Almogaren* V–VI, S. 294–299, Hallein/Österreich 1975.

11 Die bekanntesten Fälle sind eine Höhle bei Granada in Spanien und das Hügelgrab La Meskiana im Osten Algeriens.

12 Ein Manuskript über »Heiligtümer am Atlantik« über meine neueren Forschungen ist im Entstehen.

13 Ernst Krause, *Die Troyaburgen Europas*, Glogau 1893. Robert Graves, *Greek Myths* (1960), Bd. 1, S. 98, 3. Hans Biedermann, *Wellenkreise. Mysterien um Tod und Wiedergeburt in den Ritzbildern des Megalithikums*, Hallein 1977.

14 wie Anm. 7; ebenso auch Mountstuart Elphinstone, *An account of the Kingdom of Caubul...*, London 1815, Neudruck Graz 1969, S. 334.

15 George Robertson, *The Kafirs of the Hindukusch*, London 1896, S. 596. In Südindien sind entsprechende Bräuche der Namensgebung verbreitet.

16 Zu Beginn des zweiten Helgiliedes heißt es: »Kein Name blieb an ihm haften.«

17 Dragoslav Srejović, *Lepenski Vir*, Belgrad 1969, London 1972, Bergisch-Gladbach 1973.

18 *Gilgamesch-Epos*, hrsg. v. Albert Schott und W. von Soden, Stuttgart 1958, 11. Tafel.

19 Robert Graves, *The Greek Myths*, aaO, dt. *Griechische Mythologie*, Rowohlt: Reinbek b. Hamburg.

20 Über Zamolxis schrieb ich ausführlicher in *Wiedergeburt. Das Wissen der Völker*, Rowohlt: Reinbek 1988, Kap. 11. – Dieses Zitat entnehme ich C. V. Gheorgiu, *Le peuple des immortels*, Paris 1955.

21 Siehe hierzu Ovid von Naso, *Fastes*, und Augustinus, *Confessiones*.

22 Das Autodafé von Sagunt geht auf Hannibals Eroberung zurück, die Selbstverbrennungen von Calahorra, Estepa in Andalusien u. a. auf die Römer.

23 2. Makk. 7

24 Hilde wird im »Walkürenlied«, 3, genannt. Die hier erwähnte Sage steht als »Der Hjadninge Zeitvertreib« am Schluß der Prosa-Edda.

25 Zit. nach Hugo Gering, *Die Edda*, Leipzig/Wien 1892, S. 182.

26 Siehe hierzu meine ausführliche Deutung des Märchens von Jorinde und Joringel in *Wiedergeburt*, aaO, Kap. 13.

27 Grimnismal 22, nach der Übersetzung von Hugo Gering, s. Anm. 25.

28 Zu dieser Datierung s. Uwe Topper, *Das Erbe der Giganten*, Olten und Freiburg i. Br. 1977, besonders Kap. 3.

29 in *Timaios*, 22–23
30 Johannes von Tepl, *Der Ackermann und der Tod*, Ausgabe von Felix Genzmer.
31 Joh. 9, Vers 2 und 3, nach der Luther-Übersetzung.
32 Joh. 8,56–58
33 1. Mose 14,18
34 Apostelgeschichte (Act. Ap.) 2,25–36
35 Sacharja 4,9
36 Matth. 11,7–15 und Luk. 7,24–30
37 Matth. 17,10–13 und Mark. 9,11–13
38 K. O. Schmidt, *Wiederverkörperung und Karma*, Pfullingen 1962, zit. in Max Hoffmeister, *Reinkarnation, Antwort auf das Rätsel des Menschen?*, Achberg 1975, S. 316.
39 Der lateinische Text ist von mir übersetzt.
40 *Erziehung des Menschengeschlechts*, 95.
41 *Bardo Thödol*, Das Tibetanische Totenbuch nach der englischen Fassung von Lama Kazi Dawa-Samdup, hrsg. von W. Y. Evans-Wentz, neu bearbeitet, kommentiert und eingeleitet von Lama Anagarika Govinda, mit einem psychologischen Kommentar von C. G. Jung, Olten 1971, S. 270 f.

Topitsch: Seelenwanderung – Mythos, Ideologie, Geschäft

42 H. Schmalenbach, »Die Entstehung des Seelenbegriffes«, in *Logos* XVI/1927, S. 312.
43 Dazu und zum Folgenden siehe Ernst Topitsch, *Erkenntnis und Illusion. Grundstrukturen unserer Weltauffassung*, 2. Aufl. Tübingen 1988.
44 A. Schweitzer, *Die Weltanschauung der indischen Denker*, 2. Aufl. München 1965, S. 36. – Zum Folgenden auch H. Gomperz, *Die indische Theosophie*, Jena 1925.
45 Max Weber, »Politik als Beruf«, in ders., *Gesammelte politische Schriften*, 2. Aufl. Tübingen 1958, S. 493 ff., Zitat S. 542.
46 Max Weber, *Gesammelte Aufsätze zur Religionssoziologie*, 2 Bände, Tübingen 1921, S. 117.
47 H. Kelsen, *Vergeltung und Kausalität*, 2. Aufl. Wien, Köln, Graz 1982.
48 S. dazu noch immer das klassische Werk von E. Rohde, *Psyche. Seelencult und Unsterblichkeitsglaube der Griechen*, dessen erste Auflage schon rund ein Jahrhundert zurückliegt und das inzwischen zahlreiche Neuauflagen erlebt hat.
49 Fragmente 117 und 146.

50 Platon, *Politeia*, 10. Buch, 615e/616a.
51 ebda., 617e
52 ebda., 621c

Dethlefsen: »Den Schatten angliedern«...

53 Bei Dethlefsens vorliegendem Beitrag handelt es sich um die Abschrift eines Vortrags vom 13. November 1988 auf den Basler »Psi-Tagen«.

Hemminger: Rückführung – eine psychologische und weltanschauliche Kritik

54 von Morey Bernstein, Bern und München 1973.
55 siehe Harald Wiesendanger, »Wiedergeburt – Wahn oder Wirklichkeit?«, *Psychologie heute* 14/September 1987, S. 20–31, dort weitere Literatur. (Eine überarbeitete und erweiterte Fassung dieses Beitrags erschien inzwischen als Kap. 1 von Harald Wiesendanger, *Zwischen Wissenschaft und Aberglaube. Grenzbereiche psychologischer Forschung*, Fischer: Frankfurt am Main 1989). Ebenso bei Werner Thiede, »Indizien für Reinkarnation?«, *Materialdienst der EZW* 6/89, Nr. 52, S. 161–174.
56 nach Dethlefsen, *Das Erlebnis der Wiedergeburt*, München 1976, S. 135ff.
57 siehe z. B. Hemminger/Becker, *Wenn Therapien schaden*, Reinbek 1985, S. 107ff.
58 Netherton/Shiffrin, *Bericht vom Leben nach dem Leben*, Bern und München 1979.
59 ebda., S. 28
60 ebda., S. 39–40
61 aaO (s. Anm. 55)
62 Siehe z. B. Günter Bartsch, »Rückführung und Reinkarnation«, *Materialdienst der EZW* 8/89, S. 241–247.
63 Ian Stevenson, *Reinkarnation*, Freiburg 1976, Vorwort.
64 Helen Wambach, *Seelenwanderung*, München 1984.

Wiesendanger: Zeitsprünge in die eigene Zukunft?

65 Dieses Gespräch fand am 21. Oktober 1989 in Heidelberg statt.
66 Im hessischen Isselbach leitet Endres ein »Institut für ganzheitliche Lebensgestaltung«. Unter seinen zahlreichen Veröffentlichungen wurden

besonders erfolgreich: *Das spirituelle Menschenbild – und seine Verwirklichung im täglichen Leben*, Knaur: München 1988; *Das Beste aus dem Leben machen. Ein Leitfaden zur Selbsterfüllung und Selbstmeisterung*, Knaur: München 1988.

67 Werner J. Meinhold: *Der Wiederverkörperungsweg eines Menschen durch die Jahrtausende. Reinkarnationserfahrung in Hypnose*, Aurum: Freiburg 1989. Ein 60minütiger Tonbandquerschnitt ist erhältlich über: Naturheilpraxis Werner J. Meinhold, Kaiserstraße 2a, 6780 Pirmasens.

68 ebda., S. 310

69 u. a. *Spektrum der Hypnose*, Ariston: Genf 1980; *Hypnosetherapie – eine Informationsschrift für den Patienten*, Ariston: Genf 1980.

70 Aus einer Werbebroschüre der »RVA Rubin Verlagsauslieferungsanstalt« (D-9494 Schaan).

71 Für sein dementsprechendes schriftliches Angebot vom 9. Mai 1989 danke ich bei dieser Gelegenheit dem Geschäftsführer der Versicherung, Mr. Mike St. Lawrence. Vgl. *Body, Mind & Spirit*, Januar/Februar 1989, S. 64.

72 Henry Gris, »Robert Cummings Tells of His Next Life 100 Years From Now«, *National Enquirer*, 11. September 1979, S. 26.

73 vgl. dazu Brooks Adams, »Introduction« in: Henry Adams, *The Degradation of Democratic Dogma*, New York 1920; David Loye, *The Knowable Future: A Psychology of Forecasting and Prophecy*, New York 1978.

74 Kurt Tepperwein, *Die hohe Schule der Hypnose. Praktische Lebenshilfe für jedermann*, Ariston: Genf 1977, TB-Ausgabe Goldmann: München 5. Aufl. 1990, S. 159f.

75 ebda., S. 160

76 Albert de Rochas, *Die aufeinanderfolgenden Leben*, Baumgartner: Warpke-Billerbeck o. J. (Or. *Les vies successives*, Paris 1924).

77 Im Jahre 1904 »trieb« Rochas die 35jährige Eugenie Besson hypnotisch »in die Zukunft«: eine Witwe mit zwei Kindern, die ihren Lebensunterhalt als Bedienung verdiente. Wie Rochas sie »nach und nach altern ließ«, zeigte sie mit 37 »alle Symptome der Niederkunft und bekundete gleichzeitig die Scham über dieses Ereignis, weil sie nicht wieder verheiratet war. Dies sollte sich im Jahre 1906 zutragen. Einige Monate später scheint sie sich zu ertränken. Ich lasse sie um zwei Jahre älter werden; neue Symptome der Niederkunft. Ich frage sie, wo sie in diesem Augenblick ist. ›Auf dem Wasser‹, sagt sie mir. Diese merkwürdige Antwort ließ mich vermuten, daß sie von dem Gegenstande abschweife, weshalb ich sie zu ihrem Normalzustande zurückführte.«
»Nun, alles, was sie vorhersagte, hat sich verwirklicht. Sie nahm einen Handschuhmachergehilfen zum Geliebten, von dem sie im Jahre 1906

ein Kind hatte. Kurz darauf stürzte sie sich verzweifelt in die Isère, wo man sie rettete, indem man sie bei einem Beine ergriff. Endlich, im Januar 1909, kam sie ein zweites Mal nieder auf einer der Brücken, die über die Isère führen, wo sie plötzlich von Wehen überrascht wurde, während sie von ihrer Arbeitsstätte heimkehrte.« (s. Rochas, *Die aufeinanderfolgenden Leben*, aaO, S. 47–53, ib. 52f.)

78 Mit ihren Zukunftsvisionen ziemlich daneben lag dagegen die 18jährige Josephine, eine Magd bei dem Kleiderhändler C. in Voiron, mit der Rochas 1904 acht Sitzungen durchführte. So sah sich Josephine in Kürze als Verkäuferin in dem großen Kaufhaus »Galeries modernes« in Grenoble arbeiten. Dafür erhalte sie 1.50 Francs pro Tag, habe Kost und Logis in einem kleinen, nach hinten gelegenen Zimmer. Nach drei Monaten dort kehre sie an Allerheiligen 1904 in ihr Elternhaus zurück. Rochas prüfte nach: In Wahrheit »konnte sie die gewünschte Stelle bei den ›Galeries modernes‹ nicht erhalten.«
Als Rochas sie um fünfzehn Jahre »in die Zukunft schauen« ließ – da ist sie 32 –, »scheint sie mir sehr traurig. Ich frage sie, was ihr sei. Sie will nicht antworten und wendet den Kopf weg, wie wenn sie sich wegen etwas schäme. Ich vermute die Ursache ihrer Qualen und frage sie, ob sie nun verheiratet sei. Sie antwortet mir: ›Nein, er will nicht. Und doch hatte er es mir versprochen!‹ Langsam, stockend rückt Josephine schließlich mit der Sprache heraus: Ein junger Bauer aus ihrer Heimat, Eugen F., habe sie zwei Jahre zuvor verführt. Nun habe sie ein uneheliches Kind von ihm.«
Bis 1912 riß Rochas' Kontakt zu Josephine dann völlig ab. Doch »da ich zu wissen wünschte, ob die Zeit ihren subliminalen Roman nicht geändert hätte, bat ich sie, bei mir einige Wochen als Stubenmädchen zu verbringen.« »Sie antwortete mir, daß sie bedaure, nicht fortgehen zu können, da sie jetzt ... einen Fleischhauergehilfen heiraten werde, der Rougier heiße. Das bedauerliche Abenteuer, das sie im Alter von 30 Jahren haben sollte, das heißt im Jahre 1915, wird sich also nicht bewahrheiten.« Über Eugen F., den angeblichen »Verführer«, hatte Rochas inzwischen bereits Erkundigungen eingezogen: Eugen existierte tatsächlich. 1885 geboren, gehörte er zu einer Familie wohlhabender Landwirte auf dem benachbarten Hof. Mit ihm zusammen hatte Josephine ihre erste Kommunion erhalten. Womöglich hatte sich Josephine mit ihrer Vision bloß einen heimlichen Herzenswunsch erfüllt. (s. Rochas, *Die aufeinanderfolgenden Leben*, aaO, S. 28–47)

79 Robert Carre, »Progression under hypnosis into future time: Can one introduce experimentation in the problem of determinism and free will?«, *Revue Metapsychique* 28/1981, S. 41–48.

80 vgl. Harald Wiesendanger, *Mit Leib und Seele. Ursprung, Entwicklung und Auflösung eines philosophischen Problems.* Peter Lang: Frankfurt

am Main/Bern/New York 1987, S. 344ff. sowie die dort zitierte Literatur aus der Analytischen Handlungstheorie.

81 Walter von Lucadou, *Psyche und Chaos*, Aurum: Freiburg 1989 – im übrigen eines der anregendsten Bücher der letzten Jahre zur Psychokinese-Forschung.

82 Zur Kritik des philosophischen Essentialismus und der altehrwürdigen Unterscheidung zwischen »analytischen« und »synthetischen«, »notwendigen« und »kontingenten« Wahrheiten vgl. z. B.: Willard Van Orman Quine, »Zwei Dogmen des Empirismus«, in: *Philosophie der idealen Sprache*, Johannes Sinnreich (Hrsg.), Göttingen 1972; Hilary Putnam, »The Analytic and the Synthetic«, *Minnesota Studies in the Philosophy of Science* 1962, S. 358–397; Donald Davidson, »On The Very Idea of a Conceptual Scheme«, *Proceedings of the American Philosophical Association* 17 (1973/74), S. 1–20. Was diese Kritik für die Begriffe von Seele und Geist bedeutet, erläutere ich in *Mit Leib und Seele. Ursprung, Entwicklung und Auflösung eines philosophischen Problems*, Peter Lang: Frankfurt am Main/Bern/New York 1987, ib. Kap. III.

83 Milan Ryzl: *Parapsychologie. Tatsachen und Ausblicke*, Ariston: Genf 1970, zit. nach der Lizenzausgabe Knaur: München o. J., S. 221.

84 Manche Parapsychologen führen Präkognition auf *Telepathie* zurück: Sofern alle Pläne und Absichten der Menschen in ihrem Unterbewußtsein gespeichert sind, könnte aus ihnen der Lauf künftiger Ereignisse abgeleitet werden, wenn sie telepathisch zugänglich wären. Eine andere Hypothese rechnet mit *hellseherischen* Fähigkeiten, sämtliche gegenwärtig bestehenden Sachverhalte zu erfassen, die zusammengenommen die kausalen Bedingungen für ein künftiges Ereignis bilden; oder dem Anzapfen eines ätherischen zeitlosen Weltgedächtnisses (»Akasha-Chronik«), in dem alles Gegenwärtige, Vergangene und Zukünftige gespeichert ist.

85 Demnach könnten »präkognitive« Personen in Wahrheit ihre psychokinetischen Fähigkeiten einsetzen, um alle erforderlichen kausalen Faktoren so zu beeinflussen, daß auf das Endergebnis die im voraus gegebene Beschreibung paßt. Ein Beispiel des deutschen Parapsychologen Werner Bonin: »A hat einen Traum, in dem ein ihm unbekannter B in einer bestimmten Gegend einen Autounfall hat; A sucht jetzt telepathisch diesen B, nötigt ihn mental-suggestiv, in die gesehene Gegend zu fahren, dort löst er psychokinetisch einen Defekt am Wagen aus und führt so den Unfall herbei.« Wie Bonin allerdings selbst einräumt, »bilden solche Konstruktionen eine ziemliche Zumutung für das Denken.« (Werner Bonin, *Lexikon der Parapsychologie und ihrer Grenzgebiete*, Fischer: Frankfurt am Main 1981, S. 405)

86 Berichte über *spontanes Zukunftswissen*, sei es in Visionen, Vorahnun-

gen oder hellsichtigen Träumen, werden seit Jahrtausenden überliefert. Zwar sind gerade die berühmtesten Prophezeiungen wie biblische Offenbarungen, delphische Orakel oder die Weissagen des französischen Arztes Nostradamus zu unklar und ungenau, um wissenschaftlich irgendwelche Beweiskraft zu haben. Zu den bestdokumentierten historischen Fällen zählen dagegen:

87 Abraham Lincoln, der 16. Präsident der Vereinigten Staaten, sah einige Tage vor seiner Ermordung am 15. April 1865 den eigenen Tod voraus. (Nachzulesen u. a. in der monumentalen Biographie von Carl Sandburg, *Abraham Lincoln*, Band 3: *The War Years: 1864–1865*, New York 1939, S. 823–827.

88 Als bestürzend prophetisch erwies sich der Roman *The Wreck of the Titan* des amerikanischen Schriftstellers Morgan Robertson, der 1898 in New York veröffentlicht wurde. Darin schildert er atemberaubend genau den Untergang des Luxusdampfers »Titanic« vierzehn Jahre später, am 15. April 1912. Nachweislich ahnten auch viele Passagiere und deren Angehörige die Katastrophe voraus. S. Ian Stevenson, »A Review and Analysis of Paranormal Experiences Connected with the Sinking of the Titanic«, *Journal of the American Society for Psychical Research* 54/1960; ders., »Seven More Paranormal Experiences Associated with the Sinking of the Titanic«, *Journal of the American Society for Psychical Research* 59/1965.

89 Am 28. Juni 1914 wird Erzherzog Franz Ferdinand von Österreich-Ungarn in Sarajewo von serbischen Separatisten erschossen. In der Nacht zuvor, um halb vier Uhr früh, erwacht Bischof Lanyi von Großwardein »aus einem schrecklichen Traume«, den er sofort zu Papier bringt: Darin nimmt er das Attentat auf den österreichischen Thronfolger in vielen Einzelheiten vorweg. Siehe dazu Johannes Mischo, »Die Schüsse von Sarajewo – Zum Traum des Bischofs Lanyi über die Ermordung des Thronfolgerpaares«, *Neue Wissenschaft* 11 (3) 1962/63, S. 126–139.

90 Besonders gut belegt ist der Fall des »Chaffin-Testaments«. James L. Chaffin, ein Farmer in Davie-Country im US-Bundesstaat North Carolina, macht am 16. November 1905 vor einem Notar und zwei Zeugen sein Testament. Darin überträgt er seinen gesamten Besitz dem dritten seiner vier Söhne; die übrigen sollen leer ausgehen. So kommt es auch, als Chaffin 16 Jahre später, am 27. September 1921, stirbt. Weder seine Frau noch die Kinder fechten seinen letzten Willen an.

Im Juni 1925 setzt bei Chaffins zweitältestem Sohn Pinkney eine Serie von Träumen ein, in denen der Vater, in einen schwarzen Mantel gehüllt, an sein Bett tritt. Im allerletzten derartigen Traum schlägt der Vater seinen Mantel zurück und spricht: »Du wirst mein wirkliches Testament in der Manteltasche eingenäht finden.« Tags darauf entdeckt Pinkney in der Innentasche des Mantels seines Vaters einen Zettel mit

der Notiz: »Lest das 27. Kapitel der Genesis in der alten Bibel des Vaters.« Die Chaffins schlagen die ererbte Familienbibel auf. Zwischen zwei Seiten des 27. Kapitels der Genesis stoßen sie auf ein neues, handschriftliches Testament, das Chaffin stillschweigend am 16. Januar 1919 verfaßt hat: Darin verteilt er den Besitz zu gleichen Teilen auf alle vier Söhne; ihnen trägt er auf, gemeinsam für die Mutter zu sorgen. Ein Gericht erkennt das zweite Testament an.
Einen Untersuchungsbericht über den »Fall Chaffin« legte ein Komitee der »Society for Psychical Research« vor in: *Proceedings of the Society for Psychical Research* 36/1926–28, S. 517–524.

91 Zu einem verheerenden Bergrutsch kommt es 1966 in der walisischen Bergarbeiterstadt Aberfan: 128 Kinder und 16 Erwachsene sterben dabei. Nicht weniger als 35 Einwohner ahnten die Katastrophe voraus. Siehe dazu J. C. Barker, »Premonitions of the Aberfan Disaster«, *Journal of the Society for Psychical Research* 44, Dezember 1967.

92 In einem Traum nimmt eine amerikanische Medizinstudentin nicht weniger als elf Details eines der verhängnisvollsten Brückeneinstürze in der Geschichte Amerikas vorweg: Von einem Frachtschiff gerammt, bricht am 9. Mai 1980 ein Teilstück der »Sunshine Skyway Bridge« in Florida ein, reißt mehrere Fahrzeuge in die Tiefe. 32 Menschen kommen dabei um. (Ausführlich stelle ich diesen Wahrtraum vor in meinem Buch *Die Jagd nach Psi. Über neue Phänomene an den Grenzen unseres Wissens*, Aurum: Freiburg 1989, S. 229–233; siehe die dort angegebene Literatur.)

93 *Systematische Beobachtungen über längere Zeiträume (»Längsschnittstudien«).* Der irische Luftfahrtingenieur John William Dunne (1875–1949) war fest davon überzeugt, den Vulkanausbruch auf Martinique vorausgeträumt zu haben. Jahrelang führte er daraufhin minutiös ein »Nachtbuch«, in dem er seine Träume festhielt. Diese Aufzeichnungen verglich er mit einem Tagebuch über spätere Erlebnisse. Jeder zehnte Traum enthielt präkognitive Anteile, so stellte er fest. (J. W. Dunne, *An Experiment with Time*, Macmillan: New York 1927)

94 Zum selben Ergebnis wie Dunne kam kürzlich die New Yorker Psychologin Nancy Sondow nach vierjähriger Selbstbeobachtung. Nancy Sondow, »The Decline of Precognized Events with the Passage of Time: Evidence from Spontaneous Dreams«, *Journal of the American Society for Psychical Research* 82/Januar 1988, S. 33–51.

95 In der wohl ausdauerndsten Längsschnittstudie, die Wissenschaftler je der Präkognition widmeten, stand die deutsche Schauspielerin Christine Mylius im Mittelpunkt. 1953 berichtete sie dem Freiburger »Institut für Grenzgebiete der Psychologie und Psychohygiene«, immer wieder nehme sie in ihren Träumen Zukünftiges vorweg. Von da an schickte sie 28 Jahre lang, bis zu ihrem Tod 1982, kommentierte Traum-

protokolle zur Auswertung an das Institut: über 3000 insgesamt. Als die Freiburger Diplom-Psychologin Friederike Schriever kürzlich 1700 davon sichtete, stieß sie immerhin auf 48 »gut bestätigte« Träume »mit offensichtlicher Übereinstimmung«. Siehe dazu Friederike Schriever, »Ein 30jähriges ›Experiment mit der Zukunft‹: Evaluation einer Einzelfallstudie«, *Zeitschrift für Parapsychologie und Grenzgebiete der Psychologie* Nr. 1–4/1988, 30. Jg., S. 99–132. Bekannt geworden ist die Mylius-Studie bereits durch die sehr detaillierte Analyse einer Traumserie, die sich auf den Film »Nacht fiel über Gotenhafen« bezog; Christine Mylius, die darin die Hauptrolle spielte, nahm zahlreiche damit zusammenhängende Ereignisse schon vier Monate bis fünf Jahre zuvor im Traum vorweg. Vgl. Hans Bender/Johannes Mischo, »Der Fall Gotenhafen. Zur Frage präkognitiver Träume und ihrer Motivation«, *Zeitschrift für Parapsychologie und Grenzgebiete der Psychologie* 4/1960–61, S. 114–198 und 5/1961–62, S. 10–47.

96 *Laborexperimente.* Im ersten parapsychologischen Hochschulinstitut der Welt, an der Duke-Universität in Durham, US-Bundesstaat North Carolina, begann der Biologe John B. Rhine (1885–1980) im Jahre 1933 mit quantitativen ASW-Experimenten. Dabei stieß er auch auf statistische Anhaltspunkte für Präkognition. Dazu benutzte er 25 Spielkarten, auf denen eines von fünf einfachen Symbolen abgebildet war: ein Kreuz, ein Stern, ein Quadrat, ein Kreis oder eine Wellenlinie. In einem abgeschlossenen Nebenraum mußte ein »Empfänger« das Symbol auf der Karte erraten, *bevor* sie gezogen wurde. Bei insgesamt 4500 Durchgängen lag die Zufallswahrscheinlichkeit manchmal höher als eins zu drei Millionen. Joseph Rhine berichtete darüber u. a. in »Experiments Bearing on the Precognition Hypothesis: Mechanically Selected Cards«, *Journal of Parapsychology* 5/1941.

97 Durch Berichte über Rhines Kartenversuche neugierig gemacht, begann der namhafte englische Mathematiker Samuel George Soal (1889–1975) von der Universität London mit ähnlichen Experimenten. Zwischen 1934 und 1939 testete er 162 Versuchspersonen in über 100000 Einzelproben: Von zu Hause aus sollten sie Tag für Tag »telepathisch« wahrnehmen, welches von fünf Tierbildern Soal in seinem Arbeitszimmer offen auf dem Schreibtisch liegen ließ. Das schien ihnen zu mißlingen – doch bald stieß Soal auf ein merkwürdiges Phänomen, das er *»Zeitverschiebung« (displacement)* nannte: Die Angaben der Versuchspersonen stimmten auffällig oft mit den Bildern überein, die Soal an den vorhergehenden und den *folgenden* Tagen auflegte. Der Photograph Basil Shackleton sagte sogar in vier Fünftel der insgesamt 800 Versuchsdurchgänge die nächstfolgende Karte voraus. In einer weiteren Testreihe mit 3789 Einzelaufgaben erzielte Shackleton 1101 Treffer anstelle der 776 statistisch erwarteten. Die Wahrscheinlichkeit, daß die-

ses Ergebnis rein zufällig zustandekam, liegt bei 10^{35}. Das bedeutet: Soal hätte seinen Versuch 10^{35} mal wiederholen müssen – eine Zahl mit 35 Nullen! –, um damit rechnen zu können, daß das Ergebnis durch Zufall einträte. Siehe Samuel Soal/Frederick Bateman, *Modern Experiments in Telepathy*, London 1954.

98 Als eines der weltweit führenden Schlafforschungslabors hatte sich das »Maimonides Medical Center« in Brooklyn, New York, schon Anfang der sechziger Jahre durch EEG-Messungen an Schlafenden einen Namen gemacht. Geleitet von dem Psychiater Montague Ullman und dem Psychologen Stanley Krippner, wurden in zahlreichen Testreihen schlafende Versuchspersonen aufgeweckt, sobald das EEG anzeigte, daß sie sich in einer Phase schneller Augenbewegungen befanden, dem REM-Stadium (*r*apid *e*ye *m*ovements). Während solcher REM-Phasen träumt der Mensch – pro Nacht etwa fünfmal, in Abständen von anderthalb Stunden, zwischen 10 und 25 Minuten lang. Gleich nach dem Aufwachen hatten die Testschläfer über ihre Trauminhalte zu berichten. Nach 1962 experimentierten Krippner und Ullman erfolgreich damit, solche Träume telepathisch zu steuern. (Montague Ullman/Stanley Krippner/Alan Vaughan, *Dream Telepathy*, London 1973; dt. *Traumtelepathie. Telepathische Experimente im Schlaf*, Aurum: Freiburg 1977)

99 Immer wieder stießen sie auch auf Traumberichte, die sich offenbar nachträglich bewahrheiteten; sie begannen, der Präkognition nachzuforschen. Versuchspersonen bekamen die Aufgabe gestellt, ein Ereignis des nächsten Tages im Schlaf vorwegzunehmen. Aus der REM-Phase geweckt, hatten sie in acht aufeinanderfolgenden Nächten ihre Träume zu Protokoll zu geben. Krippner, dem diese Protokolle unzugänglich blieben, griff jeweils tags darauf aus irgendeinem Buch aufs Geratewohl ein beliebiges Stichwort heraus; zu diesem inszenierte er nun eine kleine Szene, in die auch die Versuchsperson einbezogen wurde. Nach Abschluß der Testreihe verglichen unabhängige Beobachter die Traumprotokolle mit den Szenen auf Übereinstimmungen – und fanden überzufällig viele. Eine besonders begabte Versuchsperson, der Engländer Malcolm Bessent, sah im Sommer 1969 in fünf von acht Nächten voraus, was Krippner anderntags mit ihm anstellte. (Siehe dazu Ullman u. a., *Traumtelepathie*, aaO, Kap. II.14, sowie S. Krippner/M. Ullman/C. Honorton, »A precognitive dream study with a single subject«, *Journal of the American Society for Psychical Research* 65/1971, S. 192–203)

100 Ebenso berühmt wurden Versuche zum *Remote Viewing* (»Fernwahrnehmung«), die zwei amerikanische Physiker an einem der größten und renommiertesten Forschungsinstitute der Welt, dem »Stanford Research Institute« (SRI) in Menlo Park, Kalifornien, anstellten: Russell Targ und Harold Puthoff. Mehrere Versuchspersonen waren imstande,

hellsichtig zu erfassen, was gleichzeitig an einem anderen, ihnen unbekannten Ort geschah. Im Sommer 1975 wandelten Targ und Puthoff diese Versuche zu *Präkognitions*tests ab. Einer besonders begabten Versuchsperson, der freiberuflichen Fotografin Hella Hammid, teilten sie mit: In ungefähr einer halben Stunde werde einer von ihnen an einen Ort fahren, der ihnen im Moment selbst noch unbekannt sei. Hella sollte nun visualisieren, wohin, und ihre Eindrücke auf Tonband sprechen. Während Hella sich konzentrierte, brachen Targ oder Puthoff zu einer halbstündigen Autofahrt in die nähere Umgebung von Palo Alto und Menlo Park auf. Genau eine halbe Stunde später, als Hammid ihre Eindrücke längst protokolliert hatte, öffnete Targ einen von zehn versiegelten und numerierten Umschlägen, in denen verschiedene Zielorte angegeben waren; über die Wahl des Umschlags entschied ein mitgeführter Zufallsgenerator, der blindlings eine Zahl zwischen Eins und Zehn auswarf. Unverzüglich fuhr Targ zum angegebenen Ort, hielt sich dort eine Viertelstunde lang auf, kehrte dann zurück. In *allen* vier Versuchsdurchgängen hatte Hella Hammid mit geradezu unheimlicher Präzision den Zielort beschrieben: ob nun den Yachthafen oder das Rathaus von Palo Alto, den Garten der Universitätsklinik von Stanford oder eine Kinderschaukel in einer sieben Kilometer entfernten Parkanlage. Siehe dazu Russell Targ/Keith Harary, *Mind Race* (1984), dt. *Jeder hat ein 3. Auge. PSI – Die unheimliche Kraft*, Goldmann: München 1987; Targ/Puthoff, *Mind Reach*, New York 1977, dt. *Jeder hat den 6. Sinn*, Köln 1978, S. 114ff.

101 *Feldexperimente*. Zu den eindrucksvollsten Präkognitionsversuchen unter möglichst lebensnahen Bedingungen, außerhalb der sterilen Künstlichkeit des Psycholabors, zählen »*Platz-Tests*«. Vor Beginn einer öffentlichen Veranstaltung wird die Versuchsperson in einen Saal geführt; manchmal wird ihr auch nur ein Sitzplan in die Hand gedrückt. Kann sie voraussagen, wer auf einem bestimmten Stuhl Platz nehmen wird? Ist sie gar imstande, nähere Einzelheiten über Persönlichkeit und Lebenslauf des Betreffenden anzugeben? Berühmt für diese Fähigkeit wurde der holländische Heilpraktiker Gérard Croiset (1910–1980), den der Parapsychologe Wilhelm Tenhaeff (1894–1981) von der Universität Utrecht jahrelang ausgiebig testete. (1953 hatte Tenhaeff dort den weltweit ersten Lehrstuhl für Parapsychologie übernommen.) Über seine »Platz-Tests« mit Croiset berichtet Tenhaeff ausführlich in seinem Buch *Der Blick in die Zukunft – ›Präkognition‹*, Berlin 1976, Neuausgabe Moewig: Rastatt 1984, S. 123–164; s. auch Hans Bender, »Präkognition im qualitativen Experiment. Zur Methodik der ›Platzexperimente‹ mit dem Sensitiven Gérard Croiset«, *Zeitschrift für Parapsychologie und Grenzgebiete der Psychologie* 1 (1) 1957, S. 5–35, nachgedruckt in: *Parapsychologie. Entwicklung, Ergebnisse, Probleme*,

Hans Bender (Hrsg.), Wissenschaftliche Buchgesellschaft: Darmstadt 1980, S. 250–284.

102 Dabei läßt diese Übersicht allenfalls ahnen, welche enorme Menge von Anhaltspunkten für Präkognition die parapsychologische Forschung inzwischen zusammengetragen hat. Empfehlenswerte Einführungen: Wilhelm Tenhaeff, *Der Blick in die Zukunft – ›Präkognition‹*, aaO; David Loye, *Die Sphinx und der Regenbogen*, Rowohlt: Reinbek 1988.

103 Louisa Rhine: »Frequency of types of experience in spontaneous precognition«, *Journal or Parapsychology* 18/1954, S. 93–123.

104 G. Sannwald: »Zur Psychologie paranormaler Spontanphänomene«, *Zeitschrift für Parapsychologie und Grenzgebiete der Psychologie* 3/1960, S. 149–183.

105 E. Hanefeld, *Inhaltsanalyse paranormaler Spontanfälle*, unveröffentl. Diplomarbeit, Freiburg 1970.

106 Medard Boss, *Der Traum und seine Auslegung*, Kindler: München 1974, Kap. »Die telepathischen und prophetischen Träume«.

107 vgl. Charles Honorton, »Außersinnliche Wahrnehmung und veränderte Bewußtseinszustände«, in: *Neue Wege der Parapsychologie*, John Beloff (Hrsg.), Walter: Freiburg/Olten 1980, S. 78–103. Einen Überblick zu diesem Thema geben Hans-Jürgen Eysenck/Carl Sargent: *Explaining the Unexplained*, Weidenfeld & Nicolson: London 1982, dt. *Der übersinnliche Mensch. Report der Psi-Forschung*, Kösel: München 1984, ib. Kap. 5 und 6, S. 69–100.

108 vgl. Harald Wiesendanger, *Zwischen Wissenschaft und Aberglaube. Grenzbereiche psychologischer Forschung*, Fischer: Frankfurt am Main 1989, Kap. »Hypnose« und die dort zitierte Fachliteratur.

109 ebda.

110 vgl. John Palmer, »Scoring in ESP tests as a function of belief in ESP, Part I: The sheep-goat effect«, *Journal of the American Society for Psychical Research* 65/1971, S. 373–408; Gertrude Schmeidler/R. A. McConnell, *ESP and Personality Patterns*, Westport, Conn. 1973 (Erstauflage 1958).

111 »Defense Mechanisms and Psi«, *Parapsychological Review* 19 (3) 1988, S. 12.

112 R. Cadoret/J. G. Pratt, »The Consistent Missing Effect in ESP«, *Journal of Parapsychology* 14/1950, S. 244–256.

113 vgl. Barbara Lay, »Eine aktuelle Umfrage zum Thema ›Psi‹«, *Zeitschrift für Parapsychologie und Grenzgebiete der Psychologie* Nr. 1–4/1988, S. 202–210. Diese Zustimmungsquote deckt sich ziemlich genau mit Ergebnissen, die schon vier Jahrzehnte zurückliegen: 1950 glaubten 27 Prozent an die Möglichkeit der Präkognition, 59 Prozent glaubten nicht daran, 14 Prozent waren unentschieden, vgl. G. Schmidt-

chen: »Soziologisches über die Astrologie«, *Zeitschrift für Parapsychologie und Grenzgebiete der Psychologie* 1/1957/58, S. 47–72.

114 Jan Kappers, »Spontaneous paranormal phenomena in Amsterdam«, *Journal of Parapsychology* 28/1964, S. 283–284.

115 John Palmer, »A community mail survey of psychic experiences«, *Journal of the American Society for Psychical Research* 73/1979, S. 221–251.

116 Brian Millar, »The observational theories: a primer«, *European Journal of Parapsychology* 2/1978, S. 304–332.

117 vgl. z. B. Milan Ryzl: *ASW Training. Psi-Methoden zur Weckung und Aktivierung des sechsten Sinnes (1975)*, 4. Aufl. Goldmann: München 1987; Sheila Ostrander/Lynn Schroeder: *Handbook of Psychic Discoveries* (1974), dt. *Psi-Training. Das umfassende Handbuch mit praktischen Anleitungen zur Aktivierung des eigenen Psi-Potentials*, Heyne: München 1987.

118 Sybo Schouten (mit Hendrik Boerenkamp), »Wie zuverlässig sind Paragnosten? Ergebnisse einer holländischen Studie«, Vortrag auf dem 6. Workshop der Wissenschaftlichen Gesellschaft zur Förderung der Parapsychologie e. V. (WGFP) in Offenburg (1. Oktober 1989).

119 Nancy Sondow, »The Decline of Precognized Events...«, aaO, S. 41.

120 vgl. J. W. Dunne, *An Experiment with Time*, New York 1927; E. Lyttelton, *Some Cases of Prediction: A Study*, G. Bell: London 1937; H. F. Saltmarsh, *Foreknowledge*, G. Bell: London 1938; J. E. Orme, »Precognition and time«, *Journal of the Society for Psychical Research* 47/1974, S. 351–365.

121 vgl. Nancy Sondow, aaO, S. 36–40, 49.

122 J. B. Priestley, *Man and Time*, Doubleday: Garden City, N. Y. 1964.

123 Nancy Sondow, aaO, S. 37f.

124 Etliche Beispiele dafür führt Tenhaeff an, *Der Blick in die Zukunft...*, aaO, S. 17–26.

125 Typisch dafür ist Nancy Sondows Wahrtraum vom 22. Mai 1982 (»The Decline of Precognized Events...«, aaO, S. 37): »Ich nehme einen *Kaugummi* aus meinem Mund und werfe ihn auf den Rasen meines Gartens. Plötzlich hüpfen viele *Küken* im Garten herum, picken nach dem Kaugummi. Da fühle ich einen *heftigen Stich im Bein*: Ein Insekt mit *scharfen Stacheln*, wie von einer Distel, steckt in meiner Haut. Ich versuche es herauszureißen, erwische aber *nur einen Teil davon*. Mir ist nach *Singen* zumute, so als wollte ich weitere Insekten dieser Art mit meinem Lied vertreiben.«

»Unmittelbar nach dem Aufwachen kommt Jimmy, mein ältester Sohn, zu mir und klagt über einen *Stachel im Bein*. Ich versuche ihn zu entfernen, was mir aber *nur teilweise* gelingt. Drei Tage später gehe ich zur Schule, wo Jimmys Klasse ein modernes Schauspiel aufführt. Worum es darin ging, wußte ich vorher nicht. Zum Stück gehört ein Haufen von *gekautem Kaugummi*, der auf der Bühne liegt. Gegen Ende hat Jimmy seinen Auftritt: Er spielt ein *Küken* und *singt ein Lied*.«

126 Drei Beispiele dafür:

- *Symbolisierung*. In der Nacht vom 30. auf den 31. Oktober 1949 träumt der Niederländer J. P. aus 's-G. von einer *Schürze*, auf der *zwölf* Maikäfer laufen. Als wäre ein Vertilgungsmittel auf sie gespritzt worden, erstarren sie, sind kurz darauf tot. Drei Tage später, am 2. November, fällt P. in der Zeitung eine Todesanzeige ins Auge: Der einzige Sohn eines früheren Arbeitskollegen war gestorben – im Alter von zwölf Jahren. Sein Familienname war Schorte- (zu deutsch: Schürzen-)meier.
- Bei *Verschiebungen* rückt Nebensächliches in den Vordergrund. So träumte Herr P. A. K. aus Haarlem eines Nachts, seine Frau stehe vor einem großen *Wäschekorb*. Darin befanden sich mehrere Haushaltsgegenstände, die sie von einem Verstorbenen erhalten hatte. Wer der Tote war, konnte sie nicht sagen. »Am Nachmittag«, berichtet K., besuchten wir Frau G.; zu unserer Bestürzung hörten wir von ihr, Frau L., bei der meine Frau vor 20 Jahren bedienstet gewesen war, sei am selben Morgen unerwartet gestorben. 14 Tage später erhielten wir einen Wäschekorb mit Haushaltsgegenständen, die die Verstorbene uns vermacht hatte.«
- Bei einer *Verdichtung* gehen mehrere Vorstellungen ineinander über. In der Nacht zum 5. Oktober 1949 träumte der Niederländer L. R., er habe einen Mann ohne Kopf, der wie ein Fischer gekleidet war, an den Schultern weggestoßen. Am nächsten Tag geriet L. R. mit einem Herrn Visser (deutsch: Fischer) in Streit. Visser verlor die Selbstbeherrschung – »den Kopf« – und wurde handgreiflich. Darauf stieß L. R. ihn an den Schultern zurück. (nach: Tenhaeff, *Der Blick in die Zukunft*..., aaO, S. 30–40)

127 *Bild*, Ausgabe Neu-Isenburg, Fr 18. 8. 1989, S. 1, 4.

128 P. in einem »Geleitwort« zu Werner Meinhold, *Der Wiederverkörperungsweg*..., aaO

129 aaO, S. 308f.

130 aaO, S. 312–317

131 *Bild* 18. 8. 1989, aaO

132 vgl. Harald Wiesendanger, *Mit Leib und Seele. Ursprung, Entwicklung und Auflösung eines philosophischen Problems*, Peter Lang: Bern/Frankfurt am Main/New York 1987, S. 378–386.

133 Thorwald Dethlefsen, *Das Erlebnis der Wiedergeburt*, Goldmann: München 1984, S. 200f.

134 Louisa Rhine, *Hidden Channels of the Mind* (1961), dt. *Verborgene Wege des Geistes*, Aurum: Freiburg 1979. Drei Beispiele:

- An einem Juliabend im Jahr 1952 ruht sich eine Frau aus New Jersey in einem abgedunkelten Raum aus. Im Halbschlaf hat sie eine grauenvolle Vision: Bei einem Unfall wird ein Kind getötet. Nun liegt es zugedeckt auf der Erde. Deshalb kann sie es nicht erkennen. Nach der Größe zu urteilen, muß es fünf bis sechs Jahre alt sein. Die Frau kann das Schreckensbild nicht vergessen. Anderntags erzählt sie ihrer Nachbarin davon und bittet sie eindringlich, auf ihr fünfjähriges Kind zu achten. Dann warnt sie telefonisch auch einen Sohn, der mit zwei kleinen Kindern in der Stadt wohnt. Ihren anderen Sohn benachrichtigt sie dagegen nicht: Auf dem Lande, in einem eingezäunten Hof, wähnt sie seine kleine Tochter Kathy sicher. Am selben Tag spielt Kathy in der Hofeinfahrt. Ein Lastwagen der Gemeinde fährt rückwärts hinein – und überrollt sie.
- Mr. Morris, Agent einer Reederei, fuhr auf einem Schiff. Bei der Landung sollte ihm zu Ehren ein Kanonenschuß abgefeuert werden. In der Nacht davor träumte Morris, ein Splitter von der Geschützladung werde ihn schwer verwunden. Erschreckt bat er den Kapitän, den Feuerbefehl – durch Hochheben seines Armes – erst zu erteilen, nachdem Morris ihm von einem sicheren Platz aus ein Zeichen gegeben hatte. Der Kapitän willigte ein. Doch im kritischen Augenblick setzte sich eine Fliege auf seine Nase. Die Handbewegung, mit der er das Insekt verjagte, wurde als Signal für den Willkommensschuß aufgefaßt. Ein Splitter der Ladung traf Morris. Schwer verwundet starb er einige Tage später.
- In einem lebhaften Traum sah ein Schotte, wie sein Leichnam aus einem benachbarten See gezogen wurde. Unter den Umstehenden erkannte er seine Freunde. Bestürzt beschloß er daraufhin, nie mehr mit einem Schiff auf diesem See zu fahren. Selbst eine Partygesellschaft konnte ihn nicht umstimmen – und verlachte ihn ob seines Aberglaubens. Während er sie den See überqueren ließ, ging er zu Fuß am Ufer entlang, zu einer verabredeten Stelle, wo man sich wieder treffen wollte. Da brach das unterspülte Ufer unter ihm zusammen. Er stürzte ins Wasser und ertrank, ehe ihm jemand helfen konnte.

136 aaO, S. 199–215. So quälte eine junge Frau im US-Bundesstaat Washington ein derart grauenvoller Alptraum, daß sie ihren Mann wecken mußte, um ihm davon zu erzählen: Ein großer Kronleuchter, der über der Wiege ihres Babys im Zimmer nebenan hing, fällt herab – und zerschmettert das Kind. Die Uhr auf dem Kinderschrank steht auf 4.35 Uhr. Ihr Mann lachte nur. Sie versuchte, zu vergessen und wieder einzuschla-

fen; es ging nicht. Verängstigt stand sie schließlich auf, ging ins Kinderzimmer und trug das Baby zu sich ins Bett.
Ungefähr zwei Stunden später weckte sie ein ohrenbetäubender Knall. Die Eltern sprangen auf, rannten ins Kinderzimmer – wo das Baby gelegen hatte, lag der Kronleuchter in der Wiege. Sie schauten zur Uhr: Es war 4.35 Uhr. Hier konnte offenbar die Gefahr gebannt werden, obwohl das Ereignis im übrigen so eintraf, wie es vorausgesehen worden war. (Siehe auch Louisa Rhine, »Precognition and Intervention«, *Journal of Parapsychology* 19/1955.)

137 vgl. Harald Wiesendanger, *Mit Leib und Seele*, aaO, S. 378–386.

138 Milan Ryzl, *Parapsychologie*, aaO, S. 220f.

139 Werner Meinhold, *Der Wiederverkörperungsweg...*, S. 310f.

140 vgl. Adrian Dobbs' Beitrag in *Proceedings of the Society for Psychical Research* 62/1965, S. 261f. und die Diskussion bei Arthur Koestler, *Die Wurzeln des Zufalls*, Suhrkamp: Frankfurt am Main 1972, S. 70ff.

141 Nancy Sondow, aaO

142 ebda., S. 47f.

143 W. Howard Church, *Many happy returns*, Harper & Row: New York 1984; dt. *Die 17 Leben des Edgar Cayce: Abschied und Wiederkehr des ›schlafenden Propheten‹*, Ariston: Genf 1988.

144 »Ich war im Jahr 2100 n. Chr. in Nebraska zur Welt gekommen«, träumte Edgar Cayce am 3. März 1936. »Das Meer bedeckte offenbar den ganzen westlichen Teil des Landes; die Stadt, in der ich lebte, lag an der Küste. Mein Familienname klang etwas seltsam. Bereits als Kind behauptete ich, Edgar Cayce zu sein, der vor 200 Jahren gelebt hatte.«
»Wissenschaftler – Männer mit langen Bärten, spärlichem Haarwuchs und dicken Brillen – wurden herbeigerufen, um mich zu beobachten. Sie beschlossen, die Orte aufzusuchen, an denen ich, meinen Angaben zufolge, zur Welt gekommen war, gelebt und gearbeitet hatte: in Kentucky, Alabama, New York, Michigan und Virginia. Die Gruppe von Wissenschaftlern nahm mich mit und besuchte diese Orte mittels eines langen, zigarrenförmigen Flugzeugs aus Metall, das sich mit hoher Geschwindigkeit fortbewegte.«
»Wasser bedeckte einen Teil Alabamas. Norfolk in Virginia war zu einem riesigen Seehafen geworden. New York war entweder durch einen Krieg oder durch ein Erdbeben zerstört worden, und die Aufbauarbeiten waren im Gange. Industrieanlagen waren über das ganze Land verteilt. Die meisten Häuser waren aus Glas.«
»Viele Aufzeichnungen meiner Arbeit als Edgar Cayce wurden entdeckt und gesammelt. Mit diesem Material kehrte die Gruppe nach Nebraska zurück, um es eingehend zu studieren.« (Nach Howard Church, *Die 17 Leben des Edgar Cayce*, aaO, S. 215f.)

145 vgl. Eugène Osty, *La connaissance supra-normale*, Paris 1925; ders.: *Lucidité et intuition*, Paris o. J.

146 Ian Stevenson, *Wiedergeburt. Kinder erinnern sich an frühere Erdenleben*, Aquamarin: Grafing 1989, S. 112ff., 311 (Or.: *Children who claim to remember previous lives*), s. Stevensons Hinweis auf T. Norbu/C. Turnbull, *Tibet*, Chatto & Windus: London 1969.

147 Ian Stevenson (mit Satwant Pasricha und Godwin Samararatne), »Deception and Self-Deception in Cases of the Reincarnation Type: Seven Illustrative Cases in Asia«, *Journal of the American Society for Psychical Research* 82/1988, S. 1–31.

148 Um den »Dalai-Lama«-Kult ins rechte Licht zu rücken, eignet sich der Fall »Nimal Singh« besonders gut:
Ein buddhistischer Mönch aus Sri Lanka, Vijitha, verlor 1955 seinen geliebten jüngeren Neffen, den damals 31jährigen Nimal Singh. Sterbend hatte Nimal angekündigt: Er werde bald »wiederkehren«, in Nordindien. (Jahre zuvor hatte ihm ein Seher schon seinen frühen Tod geweissagt und vorausgesagt, er werde im nordindischen Bundesstaat Bihar reinkarnieren.) Vier Jahre später schien alles darauf hinzudeuten, daß sich die Prophezeiung erfüllt hatte: Aus Phulia, einem abgelegenen Dorf in Bihar, erhielt der Mönch Nachricht von einem Mann namens Jagdish Singh: Sein kleiner Sohn, der merkwürdigerweise ebenfalls »Nimal« hieß, habe mehrfach von einem früheren Leben auf Sri Lanka gesprochen. Der Mönch reiste dorthin, ließ den Kleinen eine goldene Uhr »wiedererkennen«, die seinem verstorbenen Neffen gehört hatte – und war felsenfest davon überzeugt, »seinen« Nimal wiedergefunden zu haben. Erst jahrelange Nachforschungen Stevensons deckten ein Gespinst von Lügen, Halbwahrheiten und Wunschdenken auf. (S. Ian Stevenson, »Deception and Self-Deception...«, aaO, S. 3–7)

149 Albert de Rochas, *Die aufeinanderfolgenden Leben*, aaO, S. 200–203.

150 Ian Stevenson, *Twenty Cases Suggestive of Reincarnation* (1966); dt. *Reinkarnation. Der Mensch im Wandel von Tod und Wiedergeburt. 20 überzeugende und wissenschaftlich bewiesene Fälle*, Aurum: Freiburg 5. Aufl. 1986, S. 273ff.

151 Wegen ihrer sagenhaften Fähigkeit, Krankheiten hellsichtig zu erkennen und zu heilen, ist die österreichische Baronin Adelma von Vay (1840–1925) schon als »Edgar Cayce des 19. Jahrhunderts« bezeichnet worden. Oft nahm sie im Laufe der Behandlung Kontakt zu »jenseitigen« Geistern auf, die sie beteiligt sah. Einige davon sollen der Baronin so präzise ihre »nächste Verkörperung« angekündigt haben, daß die Baronin ihren verblüfften Patienten mehrfach voraussagen konnte, was für ein Kind sie wann unter welchen Umständen zur Welt bringen wür-

den – einem 60jährigen Bauern etwa, der das ungläubig von sich wies: Schließlich sei er schon Großvater. Ein Jahr später wurde er Vater einer Tochter. (Der Wissenschaftsjournalist Rudolf Passian stellt diesen Fall kurz vor in *Wiedergeburt. Ein Leben oder viele?*, Knaur: München 1985, S. 53–57; ausführlich ging er auf Adelma v. Vay in einem Vortrag auf den Basler «Psi-Tagen« 1988 ein: »Baronin Adelma von Vay – Erfahrungen eines katholischen Mediums«, unveröffentl. Manuskript, 25 S.)

152 Das Ehepaar Battista aus Rom hatte 1902 seine kleine Tochter Bianca verloren. Im August 1905 war Frau Battista im vierten Monat schwanger. Eines Nachts, als sie wach im Bett lag, sei plötzlich die tote Bianca vor ihr gestanden: »Mama, ich komme wieder!«, habe die Erscheinung freudig angekündigt. »Sechs Monate später«, im Februar 1906, »wurde uns ein Mädchen geboren, das seiner gestorbenen Schwester in allem haargenau glich!«, berichtete Ehemann Florindo Battista fünf Jahre später der Zeitschrift *Ultra*. »Meiner materialistischen Überzeugung tat dies keinen Abbruch. Meine Frau hingegen sah darin die volle Bestätigung des von ihr erwarteten Wunders, im festen Glauben, sie habe ein und dasselbe Wesen zweimal zur Welt gebracht.« So wurde es auf den Namen der Verstorbenen getauft: »Bianca«.

Je älter Bianca II wurde, desto mehr ähnelte ihr ganzes Verhalten Bianca I. Psychologen könnten dies als Ergebnis einer »aufgezwungenen Identifikation« abtun – wenn da nicht ein Ereignis gewesen wäre, das schließlich auch den Vater bekehrte. Als die zweite Bianca sechs Jahre alt war, hörten die Eltern sie plötzlich ein französisches Wiegenlied singen, das sie von niemandem gehört haben konnte. Dasselbe Lied hatte der ersten Bianca ein Schweizer Dienstmädchen beigebracht, das nur Französisch sprach; auf die Kleine hatte es stets wunderbar einschläfernd gewirkt. (Nach *Ultra*, Dezember 1911; vgl. Passian, *Wiedergeburt*, aaO, S. 57–59)

153 Im Jahre 1942 starb Rudi, das zweite Kind des Ehepaars S., an Bauchdiphterie; es war gerade zweieinviertel Jahre alt gewesen. »Das war sehr schmerzlich, und wir trauerten sehr um den Jungen«, entsinnt sich Frau A. S. 1968 in der Monatszeitschrift »*Die andere Welt*«. Der verzweifelte Vater schloß sich einem spiritistischen Zirkel an. Im November 1943, beim »Tischrücken«, wurde ihm plötzlich der Name seines verstorbenen Jungen buchstabiert: »R-U-D-I«. (Dabei sagte ein Medium das Alphabet auf; bei den passenden Buchstaben neigte sich der Tisch jeweils Herrn S. zu.) Anschließend kam die »Botschaft« zustande: »Der Tod war mein Schicksal. Ich komme am 12. Februar nächsten Jahres wieder auf die Welt...« Herr S. verschwieg seiner Frau dieses Datum. Am 12.2.1944 gebar sie einen Sohn. (*Die andere Welt* 5/1968; vgl. Passian, *Wiedergeburt*, aaO, S. 59f.)

154 siehe z. B. M. V. Kline, »Hypnosis and age progression: A case report«, *Journal of Genetic Psychology* 78/1951, S. 195–206; M. V. Kline, »Hypnotic retrogression: A neuropsychological theory of age regression and progression«, *Journal of Clinical and Experimental Hypnosis* 1/1953, S. 21–28; R. Rubenstein/R. Newman; »The living out of ›future‹ experiences under hypnosis«, *Science* 119/1954, S. 472f.

155 Kurt Tepperwein, *Die hohe Schule der Hypnose*, aaO (s. Anm. 74).

156 Böckel in einem Interview mit der Wochenzeitschrift *Das Neue Zeitalter* 7/1989, S. 19 (»Rückführungen helfen, im Heute zu leben«).

157 Burkhard Peter, »Klinische Hypnose«, in Christoph Kraiker/Burkhard Peter (Hrsg.), *Psychotherapieführer. Wege zur seelischen Gesundheit*, Beck: München 2., erweiterte und aktualisierte Auflage 1988, S. 219–243, dort ib S. 238.

158 Bruno Meier, *Wiedergeburt als Erfahrung*, Zytglogge: Bern 1988, S. 153.

159 Einen solchen tragischen Fall schildere ich in *Zwischen Wissenschaft und Aberglaube. Grenzbereiche psychologischer Forschung*, Fischer: Frankfurt am Main 1989, S. 78; vgl. Reinhold Ruthe, *Lügen die Sterne?*, Moers 1984.

Ryzl: Warum ich »Erinnerungen an frühere Leben« mißtraue

160 Beim Ariston Verlag, Genf, sind deutsche Übersetzungen mehrerer Bücher Ryzls erschienen: *ASW-Experimente, die erfolgreich verlaufen. Der sechste Sinn auf dem Prüfstand*; *ASW-Training. Psi-Methoden zur Weckung und Aktivierung des sechsten Sinnes* (dazu drei Langspielkassetten »ASW-Training«); *Hellsehen und andere parapsychische Phänomene*; *Jesus, größtes Medium aller Zeiten. Die biblischen Wunder als parapsychische Phänomene*; *Nutzen Sie Ihre phänomenale Geisteskraft*; *Parapsychologie. Tatsachen und Ausblick*; *Der Tod und was danach kommt. Das Weiterleben aus der Sicht der Parapsychologie.*

161 Der vorliegende Beitrag enthält Auszüge aus den Kapiteln 8 und 9 von Ryzls Buch *Der Tod und was danach kommt. Das Weiterleben aus der Sicht der Parapsychologie*. Herrn Dr. Heinz Bundschuh vom Ariston Verlag, bei dem das Copyright der deutschen Originalausgabe 1981 liegt, danke ich herzlich für die Nachdruckerlaubnis. Als Taschenbuch erschien *Der Tod und was danach kommt* 1983 im Goldmann-Verlag, München.

162 Ausführlicher erörtert Ryzl den Fall »Shanti Devi« in seinem Buch *ASW-Phänomene*, Ariston-Verlag, Genf.

163 Siehe z. B. Ian Stevenson, *Die Reinkarnation – Der Mensch im Wandel von Tod und Wiedergeburt*, Aurum: Freiburg 1976.

164 Ian Stevenson, »The evidence for survival from claimed memories of former incarnations«, *Journal of the American Society for Psychical Research* 1960.

165 Der wohl bekannteste Fall dieser Art war jener einer Amerikanerin, die behauptete, im 18. Jahrhundert in Irland gelebt zu haben. Weder sie noch der Hypnotiseur waren je in Irland gewesen, aber sie interessierte sich für die »grüne Insel« und hatte irische Freunde. (Denken Sie an Zolik und seine Liste.) Sie machte eine Reihe von konkreten Aussagen, nannte zum Beispiel Namen obskurer Lebensmittelhändler aus ihrem angeblichen seinerzeitigen Heimatdorf; später wurden die Aussagen nachgeprüft und für richtig befunden. Doch bei zahlreichen anderen Aussagen unterliefen ihr Fehler. Siehe Morey Bernstein, *Protokoll einer Wiedergeburt*, Scherz Verlag: Bern 1973.

Schiebeler: Das persönliche Überleben des Todes...

166 A. Aksákow, *Animismus und Spiritismus*, 2 Bde., Verlag O. Mutze, 4. Aufl. 1905. G. Huber, *Das Fortleben nach dem Tode*, Origo: Zürich 1957. E. Mattiesen, *Das persönliche Überleben des Todes*, 3 Bde., de Gruyter: Berlin 1936–39, Neuaufl. 1962 und 1987. S. J. Muldoon, *Die Aussendung des Astralkörpers*, Hermann Bauer: Freiburg 1964.

167 R. A. Moody, *Leben nach dem Tod*, Rowohlt: Reinbek 1977; ders., *Nachgedanken über das Leben nach dem Tod*, Rowohlt: Reinbek 1978. S. Smith, *Die astrale Doppelexistenz*, Scherz: München, Bern, Wien 1975.

168 J. Greber, *Der Verkehr mit der Geisterwelt Gottes, seine Gesetze und sein Zweck*, J. Greber Memorial Foundation: Teaneck, N. J. 10. Aufl. 1987, S. 336.

169 E. Mattiesen, *Das persönliche Überleben des Todes*, aaO, Bd. II, S. 355 f. und J. Greber, *Der Verkehr mit der Geisterwelt Gottes*... aaO, S. 246 f.

170 K. Osis/E. Haraldsson, *Der Tod – ein neuer Anfang*, Hermann Bauer: Freiburg 1978.

171 Aksákow, *Animismus und Spiritismus*, aaO

172 E. Mattiesen, *Das persönliche Überleben des Todes*, aaO

173 H. Gerloff, *Die Phantome von Kopenhagen*, Dr. Gerlachsche Verlagsbuchhandlung: 2. Aufl. München 1955; ders., *Die Phantome von Kopenhagen, ein Bilderbuch*, Verlag Welt und Wissen: Büdingen-Gettenbach 1958.

174 H. Görgemanns/H. Karpp, *Origenes, Vier Bücher von den Prinzipien*, Wissenschaftliche Buchgesellschaft: Darmstadt 1976, S. 33.

175 ebda., S. 79
176 F. Diekamp, *Die origenistischen Streitigkeiten im sechsten Jahrhundert*, Verlag der Aschendorffschen Buchhandlung: Münster 1899, S. 46.
177 J. Greber, *Der Verkehr mit der Geisterwelt Gottes*..., aaO, S. 270.
178 Hes. 28, 1–19; 2. Petr. 2,4; Judas 5
179 F. Diekamp, *Die origenistischen Streitigkeiten*..., aaO, S. 41f.; G. Görgemanns/H. Karpp, *Origenes*..., aaO, S. 34; C. J. Hefele, *Conciliengeschichte. Nach den Quellen bearbeitet*, Herder: Freiburg 2. Aufl. 1875, S. 786f.
180 F. Diekamp, *Die origenistischen Streitigkeiten*..., aaO, S. 49; Görgemanns/Karpp, *Origenes*..., aaO, S. 823; Hefele, *Conciliengeschichte*, aaO, S. 788.
181 Hefele, *Conciliengeschichte*, aaO, S. 790.
182 Diekamp, *Die origenistischen Streitigkeiten*..., aaO, S. 50; Görgemanns/Karpp, *Origenes*, aaO, S. 35.
183 Diekamp, *Die origenistischen Streitigkeiten*..., aaO, S. 50 und 137.
184 A. Aksákow, »Untersuchungen über den historischen Ursprung des Reincarnations-Dogmas im französischen Spiritismus«, *Psychische Studien* Heft 6, Bd. XXV/1898, S. 258–263.
185 A. Kardec, *Das Buch der Geister*, Hermann Bauer: Freiburg 1964.
186 ebda., S. 21
187 ebda., S. 69
188 ebda., S. 128
189 J. Greber, *Der Verkehr mit der Geisterwelt Gottes*..., aaO, S. 38.
190 ebda., S. 22
191 ebda., S. 279
192 ebda., S. 281
193 ebda., S. 291
194 aaO (s. Anm. 168)
195 E. Benz, *Parapsychologie und Religion*, Herder: Freiburg 1983, S. 30.
196 R. Hummel, *Reinkarnation. Weltbilder des Reinkarnationsglaubens und das Christentum*, Quell: Stuttgart 1988, S. 122.
197 J. Greber, *Der Verkehr mit der Geisterwelt Gottes*..., aaO, S. 263.
198 A. Köberle, *Das geheimnisvolle Reich der Seele*, Herder: Freiburg 1984, S. 119.
199 Ian Stevenson, *Reinkarnation. Der Mensch im Wandel von Tod und Wiedergeburt*, Aurum: Freiburg 1976, S. 24.
200 K. E. Müller, *Reincarnation – based on facts*, Psychic Press: London 1970; Stevenson, *Reinkarnation*, aaO
201 Stevenson, *Reinkarnation*, aaO, S. 111.
202 aaO (s. Anm. 199)
203 ebda., S. 18
204 ebda., S. 9

205 ebda., S. 7
206 A. de Rochas, *Die aufeinanderfolgenden Leben. Dokumente zum Studium dieser Frage*, Verlag Max Altmann: Leipzig 1914.
207 O. V., »Fragwürdige Beweise. Neue Untersuchungen eines finnischen Psychiaters zum Ursprung der bei hypnotischen Rückführungen produzierten ›Reinkarnationserinnerungen‹«, *Esotera* 11/1982, S. 994–998, ebda. S. 996.
208 Stevenson, *Reinkarnation*, aaO, S. 18.

MacGregor: Das Ich und das Selbst

209 Geddes MacGregor, *Reinkarnation und Karma im Christentum*, 2 Bde., Aquamarin: München 1985/86, insbesondere Band 1, Kap. 7 und 10.
210 Anm. d. Hrsg. zur Erläuterung: Der englische Dichter Francis Thompson (1859–1907) war ursprünglich zum Priester bestimmt, entwickelte sich aber von kirchlichen Lehrmeinungen weg zu einem Mystiker. Seine Dichtung »*Der Jagdhund des Himmels*« (1893, dt. 1925) zählt zu den wichtigsten Werken der neueren englischen katholischen Dichtung.

Andreas Resch: Katholischer Glaube und Reinkarnation

211 Mit dem von ihm selbst geprägten Ausdruck »Paranormologie«, einem griechisch-lateinischen Kunstwort, vermeidet Resch die Zuweisung des Untersuchungsgegenstands, der paranormalen Phänomene, in den Zuständigkeitsbereich einer bereits bestehenden Wissenschaftsdisziplin, wie sie mit gängigen Bezeichnungen wie »Para*psychologie*« oder »Para*physik*« implizit vorgenommen wird.
212 Die Vereinigung »Imago Mundi«, Internationale Interessengemeinschaft für Grenzgebiete der Wissenschaften, ging aus der »Internationalen Gesellschaft Katholischer Parapsychologen« (IGKP) hervor, die 1958 von dem schweizerischen Philosophen und Religionswissenschaftler Gebhard Frei (1905–1967), dem Publizisten Josef Kral (1887–1965) und anderen gegründet worden war. 1966 wurde sie in München in »Imago Mundi« umbenannt. Der Sitz des Generalsekretariats von »Imago Mundi« ist Innsbruck.
213 Josef Neuner/Heinrich Roos, *Der Glaube der Kirche in den Urkunden der Lehrverkündigung*. Neubearbeitet von Karl Rahner und Karl-Heinz Weger. Pustet: Regensburg 11. Aufl. 1983, 918.
214 vgl. auch ebda., S. 329, zur Allgemeinen Kirchenversammlung zu Vienne 1311–1312.

215 ebda., S. 331

216 Andreas Resch, »Fragen der Eschatologie«, *Grenzgebiete der Wissenschaft* 28/1979, Heft 4, S. 251–262.

217 Neuner–Roos, aaO, 907–908

218 ebda., 690

219 Charles F. Keyes/E. Valentine Daniel (Hrsg.), *Karma- An Anthropological Inquiry*. Berkeley, Los Angeles, London 1983. *Indian Philosophical Annual*, Bd. 1, Madras 1967. Hélène Brunner-Lachaux, *Somasámbhupaddhati, Troisième partie*, Pondichéry 1977.

220 K. Rahner, *Schriften* XIV (1980), S. 435–449, 445, 448f.

221 K. Rahner, »Das christliche Verständnis der Erlösung«, in: A. Bsteh (Hrsg.), *Erlösung im Christentum und Buddhismus*, St. Gabriel: Mödling 1982, S. 112–127, 126f. (= Schriften z. Th., XV (1983) 236–250, 249f.)

Holl: »Magna magnorum deliramenta doctorum«

222 Aloys Bukowsky, »L'opinion de Saint Augustin sur la réincarnation des âmes«, *Gregorianum* 12/1931, S. 57–85.

223 Aurelius Augustinus, *Bekenntnisse*, 13 Bücher, übersetzt von Carl J. Perl, Schöningh: Paderborn 1964.

224 Aurelius Augustinus, *Alleingespräche*, übersetzt von Carl J. Perl, Schöningh: Paderborn 1955.

225 Weitere Literatur zu Augustinus: Cornelius Mayer (Hrsg.), *Augustinus-Lexikon*, Vol. 1, S. 316–340 (»anima, animus«), Schwabe: Basel 1986. Peter Brown, *Augustinus von Hippo*, Societäts-Verlag: Frankfurt am Main 1973. Klaus Heinrich, *Dahlemer Vorlesungen*, Stroemfeld/Roter Stern: Basel, Frankfurt am Main 1981. Kurt Rudolph, *Die Gnosis*, Vandenhoeck & Ruprecht: Göttingen 1980.

Notiz über den Herausgeber

226 Ein Kurzporträt des »PSI-Pressedienstes« veröffentlichte die Zeitschrift *Esotera* 10/1989, S. 12. Vgl. *Taschenbuch des Öffentlichen Lebens*, Albert Oeckl (Hrsg.), Bonn 1989; Jens M. Kroll, *Presse-Taschenbuch für Naturwissenschaft und Medizin 1989/90*, S. 103, 269; *Esoterisches Adreßbuch*, 4. Ausgabe 1990/91, Ahlerstedt 1990, S. 211f.; *Artikel 5 Special L & D*, Hamburg 1989, S. 112.

Notiz über den Herausgeber

Harald Wiesendanger, 1956 in Lörrach geboren, studierte 1975 bis 1982 Philosophie, Psychologie und Soziologie an der Universität Heidelberg, wo er zum Dr. phil. promovierte. Mit Hilfe eines Stipendiums der Deutschen Forschungsgemeinschaft (DFG) brachte er mehrjährige Arbeiten über die Analytische Philosophie des Geistes zum Abschluß (*Ursprung und Entwicklung des modernen Materialismusstreits*, Heidelberg 1983). Aus ihnen ging sein Buch *Mit Leib und Seele. Ursprung, Entwicklung und Auflösung eines philosophischen Problems* (Peter Lang: Frankfurt am Main/Bern/New York 1987) hervor; darin rechnet er am Beispiel des klassischen Leib-Seele-Dualismus mit dem traditionellen Anspruch der philosophischen Ontologie ab, anders als empirische Wissenschaften a priori zu zeitlos gültigen, »notwendig wahren« Erkenntnissen über das »Wesen« alles Seienden zu gelangen. Für ihn selbst wurde dieses Buch zur Leiter, auf der er aus seinem Fach ausstieg – in den Wissenschaftsjournalismus.
Nach mehreren Jahren als Redakteur und Chefredakteur bei Tageszeitungen und Fachzeitschriften arbeitet er seit 1986 als freier Publizist und Lektor bei Heidelberg. Sein Themenschwerpunkt: empirische Psychologie und ihre Grenzgebiete. Seit 1987 ist er Herausgeber und Chefredakteur eines *Psychologischen Informationsdienstes* für die Wissenschaftsressorts von Tages- und Wochenzeitungen. 1988 gründete er den *PSI-Pressedienst*,[226] den ersten und einzigen seiner Art im deutschsprachigen Raum; »PSI« liefert wöchentlich im Abonnement Nachrichten, Berichte, Reportagen und Features aus Esoterik, Parapsychologie und Grenzwissenschaften – mit dem erklärten Ziel, »seriöse Fachinformation gegen billige Sensationshascherei zu setzen« (Kontakt: »PSI«, Zollerwaldstr. 28, 6936 Schönbrunn-Allemühl). Die »PSI«-Themen reichen von außersinnlicher

Wahrnehmung und Psychokinese über Paramedizin, Astrologie und Radiästhesie bis hin zu Psi bei Tieren und Pflanzen, Magie, Spuk, Ufos, Jenseitskontakten und Reinkarnation. In einem ausführlichen Porträt kennzeichnete ihn die »Ärzte Zeitung« Anfang 1990 als einen »Grenzgänger zwischen Wissenschaft und Aberglaube«, dessen publizistische Tätigkeit für eingefleischte Esoteriker ebenso ein Ärgernis darstelle wie für hartgesottene Szientisten.

»Wir brauchen Wissenschaftler, die notfalls Anomalien aushalten können – ebenso dringend, wie Okkultisten wissenschaftliches Argumentieren lernen müssen. Wie ich einerseits auf rätselhafte Phänomene aufmerksam zu machen versuche, die der akademische Forschungsbetrieb übersieht, verkennt oder totschweigt, so warne ich andererseits davor, sie allzu rasch und bereitwillig als ›gegeben‹ hinzunehmen«, so umreißt Wiesendanger sein Hauptanliegen, das neben dem vorliegenden auch fünf weiteren Büchern zugrunde liegt: *Scheinheil und Sinnsuche* (Beltz: Weinheim 1988, als Koautor), *Die Jagd nach Psi. Über unerklärliche Phänomene an den Grenzen unseres Wissens* (Aurum: Freiburg 1989), *Zwischen Wissenschaft und Aberglaube. Grenzbereiche psychologischer Forschung* (Fischer Taschenbuch: Frankfurt am Main 1989), *Der Streit ums Horoskop. Astrologen im Dialog* (Westermann/Aurum: Braunschweig 1990) sowie *Zurück in frühere Leben? Erfolge, Grenzen und Gefahren der Reinkarnationstherapie* (Kösel: München 1991). In Vorbereitung sind zwei weitere Bücher über die »okkulte Welle« unter Jugendlichen sowie über Psi bei Tieren.

C. G. Jung

Bewußtes und Unbewußtes
Band 6058
Über die Archetypen des kollektiven Unbewußten
Einleitung in die religionspsychologische Problematik der Alchemie
Zur Phänomenologie des Geistes im Märchen
Zur Psychologie östlicher Meditation

Über die Psychologie des Unbewußten
Band 6299
Die Psychoanalyse. Die Erostheorie. Der andere Gesichtspunkt
Der Wille zur Macht. Das Problem des Einstellungstypus
Das persönliche und das überpersönliche oder kollektive Unbewußte
Die synthetische oder konstruktive Methode
Die Archetypen des kollektiven Unbewußten
Zur Auffassung des Unbewußten / Allgemeines zur Therapie

Über Grundlagen der Analytischen Psychologie
Band 6302
Im Jahre 1935 hielt C. G. Jung in der Tavistock Clinic in London vor ungefähr 200 Psychiatern, Psychotherapeuten und Medizinern fünf Vorlesungen mit jeweils anschließenden Diskussionsveranstaltungen. Die Mitschriften der Vorlesungen und Diskussionsbeiträge erschienen dann in Buchform und gelten bis heute als ausgezeichnete Einführung in die Grundlagen der Analytischen Psychologie. Die Darstellung ist systematisch und doch unformell, wobei die Lebendigkeit des Vortrages einen bleibenden Eindruck der Persönlichkeit Jungs hinterläßt.

Welt der Psyche
Band 10398
»Dieser vorzüglich zusammengestellte Band bietet eine gut gegliederte Auswahl aus Jungs wichtigsten Werken.«
Südwestfunk Baden-Baden

Jolande Jacobi
Die Psychologie von C. G. Jung
Eine Einführung in das Gesamtwerk
Band 6365

Fischer Taschenbuch Verlag

fi 71/4

Philosophie

Jean Le Rond D'Alembert
Einleitung zur 'Enzyklopädie'
Herausgegeben und mit einem Essay von Günther Mensching
Band 6580

Jean Le Rond D'Alembert
Denis Diderot u.a.
Enzyklopädie
Eine Auswahl
Herausgegeben von Günther Berger
Band 6584

Francis Bacon
Weisheit der Alten
Herausgegeben und mit einem Essay von Philipp Rippel
Band 6588

Ernst Cassirer,
Jean Starobinski,
Robert Darnton
Drei Vorschläge, Rousseau zu lesen
Band 6569

René Descartes
Ausgewählte Schriften
Herausgegeben von Ivo Frenzel
Band 6549

Denis Diderot
Über die Natur
Herausgegeben und mit einem Essay von Jochen Köhler
Band 6583

Hans-Georg Gadamer (Hg.)
Philosophisches Lesebuch
3 Bände: 6576/6577/6578

Jens Heise
Traumdiskurse
Die Träume der Philosophie und die Psychologie des Traums
Band 6585

Max Horkheimer
Gesellschaft im Übergang
Aufsätze, Reden und Vorträge 1942–1970. Herausgegeben von Werner Brede
Band 6545

Sozialphilosophische Studien
Aufsätze, Reden und Vorträge 1930–1972. Herausgegeben von Werner Brede
Band 6540

Zur Kritik der instrumentellen Vernunft
Band 7355

Philosophie

Martin Jay
Dialektische Phantasie
Die Geschichte der Frankfurter Schule und des Instituts für Sozialforschung
Band 6546

Susanne K. Langer
Philosophie auf neuem Wege
Das Symbol im Denken, im Ritus und in der Kunst
Band 7344

Ludger Lütkehaus (Hg.)
„Dieses wahre innere Afrika"
Texte zur Entdeckung des Unbewußten vor Freud
Band 6582

Niccolò Machiavelli
Politische Schriften
Herausgegeben von Herfried Münkler
Band 10248

Platon
Sokrates im Gespräch
Vier Dialoge
Band 6550

Jean-Jacques Rousseau
Schriften
Herausgegeben von Henning Ritter
2 Bände: 6567/6568

Bertrand Russell
Das ABC der Relativitätstheorie
Band 6579
Moral und Politik
Band 6573
Philosophie
Die Entwicklung meines Denkens
Band 6572

Joachim Schickel
Philosophie als Beruf
Band 7315

Hans Joachim Störig
Kleine Weltgeschichte der Philosophie
Band 6562

Christoph Türcke
Der tolle Mensch
Nietzsche und der Wahnsinn der Vernunft
Band 6589

Charles Whitney
Francis Bacon
Die Begründung der Moderne
Band 6571

Franz Wiedmann
Anstößige Denker
Die Wirklichkeit als Natur und Geschichte in der Sicht von Außenseitern
Band 6587

Fischer Taschenbuch Verlag